普通高等教育"十三五"规划教材

土地资源管理应用型转型发展试点专业系列教材

土地利用工程规划与设计

任家强　薛　立　主　编
周　群　蒋明卓　刘　刊　副主编

中国农业大学出版社
· 北京 ·

内 容 简 介

全书共 7 章，内容围绕土地利用工程及其项目规划设计展开编写。第 1 章绪论，第 2 章土地利用工程规划，第 3 章土地利用工程项目可行性研究，第 4 章土地利用工程项目规划，第 5 章土地利用工程项目设计，第 6 章土地利用工程项目管理，第 7 章土地利用工程项目设计变更。

图书在版编目(CIP)数据

土地利用工程规划与设计/任家强，薛立主编. —北京：中国农业大学出版社，2018.12(2021.1 重印)

ISBN 978-7-5655-2157-7

Ⅰ.①土…　Ⅱ.①任…②薛…　Ⅲ.①土地规划-研究　Ⅳ.①F301.23

中国版本图书馆 CIP 数据核字(2018)第 280410 号

书　　名　土地利用工程规划与设计

作　　者　任家强　薛　立　主编

策划编辑　王笃利　　**责任编辑**　洪重光

封面设计　郑　川

出版发行　中国农业大学出版社

社　　址　北京市海淀区圆明园西路 2 号　　**邮政编码**　100193

电　　话　发行部 010-62818525，8625　　读者服务部 010-62732336

编辑部 010-62732617，2618　　出　版　部 010-62733440

网　　址　http://www.caupress.cn　　**E-mail** cbsszs@cau.edu.cn

经　　销　新华书店

印　　刷　涿州市星河印刷有限公司

版　　次　2019 年 2 月第 1 版　　2021 年 1 月第 2 次印刷

规　　格　787×1 092　　16 开本　　11.5 印张　　280 千字

定　　价　32.00 元

序

2015 年 10 月 21 日，教育部、国家发展改革委、财政部联合发布了《关于引导部分地方普通本科高校向应用型转变的指导意见》(教发〔2015〕7 号)，该《指导意见》要求，各地各高校要从适应和引领经济发展新常态、服务创新驱动发展的大局出发，切实增强对转型发展工作重要性、紧迫性的认识，把这项工作摆在当前工作的重要位置，以改革创新的精神，推动部分普通本科高校转型发展。推动转型发展高校把办学思路真正转到服务地方经济社会发展上来，转到产教融合校企合作上来，转到培养应用型技术技能型人才上来，转到增强学生就业创业能力上来，全面提高学校服务区域经济社会发展和创新驱动发展的能力。

辽宁省本科高校向应用型转变试点工作自 2015 年启动，首批支持了 10 所高校、116 个专业开展学校和专业向应用型转变试点工作，2016 年又有 11 所高校、84 个专业被遴选确定为第二批转型试点学校和专业。沈阳建筑大学土地资源管理专业则作为辽宁省第二批转型发展试点专业于 2016 年开始进行建设。

土地资源管理专业是一个实践性、应用性很强的专业，其人才培养必须适应社会和市场实际需求，既要掌握专业理论知识，又要具有实际操作能力，该专业本身的特点特别适合于向应用型转变。但真正实现向应用型转变，需要在专业培养方案制定、师资队伍建设、教学资源保障、校企合作发展、教学模式改革、创新创业教育等多方面进行调整、改革和转变。其中，应用型教材建设是专业转型发展的重要基础和保证。为此，我们联合了辽宁省自然资源事务服务中心、沈阳市地产咨询评估中心等单位策划并编写了这套土地资源管理应用型转型发展试点专业系列教材。

本系列教材编写团队成员具有较强的专业理论知识和实践经验，充分结合了高校教师的强理论与行业单位的强实践的优势，教材内容在全面介绍专业基本知识和理论的同时，特别重视方法应用、案例分析和实践能力的培养。本系列教材作为土地资源管理应用型转型发展试点专业建设的重要成果，希望能在应用型土地资源管理人才培养上发挥重要作用。

孔凡文
2018 年 9 月

前　言

我国当前开展的土地利用工程主要包括以耕地后备资源开发为主的土地开发工程，以一般农用地整理为主的土地整理工程，以对生产建设活动和自然灾害损毁的土地恢复为主的土地复垦工程，以基本农田保护和生态建设为主的高标准农田建设工程以及城乡建设用地增减挂钩、土地生态修复等内容。通过积极开展土地利用工程，对低效利用、不合理利用、未利用以及生产建设活动和自然灾害损毁的土地进行综合工程整治，增加有效耕地面积，保障粮食安全，提高土地质量和利用效率，改善生产、生活条件和生态环境，盘活存量土地、强化节约集约用地、适时补充耕地和提升土地产能。国家和地方每年在土地利用工程领域的国家级项目、省市级重点项目等各类项目建设上投入巨额资金，并出台了一系列的政策和相关设计方案编制规程、技术标准等，有效地保证了土地利用工程规划和项目设计成果质量、工程建设质量，同时也对土地利用工程领域的专门技术人才提出了更高的要求。

土地利用工程是土地资源管理专业的核心课程，培养学生具备土地利用工程规划和设计的基本技术能力。作者现为土地资源管理专业教师，以沈阳建筑大学土地利用与整治工程中心为平台，承担了大量土地利用工程项目的规划与设计工作，积累了较为丰富的经验，面对土地资源管理专业应用型转型发展的人才培养要求，编写了《土地利用工程规划与设计》教材。全书共7章，各章编写分工如下：第1章，绪论（任家强、周群）；第2章，土地利用工程规划（任家强、薛立）；第3章，土地利用工程项目可行性研究（周群、薛立）；第4章，土地利用工程项目规划（薛立、刘刊）；第5章，土地利用工程项目设计（任家强、蒋明卓）；第6章，土地利用工程项目管理（周群、蒋明卓）；第7章，土地利用工程项目设计变更（任家强、刘刊）。本教材可供普通高等院校和高职院校土地管理、农田水利、水土保持等专业的学生使用，同时可供土地管理人员、土地科技从业人员自学或作为参考书使用。

本教材的出版得到了辽宁省自然资源事务服务中心、沈阳昊鑫科技有限公司、沈阳国润国土资源技术有限公司的大力支持，在此表示衷心感谢。在编写过程中，除参考引用了最新的行业规程、规范和政策等外，还参阅了大量专业教材、著作和论文，在此向所有作者表示深深的谢意！由于编者水平有限，书中纰漏和不妥之处在所难免，恳请广大读者和同行赐教指正。

编　者

2018年9月

目　录

Chapter 1

第1章 绪论

【本章学习任务】

1. 掌握土地利用工程的概念及含义;
2. 掌握土地利用工程的内容;
3. 了解相关理论和技术方法。

1.1 土地利用工程概述

1.1.1 土地利用工程的概念

土地利用(land use)是人类劳动与土地结合获得物质产品和服务的经济活动,这一活动表现为人类与土地进行的物质、能量和价值、信息的交流、转换。土地利用既受自然条件制约,又受社会、经济、技术条件影响,是这些因素共同作用的结果。当前,土地利用已由单纯地追求数量向质量、效率和生态等目标转变。

土地利用首先是技术问题。人类的科学技术水平越高,对于作为综合体的土地所包含的各种因素的认识程度就越高,利用这些因素所采取的手段、措施也就越先进,因而取得的效果也就越好。同时,土地利用又是经济问题,土地作为一种最基本的生产要素与其他要素结合后,才能进入生产过程,与其他生产要素一样,在土地利用中必须服从一定的经济规律,才能取得良好的经济效益。

工程(engineering)指土木构筑。《新唐书·魏知古传》:"会造金仙、玉真观,虽盛夏,工程严促……"今亦指生产、制造部门用比较大而复杂的设备进行的工作，如土木工程、机械工程、水利工程等。

土地利用工程(land use engineering)是土地利用与工程的结合，因而衍生出具有特殊的含义。土地利用工程内涵随着时代的发展而不断升华。早期的土地领域学者许燮谟认为土地利用工程是根据土地生态系统平衡的原理，遵照国民经济计划的需求，对不同区域、不同类型和不同利用目的的土地，进行开发利用、改造治理与保护的综合工程技术。《现代地理学辞典》中将土地利用工程描述为：土地利用工程是有关土地开发利用、治理改造、保护管理的各种工程的总称。《土地大辞典》将土地利用工程定义为对土地进行合理开发、利用、治理与保护的综合工程技术。《土地基本术语》(GB/T 19231—2003)定义，土地利用工程是对土地进行开发、利用、改良和保护的综合工程技术措施。中国农业工程学会土地利用工程专业委员会对现代土地利用工程的内涵解释为：土地利用工程是有关土地开发、整理、复垦等治理改造，以及土地优化配置、保护管理的各种工程的总称，是改善土地质量、提升土地效能和优化土地生态环境的工程技术措施总和。学者吴次芳认为土地利用工程是改善土地质量、提升土地效能和优化土地生态环境的工程技术措施总和。学者胡振琪等认为土地利用工程是提高土地质量、提升土地效能、优化土地利用格局、改善土地生态环境的工程技术措施总和。

综合不同学者对土地利用工程的定义可以发现，土地利用工程从原来的侧重开发、利用、治理、保护等过程环节向侧重质量、效能、生态环境等工程目标转变。因此将土地利用工程的内涵归纳为：为改善土地质量、提高土地效能、优化土地生态环境而进行的土地开发、整理、复垦、保护等各种工程技术措施的总和。

1.1.2 土地利用工程的含义

土地利用工程是适应生产力发展和经济建设发展的需要，对土地进行合理利用与改造治理的综合工程，是缓解土地利用矛盾的重要支撑，其范围涉及土地、农业、林业、牧业、水利、环保、水土保持等多个学科及其相应的管理部门。因此，土地利用工程的含义有：第一，它是有关土地利用的各类工程技术措施的总和；第二，其主要目标和内容是改善土地质量、提升土地效能和优化土地生态环境；第三，土地利用工程是环境工程、农业工程、水土保持工程、建筑工程、水利工程、道路工程、电力工程、信息工程、生态工程等相关工程的综合集成。调查、规划、评价是基础，开发、整理、复垦是过程，保护与集约利用体现土地利用工程的成果。

广义的土地利用工程不仅包括土地利用工程项目本身，还包括土地利用的全过程；狭义的土地利用工程具体指的是土地利用工程项目，抑或是具体的建设行为。在本书中，若无特殊说明，均指狭义的土地利用工程。土地利用工程具有以下基本特征：①科学可行的土地利用工程规划；②明确的项目区域范围；③明确的建设目标和内容；④明确的工程建设期限；⑤明确的各类用地结构和权属调整方案；⑥明确的工程布置和设计方案；⑦明确的施工组织和工程管护方案；⑧明确的工程投资预算和资金来源；⑨明确的工程效益指标。

1.1.3 土地利用工程的内容

根据对土地利用工程内涵的分析，按照对象实体和过程的差异，将土地利用工程的内容分为：土地开发工程、土地整理工程、土地复垦工程、土地防护工程、土地治理工程。

(1)土地开发工程

广义上指因人类生产建设和生活不断发展的需要，采用一定的现代科学技术手段，扩大对土地的有效利用范围或提高对土地的利用深度所进行的活动。包括对尚未利用的土地进行开垦和利用，以扩大土地利用范围，也包括对已利用的土地进行整治，以提高土地利用率和集约程度。狭义的角度理解土地开发工程主要是对未利用土地特别是耕地后备资源的开发利用，从而实现耕地总量的动态平衡。

(2)土地整理工程

研究对象主要是已利用的土地，可分为农用地整理工程和建设用地整理工程。前者是指通过采取各种措施，对田、水、路、林、村的综合整治，从而调整土地利用结构和产权关系，规整地块、平整土地、改良土壤，综合配套农田基础设施，提高耕地质量，增加有效耕地面积，改善农业生态条件和生态环境的行为。后者是指对地块不规则和畸零细碎的低效闲置建设用地，通过调整用地结构和产权关系，改善公共设施和环境，使之成为合乎建设用地有效利用的过程。

(3)土地复垦工程

研究对象主要是废弃土地，因生产、建设活动挖损、塌陷、压占、污染或自然灾害毁损等原因而造成破坏的土地。土地复垦工程是采取地貌重塑技术、土壤重构技术和植被重建技术等生物、工程综合措施，使土地恢复和达到可利用状态的过程。

(4)土地防护工程

研究对象主要是潜在退化土地和需要特殊保护的土地。它可以分为两类：一类是为预防土地退化而采取的工程保护措施，如农田防护林工程、水土保持防护工程、农田污染防护工程等；另一类是针对特殊保护目的而言的，如自然保护区工程、基本农田保护工程等。

(5)土地治理工程

研究对象主要是已退化土地和有明显限制性因素的土地。主要包括水土流失土地治理工程、盐碱地治理工程、风沙地治理工程、沼泽地治理工程、污染地治理工程等。它与土地整理工程的最大区别在于，针对某种特殊的限制性因素和条件，采取工程措施进行治理和改良；而土地整理是指对用地结构和产权进行调整，对土地资源进行重新配置并进行基础设施建设，不是专门针对某种限制性因素而采取的工程措施。

1.1.4 土地利用工程的特性

土地利用工程是一项复杂的综合性工程，它具有技术性、动态性、系统性、综合性、地域性、广泛性等特点。

(1)技术性

表现在土地利用工程规划编制、项目区的选择、项目规划设计、工程实施、工程监理、竣工验收以及土地产权调整等多个环节。整个过程涉及土地规划、农田水利、建筑设计、工程造价、计算机绘图、施工组织等多方面专业技术知识。

(2)动态性

随着不同时期土地利用情况和社会经济状况的变化以及技术方法的革新,土地利用工程的具体内容和任务也会随之变化,经历了关注耕地数量—耕地数量与质量—生产生活条件—生态环境—景观的由低级到高级,由简单到复杂的动态演替过程。

(3)系统性

土地利用工程项目所涉及的各个工序构成了一个完整的系统。项目的建议选取—现场踏勘—可行性研究—规划设计—施工建设—项目监管、验收—项目运营等,每个环节相互影响、相互制约,构成了系统不可分割的重要部分。

(4)综合性

土地利用工程需要多学科、多领域的知识,如土壤学科、测绘学科、水利学科、农业学科、生物与环境学科、规划学科、土木工程学科、管理学科的基本理论和方法。同时,也需要发改、国土、农业、林业、水利、交通、环保、财政等各部门的综合协调、相互配合。

(5)地域性

我国幅员辽阔,地理气候、地形地貌、社会经济发展等地域差异显著。根据不同地域的土地利用特点、限制因素,对实施土地利用工程的目的、规划设计方案、工程施工组织等存在明显地域差别,因此,要有区别地开展土地利用工程。

(6)广泛性

土地利用工程包括有关土地生产环境改善和生态景观建设的一切措施和手段。只要是消除土地利用现状中对社会经济发展的制约和限制因素,有助于土地利用效益和生态环境进一步提高的土地环境建设,都被认为是土地利用工程的范畴,如现代农业园区的建设、村镇规划建设、城镇旧城区改造、压占挖损废地建设、耕地后备资源开发、高标准农田建设等。

1.2 土地利用工程的理论基础

1.2.1 可持续利用理论

土地的可持续利用一般包括生态可持续性、社会可持续性和经济可持续性三个方面的内容。生态可持续性的一个核心问题是现代土地利用对土地资源生产潜力的影响,如农业土地利用的显著特点就是频繁耕作、集约种植、高化学剂投入、密集的机械使用,这已造成土壤侵蚀、养分流失、土壤板结、水污染等问题,损害着土地资源的生产能力;经济可持续性主要关注土地利用者的长期利益,主要集中在土地利用的收益方面;社会可持续性强调满足人类基本的需要和较高层次的社会文化要求。持续不断地提供充足而可靠的农产品和其他土地产品以满足社会需求,这是可持续土地利用的一个主要目标。随着社会经济的发展,土地资源的生产能力和生态环境要满足人类生活水平不断提高的要求,这些正是土地利用工程的目的所在。协调土地供给和土地需求是土地资源持续利用的永恒主题,也是土地利用工程的重要内容,其作为实现土地资源可持续利用的具体措施和手段,必须以可持续发展为目标,以不破坏土地生态经济系统为前提,在土地生态环境允许限度之内进行。

1.2.2 人地协调理论

人地关系即人类与其赖以生存和发展的地球之间的关系,是在人类出现以后地球上就已客观存在的主体与客体之间的关系,随着人类生产进步和社会发展而不断变化。人地协调理论就是研究人与自然之间的相互作用、相互联系的关系,它作为一种对人与自然之间关系的理性思考,作为对人与自然相互影响、相互作用程度的哲学观的讨论,成为指导土地利用工程的理论基础之一。从根本上说,土地利用工程研究的主要内容,也是人地之间的相互关系,它强调人在协调人地关系中的积极作用,明确了人是土地利用工程的控制、调节主体,其追求的是人与自然的和谐,这种和谐是长远的、代间的,是宏观、中观和微观区域的。因此,确定土地利用工程发展方向就包括:一是人的需求,人对土地开发利用的要求;二是自然基础限制,如果它被破坏,必将影响自然对人类生存的支持能力,导致人地之间失去平衡。

1.2.3 生态经济学理论

生态经济学是生态学和经济学相互融合而成的一门边缘科学,是通过对生态系统中的自然再生产过程的解析,研究生态系统中经济再生产的作用机理和运动规律,亦即从复合生态经济系统的各种因素(条件)的解析和对该系统的综合性研究这方面出发,探索持续提高人类社会发展的途径,并用于具体指导经济发展的一门科学。它从经济学角度,研究生态经济复合系统的结构、功能及其演替规律,为研究生态环境和土地利用经济问题提供有力的工具。

土地本身是一个自然、社会、经济、技术等要素组成的多重结构的生态经济系统,土地利用不仅是自然技术问题和社会经济问题,而且也是一个资源合理利用和环境保护的生态经济问题,客观上受自然、经济和生态规律的制约。因此,土地利用工程必须要有一个整体观念、全局观念和系统观念,考虑到土地生态系统的内部和外部的各种相互关系,不能只考虑对土地的利用,而忽视土地的开发、整治和利用对系统内其他要素和周围生态环境的不利影响。不能只考虑局部地区的土地资源的充分利用,而忽视整个地区和范围的土地资源的合理利用。土地利用工程应有利于保护和提高土地生产力,降低生产风险,使土地产出稳定,保护自然资源并防止土壤与水质退化,并且满足经济的繁荣和社会秩序的稳定。

1.2.4 景观生态学理论

景观生态学是一门新兴的交叉学科，主要研究空间格局和生态过程的相互作用。土地利用工程立足于协调人地关系，以可持续利用土地为目标。因此，景观生态学可作为土地利用工程项目评价与规划设计的理论基础。

土地利用工程不是立足于短期的、单纯的地块合并、调整和改造，而是要着眼于长远的景观保护和生态平衡。农用地整理不仅要考虑增加有效耕地面积和提高质量，而且要考虑景观设计和生态平衡。通过农用地整理、村庄集中、田块归并平整、路渠配套、林网建立，既改变了地形地貌，又改善了土地结构和农田小气候，景观生态环境得到了明显的改善。

1.2.5 土地产权理论

土地产权是指由土地所有权以及由其衍生出来的使用权、收益权、处分权、转让权、抵押权等权能组成的权利束，土地产权权能既可结合又可分离。土地产权理论主要指导土地利用工程的项目选址和立项、土地权属确认以及土地权属调整方案和土地确权等。

土地利用工程开展前后，一般会涉及土地权属调整，如何很好地解决这一问题，是调动各方面积极性，使工作顺利并展开的关键之一。权属调整的顺利进行，对促进土地利用工程的健康发展，保持农村社会稳定，维护广大农民的合法权益具有重要意义。同时，从土地规模经营、提高农业规模效益和竞争力的战略高度，从维护农民合法土地经营权的角度来认识土地权属调整的重要性并进行权属调整。

1.2.6 全生命周期理论

全生命周期(life cycle，LC)最早来源于英国人 A. Gordon 在 1964 年提出的全生命周期成本管理理论，包括全生命周期管理(life cycle management，LCM)、全生命周期评价(life cycle assessment，LCA)、全生命周期成本(life cycle cost，LCC)。全生命周期大致分为五个阶段：可行性研究与决策阶段、设计阶段、施工阶段、运行阶段及报废处置阶段。全生命周期依据工程项目从开始至结束的全过程进行划分，有助于政府、业主部门对各个阶段进行成本分析、进度控制、效益评价。

(1)增强土地利用工程项目的系统性

全生命周期理论的集成技术可增强土地利用工程项目的系统性。集成使整个项目拥有共同的设计理念，更好地协调子项目工程的目标与效益，也使得同一项目在不同阶段的目标(决策、设计、施工、运行、报废处置)有连续性。

①将“集成”理念引入土地利用工程项目设计中，可增强各工程之间的横向联系(图 1.1)。在项目工程设计时，通过全生命周期集成管理渠道，可确保不同项目的控制目标与

项目信息(预设进度、投资情况)能够更好地传递与联系。

②将全生命周期集成技术引入项目设计中,可增强项目的纵向联系(图1.2)。LCM纵向集成可以使设计人员在设计阶段充分参考施工、运行、报废处置阶段的项目的相关信息,进行合理设计,进而有助于保证工程顺利施工,达到设计的使用效果。

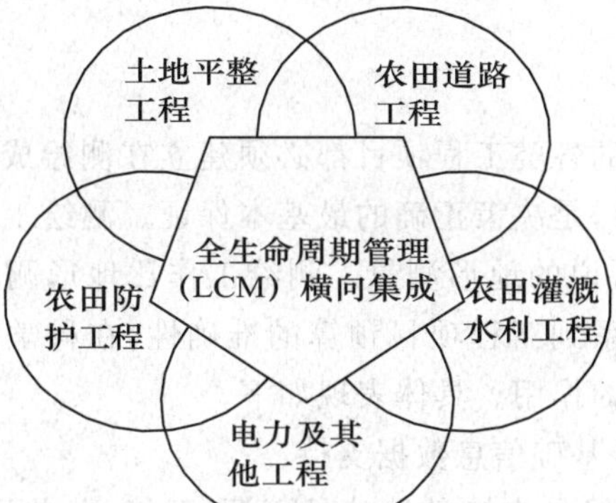

图1.1 横向集成

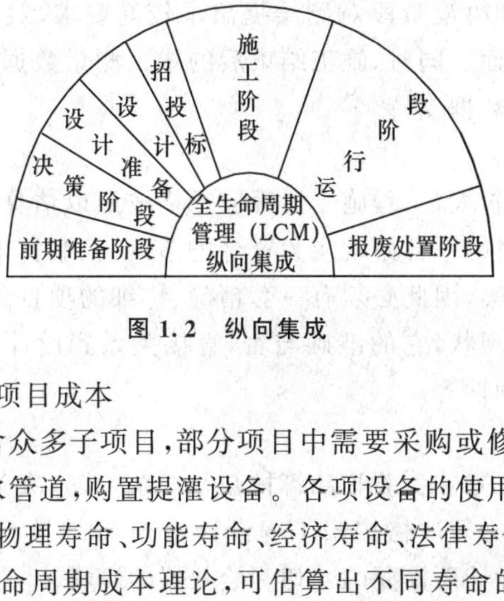

图1.2 纵向集成

(2)优化土地利用工程项目成本

土地利用工程项目包含众多子项目,部分项目中需要采购或修建众多工程设备,如在灌溉排水工程需要修建输水管道,购置提灌设备。各项设备的使用寿命不同,设备的寿命一般可以划分成以下几种:物理寿命、功能寿命、经济寿命、法律寿命。设备的寿命影响到工程的成本费用,运用全生命周期成本理论,可估算出不同寿命的设备的全生命周期成本,以及对工程效益的影响,进而从工程的全生命周期的角度,确保了项目设计方案成本合理,效益最优。

(3)增强项目的安全可靠性

土地利用工程项目需要注重安全性,设备更需要强调可靠性。全生命周期理论通过使用各种定性或定量的方法对项目的安全性、设备的可靠性进行分析与预测,进而确保在设计阶段项目质量的安全可靠性。一般来说设备的安全可靠性会随着时间变化,在项目设计时,需要做好项目安全可靠性设计。全生命周期理论考虑了设备的故障率,常用浴盆曲线图法对设备的安全可靠性进行分析。

1.3 土地利用工程的支撑技术

1.3.1 测绘技术

土地利用工程所涉及的各类工程项目都必须建立在测绘成果的基础上。因为测绘数据是最基础、最原始的资料，是决策正确的最基本保证。测绘工作贯穿于土地利用工程的全过程，而且不同于平常所说的地形测量。测绘工作比地形测量工作更细致、更具体，同时更讲究方法。它直接关系到工程项目预算的准确性，在科学决策、节约投资、规范工程行为等方面有着不可低估的作用。具体表现如下。

(1)为决策科学化提供基础信息数据支持

决策科学化的根本依据和支持条件就是资源、环境、公共设施、基础设施、经济、统计等基础信息数据的获取和共享。理想的测绘成果上应该附加这些要素，反映项目区域的地形、地物、地类、交通、水系、境界、房屋、人口等现状信息，集中成为数据库，面向不同决策部门提供相应的基础信息数据。由于涉及设计方案的制定、设计预算的准确性等关键内容，在工程项目的前期决策阶段对测绘提出了较高要求，对数据精度要求较高、对数据所反映的内容要求最全面。同时，施工结束后的竣工测量数据，为项目的工程量决算以及项目竣工验收提供基础数据支持。

(2)节约投资

土地利用工程投资较大，工程施工过程应严格按照以估算控制预算、以预算控制工程决算的步骤进行，从项目的一开始就应为资金的节约、控制打下坚实的基础。这就要求有科学合理的规划设计方案，因此必须有一套精确、详细的项目测绘成果，必须具有现实性，充分反映区域内的一切现状，它的准确与否，直接关系到设计方案的优化选择、投资的合理计算、效益分析的准确性等。

(3)规范工程行为

土地利用工程项目的施工、验收和管护必须规范，其先决条件是要有科学、合理、可行的工程设计。施工单位必须严格按照工程设计施工，符合实际的工程设计必须由测绘技术提供翔实、能反映出设计所需要的一切测绘数据的资料。

1.3.2 "3S"技术

"3S"技术包括遥感技术(remote sensing，RS)、地理信息系统(geographical information system，GIS)、全球定位系统(global positioning system，GPS)。随着3S技术的不断进步，其在土地利用工程上的应用变得愈加广泛。

(1)土地利用潜力调查

在实际的土地利用潜力调查工作中，合理采用比例为1∶1 000的土地利用图为基础图纸，据野外实践勘察明确下一步的工作。RS的应用能够为技术人员提供高分辨率和准确完善的土地利用潜力数据信息，工作人员根据这些数据信息，可以计算出不同区域土地整理潜力，同时RS收集到的数据信息通常为数字化信息，方便技术人员用随身携带的PAD(平板电脑)进行处理分析工作。

(2)土地利用工程专项规划

GIS能够帮助开展对耕地后备潜力数据信息的收集和整理工作，提高规划过程中规划方案的合理性和准确性。该项技术通过利用对土地信息进行数字化建模的方式，在数字化模型上完成对土地利用工程专项规划工作，进一步减少规划人员的规划工作量，节省更多的时间成本，创造更多的经济效益。GIS最明显的优势就是它能够实时进行土地信息数据的更新，从而有效保障土地信息的准确性和完善性。此外，GIS作为一个多元化、多层次的信息数据库，不仅仅储存了大量的土地信息数据，还包含了自然气候、水文、地质以及社会经济情况等数据资料。规划人员在工作中的各种数据需求，都能够在GIS中查询到，有效提高规划人员的工作质量和效率，加快工作的进度。

(3)土地利用工程项目运营管理

当整个项目结束后，相关部门必须做好后期的运营管理工作，通过应用GPS技术能够对工程进行实时的监控测量。管理人员在项目运营过程中应用较多的还是RS系统，它可以及时准确地反映出运营区域内的耕地等实时动态变化情况，有利于管理工作。而GIS系统的应用能够帮助工作人员在运营过程中合理分配土地的使用权和工作性质。与此同时，要想最大程度实现所有土地的高效生产力，就必须完成土地灌溉、电力等资源的合理分配工作，要实现项目运营数字化管理，加强数据的总结汇报工作，明确判断出项目的最终效益。

1.3.3 农业技术

(1)水土保持

主要是通过耕地措施来保持水土，通过改变耕作和栽培方式，达到改变微地形或是增加地面被覆、改变土壤理化性状，以起到防止径流汇集，增加水分下渗的作用。如：以改变地形为主，进行垄沟种植、横坡种植、掏钵种植(坑田)等；以增加地面被覆为主，进行草田轮作、间作套种等；既可增加地面植被，又能逐步改变小地形，进行草田带状间作等；以及改良土壤结构，增加入渗能力的其他耕作措施。

(2)盐碱地治理

盐碱地治理的方法可分为水利改良、化学改良、物理改良三类。

①水利改良。对地势低洼的盐碱地块，通过挖排水沟排出地面水的方法，可以带走土壤中的部分盐分；根据“盐随水来，盐随水去”的规律，灌水并形成一定深度的水层，使土壤中的盐分充分溶解，再从排水沟把溶解的盐分排走，降低土壤的含盐量；种植水稻，在水源充足的盐碱地种水稻也是一项有效的改良措施。通过长时间淹灌和排水换水，土壤中的盐分就可以被淋洗和排出。

②化学改良。对盐碱土增施化学酸性肥料过磷酸钙，可使pH降低。施入适当的矿物

性化肥，可补充土壤中氮、磷、钾、铁等元素的含量；增施有机肥能增加土壤的腐殖质，有利于团粒结构的形成，改良盐碱地的通气、透水和养分状况。有机质分解后产生的有机酸还能中和土壤的碱性。种植绿肥效果更好。

③物理改良。深耕深松，对盐碱地深耕深松能加速淋盐，防止返盐，改良土壤的养分状况；客土压碱，就是换土，能改善盐碱地的物理性质，有抑盐、淋盐、压碱和增加土壤肥力的作用，可使土壤含盐量降低到不致危害作物生长的程度。

(3)风沙地治理

北方沙化地区采取沙障固沙、营造防风固沙林带、固沙草带、引水拉沙造田，以及防止风蚀的耕作技术等综合措施；黄泛区古河道沙地，先治理风口，堵住风源，采取翻淤压沙、造林固沙等措施，将沙地改造成果园或农田；东南沿海岸线沙带，沿海岸线选择抗风沙树种，采用客土植树等方法，营造海岸防风林带。

(4)沼泽涝渍地治理

①垄作是具有抗涝、防渍、松土、保墒、增温等多种作用的耕作措施，是治理沼泽涝渍地土湿、土凉问题，调节土壤水热状况的好办法。因而成为我国北方洼地和涝渍地采用的一种农业土壤改良措施。深翻是垄作的基础，深翻深松和垄作是涝渍地耕作的两个基本环节。

②旱改水。利用水稻喜湿耐淹的特性，在水源充足、土质黏重的涝渍地区，将旱田改为水田，可起到滞涝和增产作用。

(5)节水技术

农业节水是一个系统工程，涉及水资源、生态、环境、工程、技术、法律、管理等多个专业领域。同时节水技术也是一个综合技术体系，是集合农学、植物生理、土壤化学、微生物学、环境和气象、农业工程等多学科的综合应用技术。节水技术主要有 5 个发展方面，包括工程技术、生物技术、农艺技术、化学技术和管理技术及 5 种技术的综合技术集成，其中每一类节水技术又包括许多分项。工程节水措施包括输水工程、灌水工程、集水工程。生物节水措施是指通过遗传工程选育和引进具有高水分生产效率的抗旱节水品种。农艺节水措施包括节水种植制度、抗旱育种技术、耕作保墒技术、水肥耦合调控技术和化学抗旱节水技术等。化学节水技术包括化学覆盖技术、抗旱保水剂、抗蒸腾剂、生根剂、植物生长激素、抗旱种衣剂、土壤增容扩蓄生化材料等。管理节水措施包括水资源优化调度，灌溉自动化控制，节水灌溉，节水种植价格杠杆，农户参与式管理等。

1.3.4 BIM 技术

BIM 的全称是“建筑信息模型(building information modeling)”，由美国佐治亚技术学院建筑与计算机专业的杰克伊斯曼博士所提出，被称为“革命性”的技术：各专业的所有的信息、功能要求和性能都包含在建筑信息模型的数据中，建筑信息模型整合了一个工程项目的所有信息包括在设计阶段、施工阶段、运营管理阶段的信息。BIM 是一种集成多维模型信息的技术，可以使所有参与建设项目的对象(包括政府主管部门、业主、设计、造价、施工、监理、运营维护管理、项目用户等)在整个项目全生命周期内从概念产生到完全拆除都能够在模型和信息中互相操作，从根本上改变项目建设和运营管理中设计行业人员的工作方式，提高项目全生命周期建设内的工作效率和质量并减少错误和降低风险。

土地利用工程所涉及的各类项目，在项目的设计内容中，均存在主要的建筑单体设计，如小型农田水利设施、农桥等交通设施。将BIM技术应用到土地利用工程中，必将在设计阶段、施工阶段、运营管理阶段以及工程造价控制方面提供更为准确、完善的信息。BIM技术具有以下特点：

(1)设计可视化

运用三维思考方式将农田水利建筑及其构件以三维的形式直观呈现出来，更高效率地完成设计。除此之外，漫游功能也是BIM所具有的，通过创建相机路径，形成动画或一系列图像向客户展示设计模型。

(2)施工可视化

利用BIM工具创建建筑设备模型、临时设施模型、周转材料模型等，通过模拟施工过程确定方案，组织施工。利用BIM的可视化将复杂的构造节点全方位呈现，如复杂的钢筋节点、幕墙节点等，还可以将模型动态视频化，帮助技术交底和施工。

(3)设计一体化

利用BIM技术将设计—施工—运营服务于工程项目的全生命周期。BIM信息在综合数字环境中不断更新并提供给设计人员、工程师、施工人员以及业主，使其更清晰全面地了解项目。

(4)建筑物性能仿真

在设计过程中，设计人员利用BIM技术给予虚拟的建筑模型大量的建筑信息(构件属性、材料性能、几何信息等)，然后将其导入相关性能分析软件，从而得到相应分析结果。这样就可以提升设计质量，缩短工作周期，优化对业主的服务。

(5)施工仿真性模拟

通过BIM模拟项目重点及难点部分，按月、日、时进行分析，优化施工方案，从而提高施工的效率。

(6)工程量自动计算

包含大量工程信息的数据库可以为BIM模型在造价管理中提供所需的工程量数据。计算机在这些数据信息的基础上就可以快速准确对各种构件进行统计分析，大大减少了繁琐的人工操作和潜在错误，实现了设计文件与工程量信息的统一。

(7)施工进度仿真性模拟

BIM整合形成一个包括空间信息与时间信息可视的4D模型，并与施工进度计划相关联，从而直观、精确地反映整个施工过程。

(8)信息完整性

BIM技术相对工程对象信息的完备性，体现在3D几何信息和拓扑关系的描述以及完整的工程信息描述，如设计信息包括对象名称、建筑材料、结构类型、工程性能等；施工信息包括施工进度、工序、成本、质量以及人力、材料、机械、资源等；维护信息包括工程安全性能、材料耐久性能以及对象之间的工程逻辑关系等。

1.4 土地利用工程的发展历程

早在3 000多年前的殷周时期就开展了如何开发土地的活动，井田制是我国土地利用工程的早期雏形。在封建社会，开荒、围垦、屯田等不同形式的土地利用工程活动广泛开展。新中国成立以后，土地利用工程的发展历程一般可以划分为四个阶段，分别为新中国成立到20世纪70年代的起始期、1980—1997年的起步期、1998—2007年的发展壮大期和2008年至今的跨越发展期。

1.4.1 新中国成立后的土地利用工程

新中国成立初期土地整理的主要内容是重新分配土地，即将地主的土地分配给贫下中农，实现耕者有其田的目标。20世纪50年代后期，通过人民公社化，将土地收归集体，集中起来进行耕种，土地整理的主要内容是变更土地的权属关系。60年代受自然灾害和“文化大革命”的影响，土地整理工作停滞不前。70年代，全国“农业学大寨”，农业建设得到发展，土地整理工作得到高度重视，当时的土地整理工程主要以平整土地，合并田块，建新村，完善路、林、沟为主要内容，农业生产条件得到显著改善，土地生产能力得到大幅度提高。一些当时实施的土地整理工程，如“坡改梯”工程等一直延续使用到现在，持续发挥着作用。

1.4.2 起步期

20世纪改革开放后，我国因城镇化、工业化发展而占用耕地数量快速增加，耕地面积持续减少，引起党中央的高度关注。1986年6月，全国人大通过的《中华人民共和国土地管理法》将“合理利用土地，切实保护耕地”作为立法主要目标，并对国有荒山荒地滩涂开发和生产建设损毁土地复垦做出原则规定。这一时期，全国各地因地制宜开展了各有特色的土地整理活动。截至1997年底，全国已有400多个县开展了一定规模的土地整理实践，并形成一批典型，如江苏省苏南地区和浙江省湖州市为代表的结合基本农田建设开展的农田整理；以上海市为代表的农场住宅向中心村和集镇集中、乡镇企业向工业园区集中、农田向规模经营集中的“三个集中”土地整理模式；以安徽省六安地区为代表的田、林、路、渠、宅、塘、渔、墓“八位一体”小区域综合治理；以河北、天津、湖北、安徽等地为代表开展的村庄土地整理等。

1.4.3 发展壮大期

20世纪90年代末开始，我国城镇化、工业化发展进入快车道，各项建设用地需求持续高涨，加上生态退耕战略的实施，全国耕地资源数量一度锐减，1999—2004年年均净减少

2 000 万亩以上。出于保护耕地资源、保障粮食安全考虑，这一时期国家进一步将土地整治纳入地方各级政府的考核范围。现行《土地管理法》颁布实施以来，原国土资源部注重结合经济社会发展形势引导和推进土地整治工作。1999 年将上海市奉贤县等 20 个具有土地开发整理工作基础的市、县列为国家首批土地开发整理示范区；2006 年确定了 116 个国家级基本农田保护示范区。把基本农田建设作为重要内容，标志着我国土地整治工作从以开发未利用地为主逐步转向以整治现有农田、提高耕地质量为主。同年，国土资源部部署了全国第一批城乡建设用地增减挂钩试点，以增减挂钩政策为引擎的农村建设用地整理逐渐成为土地整治的重要组成部分。

这一时期，以国家投资土地开发整理项目为引领，我国土地整治逐步实现了由自发、无序、无稳定投入到有组织、有规范、有稳定投入的转变，土地整治资金数量、项目数量及建设规模快速增长，取得显著成效。1998—2007 年间，全国通过土地整治补充耕地 4 042 万亩。土地整治工作受到各级政府的高度重视和社会的广泛关注，社会影响进一步扩大。

1.4.4 跨越发展期

2008 年是我国土地整治事业发展史上具有里程碑意义的一年，土地整治各项工作基础得到进一步强化。从国家战略部署看，党的十七届三中全会要求"大规模实施土地整治"，土地整治工作正式纳入党中央层面的战略布局。在加强法制建设方面，2011 年 3 月颁布实施《土地复垦条例》，《土地复垦条例实施办法》也于 2013 年 3 月正式施行。在完善规划体系方面，2010 年 5 月正式启动新一轮土地整治规划编制工作，先后下发了省级土地整治规划编制要点和市县级土地整治规划编制规程，特别是《全国土地整治规划(2011—2015 年)》由国务院批准实施，极大地推动了土地整治工作。在监管平台建设方面，开发了土地整理复垦开发项目信息报备系统，2010 年报备系统升级为农村土地整治监测监管系统。在标准体系建设方面，2011 年修订并发布了《土地开发整理项目预算定额标准》，2012 年发布了《高标准基本农田建设标准》，2013 年共发布了 11 项技术标准，2014 年发布实施《高标准农田建设通则》，2016 年发布实施《高标准农田建设评价规范》《土地整治项目规划设计规范》《耕作层土壤剥离利用技术规范》等，土地整治标准体系不断健全，基本实现可行性研究、规划、设计、建设、施工、监理、质量管理、竣工验收等各环节工作有标准可依。

发展到今天，土地整治工程在稳定经济社会平稳发展、助力精准扶贫、耕地数量质量生态"三位一体"管理等方面取得了新成效、新发展、新突破。特别是 2016 年，财政部、国土资源部、环境保护部联合印发《关于推进山水林田湖草生态保护修复工作的通知》(财建〔2016〕725 号)，组织遴选了第一批工程试点，标志着山水林田湖生态保护修复进入实质性运行阶段。2017 年中央一号文件提出推进山水林田湖整体保护、系统修复、综合治理，加快构建国家生态安全屏障。

实施山水林田湖综合整治，必须坚持"山水林田湖是一个生命共同体"的重要理念。在城市化地区，以低效建设用地再开发为主要抓手，统筹推进以净化城市空气和调节城市小气候、有效处理废水废物、调节城市降雨与径流为内容的生态保护修复；在农村地区，以高标准农田建设、农村闲置低效土地整理、城乡建设用地增减挂钩、田水路林村综合整治为主要抓手，统筹推进以土地沙化和盐碱化治理、防治土壤污染、改善农村居住环境与人文景观为重要内容的生态保护修复；在矿产资源开发集中区，以废弃工矿用地改造、土地复垦为主要抓手，开展以修复矿区水土环境、重构矿区土壤植被、重建矿区生态景观、保护矿区生物多样性为内容的生态保护修复；在重点生态功能区，以土地生态保护和修复建设为主要抓手，开展以增强水土保持功能、强化水源涵养功能、提高防风固沙水平、加强生物多样性保护为内容的生态保护修复。

【本章复习思考题】

1. 什么是土地利用工程？它的基本内容有哪些？
2. 3S 技术主要应用在土地利用工程领域的哪些方面？
3. 在乡村振兴过程中，开展土地利用工程的意义是什么？

Chapter 2

第2章 土地利用工程规划

【本章学习任务】

1. 了解土地利用工程规划的含义和目的；
2. 掌握土地利用工程规划的内容；
3. 掌握潜力评价的内容与方法。

2.1 土地利用工程规划的内容

广义的土地利用工程规划类型可以划分为土地整治规划、土地复垦规划、土地开发规划、土地治理规划、土地保护规划等。根据现行土地利用总体规划的要求，将土地整治规划、土地复垦规划、土地开发规划的内容统一纳入土地整治规划当中，是对土地整治规划内容的有效扩展。因此本书所涉及的土地利用工程规划在狭义上仅指土地整治规划。

2.1.1 规划的含义

土地利用工程规划是指在土地利用总体规划的指导和控制下，对规划区内未利用、暂时不能利用或已利用但利用不充分以及生产建设活动和自然灾害损毁的土地，确定实施开发、利用、改造的方向、规模、空间布局和时间顺序的综合性活动。

狭义上的土地利用工程规划是对一定区域内的土地整理、土地复垦和土地开发等土地利用活动的总体部署和统筹安排，是一项重要的土地利用专项规划。

2.1.2 规划的目的

(1)实现耕地总量动态平衡

我国耕地后备资源短缺,有效补充耕地来源较少,补充耕地的任务主要依靠土地开发和复垦来完成。因此,科学预测耕地供求状况,准确评价可补充耕地的潜力,合理划分土地整治区域,统筹安排土地利用工程活动的空间和时序,明确各类土地利用工程项目的新增耕地目标,确保实施后新增耕地数量和质量得以实现。

(2)提高综合生产能力、土地产出率

通过对低效、未利用和损毁的土地进行整治,积极对土地利用方式、强度进行调整,达到改善土地生产条件,保持和提高土地再生产的能力,以持续获得更多的人类所需要的生产、生活产品,同时更好地体现土地的生态价值。

(3)为制定项目投资计划、组织项目实施提供依据

通过编制各级土地利用工程规划的方案,合理确定土地利用工程规划中的重大工程、重点项目、高标准农田建设任务等,对规划期内拟开展的项目所需投入资金进行合理估算,从而在资金的筹措、投资计划制定方面进行合理安排,并为后继的项目组织实施提供依据与指导。

2.1.3 规划的基本内容

现代土地利用工程规划发展迅速,经过两轮规划实践,已经全面构建了“国家—省—市—县(区)”四级规划体系,服务于我国新型城镇化、工业化、农业现代化和生态文明建设。各级土地利用工程规划的内容各有侧重。国家级规划的重点是制定全国土地整治的方针和政策,提出土地利用工程整治重点区域和重大工程;省、市级规划的重点是提出本行政区内土地利用工程整治的重点区域、重点工程和重点项目,区域内补充耕地区域平衡的原则、方向和途径,确定投资方向;县级规划的重点是划分各类型土地利用工程整治区,明确土地开发、整理、复垦等各类土地利用工程项目的位置、范围、规模,作为确立各类项目后继规划设计与实施的依据。

各级土地利用工程规划的主要内容如下:

省级和市级规划内容:分析土地整治的背景与条件;调查评价并测算土地整治的潜力;确定土地整治规划目标与任务;提出土地整治的总体安排;划定土地整治的重点区域、安排重点工作、提出重点项目;制定补充耕地的区域平衡方案;估算土地整治的投资、评价预期综合效益;制定实施规划的政策措施。

县级规划内容:分析土地整治的背景与条件;调查测算农用地整理、土地复垦、未利用地开发、农村建设用地整理等潜力;制定土地整治规划的目标与任务;提出土地整治的具体安排;划定各类土地整治区;确定项目的具体位置、范围和规模;测算各类项目的具体投入和社会、经济、生态效益;制定实施规划的保障措施。

2.2　土地利用工程潜力调查与评价

2.2.1　潜力调查与评价的内容

潜力调查评价针对不同土地利用工程类型分别开展。

潜力调查可采用问卷调查、实地抽样、深入访谈等方法。方式包括全面调查、典型调查或项目调查。全面调查：一般以乡(镇)、村为单元，对域内全部土地进行调查；典型调查：在区域范围内选取若干典型乡(镇)开展调查分析，选取典型乡(镇)数量一般不少于全部乡(镇)数量的 30%；项目调查：对于已开展土地整治活动的乡(镇)，可选取若干个已实施的典型项目进行调查分析。

(1)农用地整治潜力

重点调查分析农用地整治规模、可补充耕地面积、新增耕地系数和可提高质量等级等信息。通过分析沟渠、农村道路、田坎等信息调查可补充耕地面积。新增耕地系数和可提高耕地质量等级调查应根据实际情况区别对待。对已开展农用地整治的地区，可通过选取若干代表性的整治项目，分析得出调查结果；对未开展农用地整治的地区，可选取若干有代表性的集中连片的农用地，并与同类型地区农用地整治项目进行对比，分析得出调查结果。

(2)高标准农田整治潜力

以土地利用总体规划确定的基本农田集中区和重点区域、重点工程为重点，调查分析基本农田的数量和分布、耕地质量等级、已建成高标准农田面积、拟建设高标准农田面积等情况，同时对基本农田的基础设施、土地权属状况、土地经营方式、农作物种植情况、投入产出情况、生态环境条件等进行调查。

(3)农村建设用地整治潜力

调查现状及规划的人口、人均用地、户均用地、农村建设用地整治规模与分布、可减少建设用地面积和可补充耕地面积，调查已实施项目可补充耕地面积和新增耕地系数，调查村镇规划布局设想、村民整理意愿等。

(4)城镇工矿建设用地整治潜力

调查评价旧城镇、旧工矿、“空心村”等可再开发利用的存量，建设用地的可再开发利用规模、分布和土地利用效率提升程度。

(5)土地复垦潜力

调查各类建设挖掘、塌陷、压占、污染及灾害损毁等废弃地的数量和分布等，调查废弃地的成因、复垦限制因素、可复垦条件、复垦率、复垦环境风险、复垦投资要求等。

(6)宜耕后备土地资源开发潜力

调查荒草地、盐碱地、沙地和滩涂等未利用土地可开发利用的数量与分布等，调查宜耕后备土地资源开发的限制因素、可开发利用条件、开发利用率、开发环境风险、开发投资要求、可补充耕地面积等。

2.2.2 农用地整治潜力调查与评价

(1)农用地整治潜力调查

农用地整治潜力是根据土地利用现状图、历年已实施农用地整治项目,采用全面调查与典型调查相结合的方法,调查确定拟实施农用地整治范围以及补充耕地系数。

全面调查以土地利用现状调查和变更调查、耕地后备资源调查评价等资料为基础,收集各县区农用地整治潜力测算的基础资料,了解各村闲散地、待复垦设施农用地、待填埋坑塘水面、待开发其他土地总量,及现状农村道路占耕地比例、农田水利用地占耕地比例、田坎系数等;其次以乡(镇)为组织单位,通过调查问卷统计各行政村待整治农用地资源范围和总量。

典型调查主要用于进一步确定农用地整治补充耕地系数。在全面调查的基础上,以乡(镇)为单元,在拟开展农用地整治的行政区分别选取典型样区,通过数据分析,汇总沟渠、道路、田坎、零星建设用地及其他土地等面积之和占待整治区面积的比例,待复垦设施农用地总量,待填埋坑塘水面总量,与设定的当前社会、经济和技术条件下,集约利用水平较高的耕地内沟渠、道路、田坎等面积之和占所在耕地区面积的比例,以及设施农用地复垦,坑塘水面填埋可补充耕地系数。

最后,结合典型样区补充耕地系数测算农用地整治补充耕地面积,进而统计各村、各乡(镇)、各县(区)及全市农用地整治规模、补充耕地面积及补充耕地系数。

测算方法:

$$\Delta S = \sum_{i=1}^{n} (\alpha_i \times S_i) \qquad 2.1$$

$$\alpha = \Delta S / S \qquad 2.2$$

式中:ΔS—— 县(区) 新增耕地面积,hm^2;

α_i—— 某县(区) 新增耕地系数,%;

S_i—— 某县(区) 待整理区面积,hm^2;

α——县(区)新增耕地系数,%;

S——县(区)待整理区总面积,hm^2;

n——县(区)行政区数量。

(2)评价步骤与分级方法

①评价步骤。结合潜力调查成果,采用统计分析和空间分析等手段,筛选出各乡(镇)、村范围内可开展农用地整治的耕地及其周边符合条件的闲散地等,确定农用地整治规模。计算各乡(镇)、村农用地整治补充耕地面积,包括转为耕地的田坎潜力规模、其他非建设用地潜力规模等;计算各乡(镇)、村农用地整治可新增耕地系数。

②等级划分方法。农用地整治潜力等级划分时,应同时考虑可补充耕地面积和新增耕地系数,可以选用如下方法的一种进行。

最低门槛法:依据当地已实施项目的经验,设定可补充耕地面积的最低门槛,低于最低门槛的乡(镇)统一赋予最低等级,其他乡(镇)依可新增耕地系数大小进行等级划分。

四象限法:以各乡(镇)可补充耕地面积、新增耕地系数的平均值为标准,依以下情形划分等级。一级,双指标不低于各自平均值;二级,可补充耕地面积不低于平均值,新增耕地系数低于平均值;三级,可补充耕地面积低于平均值,新增耕地系数不低于平均值;四级,双指标低于各自平均值。

2.2.3　农村建设用地整治潜力调查与评价

(1)农村建设用地整治潜力调查

农村建设用地整治潜力是指通过土地利用工程、土地权属流转等措施,对现有分散的农村居民点改造、迁村并点、集中居住,对低效利用的集体工矿用地进行迁转、调整、退出等,在增加有效耕地及其他农用地面积、提高农村建设用地节约集约利用水平、促进耕地集中连片和城镇化等方面具有的潜力。

农村建设用地整治包括农村居民点整治和其他农村建设用地整治,是指对农村地区散乱、废弃、闲置和低效利用的建设用地进行整治,完善农村基础设施和公共服务设施,改善农村生产生活条件,提高农村建设用地节约集约利用水平的活动。

考虑到不同地区用地结构上的差别,为了相对准确地确定各县(区)农村建设用地整治数量潜力,以乡(镇)为组织单位,分别对农村居民点整理和其他农村建设用地整理潜力进行实地调查。通过全面调查各县(区)农村建设用地分布情况确定可整理农村建设用地面积,通过典型调查得到各县(区)通过建设用地整理可增加耕地的系数,从而计算农村建设用地整理新增耕地的潜力。

(2)测算方法

结合潜力调查成果,可采用人均用地估算法,评价可整治的农村建设用地规模;结合不同地形地貌特征以及已实施项目的经验,确定不同地形地貌特征下农村建设用地整治后新增耕地系数,计算可补充耕地面积。

人均用地估算方法如下。

①预测农村人口。

$$Q_t = Q_0 \times (1 + r^t) + \Delta Q \qquad 2.3$$

式中:Q_t——规划农村人口总数;

Q_0——现状农村人口总数;

r——人口自然增长率,‰;

t——规划期,年;

ΔQ——人口机械变动量。

②农村建设用地腾退规模预测。

$$S_t = B \times Q_t \qquad 2.4$$

$$\Delta S = S_0 - S_t \qquad 2.5$$

式中:S_0——现状农村建设用地面积,hm^2;

S_t——规划农村建设用地面积，hm^2；

B——规划人均用地标准，hm^2/人；

ΔS——农村建设用地腾退规模，hm^2。

2.2.4　土地复垦潜力调查与评价

土地复垦调查针对露天采矿、挖沙取土、烧制砖瓦、工程建设等挖损地，对地下采矿、工程建设挖空后形成的地表塌陷地，对其他各类建设挖损、塌陷、压占、污染及灾害损毁等可复垦的损毁土地规模、分布和补充耕地面积进行调查评价。以乡(镇)为组织单位，根据乡级土地利用现状图，按图斑对废弃地进行调查，主要调查废弃土地的面积、有效土层厚度、土壤质地、水源保证情况、有无限制因素、是否适宜复垦、可复垦为耕地的面积与系数，以及可复垦为其他农用地的面积等。通过收集整理土地利用现状调查和变更调查等资料，了解区域内待复垦废弃地的数量和分布。采用问卷、抽样等形式，根据实际情况选取若干典型进行重点调查。

2.2.5　宜耕后备土地资源开发潜力调查与评价

宜耕后备土地资源开发潜力是指对宜耕后备土地资源采取整治措施，增加的耕地面积，以及改善生态环境状况的程度。区域内有一定的未利用地资源，可通过土地开发实现新增耕地的目的。进行未利用地开发，最重要的是确保生态安全，即要在自然生态环境容许范围内开发未利用地，要因地制宜，适度开发。以乡(镇)为组织单位，根据乡级土地利用现状图，按图斑对未利用地进行调查，主要调查未利用地的面积、有效土层厚度、土壤质地、水源保证情况、有无限制因素、可开发为耕地的面积与系数，以及可开发为其他农用地的面积。宜耕后备土地资源开发主要对荒地、盐碱地、沙地和滩涂等可开发的宜耕后备土地资源规模、分布和补充耕地面积进行调查评价。

2.3　土地利用工程规划的构成

2.3.1　规划目标

土地利用工程规划目标是指为保障经济社会可持续发展对土地资源的要求，在规划期间通过土地利用工程措施所要达到的特定目的，主要依据经济社会发展规划、上级土地整治规划和本级土地利用总体规划、生态建设和环境保护等要求，以及土地整治潜力等确定。

规划目标主要包括：高标准农田建设规模、补充耕地规模，以及农村建设用地整理规模等。

2.3.2 规划分区

(1)分区目的

规划分区为规范土地利用工程活动和引导投资方向,在规划期内为有针对性地安排土地整治项目而划定的区域。其目的是:明确各区土地整治方向和重点;分类指导土地整治活动;引导投资方向;为安排项目提供依据;因地制宜制定土地整治措施。

(2)区域类型

土地整理区:主要开展耕地整理、农村居民点整理、农用地整理等土地整理活动,是以土地整理项目为主的区域。

土地复垦区:主要开展土地复垦活动,是以土地复垦项目为主的区域。

土地开发区:主要开展宜耕后备资源开发等土地开发活动,是以土地开发项目为主的区域。

土地综合整治区:包括上述两种或两种以上,且难以区分活动主次关系的区域。

2.3.3 重点区域、工程和项目

(1)重点区域

重点区域是指在土地利用潜力调查的基础上,为统筹安排区域内各类土地利用工程项目类型,引导土地整治方向,实现土地整治长远目标所划定的区域。划定重点区域的原则是:土地整治潜力较大,分布相对集中;土地整治基础条件较好;有利于保护和改善区域生态环境;原则上不打破行政区域界线。

(2)重点工程

在划定重点区域的基础上,围绕实现规划目标和形成土地整治规模,以落实重点区域内土地整治任务,或解决重大的能源、交通、水利等基础设施建设和流域开发治理、生态环境建设等国土整治活动中出现的土地利用问题为目的,所采取的有效引导整治活动的组织形式。重点工程具有以下特点:土地整治规模较大;对实现规划目标起支撑作用;在解决基础设施建设、流域开发治理、生态环境建设等引起的土地利用问题中发挥主导作用;预期投资效益较好;能够明显改善区域生态环境。

(3)重点项目

重点项目指规划期间以增加耕地为主要目的,围绕规划确定的土地利用工程任务和重点工程,集中资金成规模进行的土地利用工程活动。重点项目主要在重点区域、重点工程内安排。项目一般按照相对单一活动类型划分,可分为土地整理项目(包括耕地整理项目、其他农用地整理项目、农村居民点整理项目)、土地复垦项目和土地开发项目。项目的具体名称可在此基础上根据各地实际情况确定。

项目选定的原则:以土地利用工程潜力评价结果为基础,注重生态环境影响;集中连片,且具有一定规模;具有较好的资源和基础设施条件;具有良好的社会经济效益;地方政府和公众积极性高,资金来源可靠;对实现规划目标起支撑作用;项目建设期一般不超过3

年(农村居民点整理除外)。

项目选定的依据:一般基于土地利用工程重点区域和重点工程;以完成规划确定的目标和任务为目的;对重点工程的实施有重要支撑作用;重点项目一般能在规划期的近期内落实。

项目选定的方法:根据区域土地利用工程潜力分析、划区结果和规划目标,初步提出项目类型、范围与规模;进行实地考察,邀请当地干部、群众座谈,分析项目实施的可行性;与有关部门协商,进行综合平衡;确定项目的界线,测算面积。

2.3.4 土地整治项目

土地整治项目一般指土地整治区内安排的,在规划期内组织实施的,具有明确的建设范围、建设期限和建设目标的土地整治任务。

土地整治项目是在时间、资金等约束条件下,具有专门组织和特定目标的一次性任务。它的基本特征是:项目是一次性的投资执行方案;项目具有明确的建设目标;项目具有限定的约束条件;项目管理方法具有规范性和系统性;项目具有生命周期。

一般的项目运作程序可以划分为项目建议书阶段、可行性研究阶段、规划设计阶段、建设准备阶段、施工阶段、竣工验收阶段和建成后评价阶段。

2.3.5 投资估算与资金筹措

(1)投资估算

投资估算的目的主要是预测实现规划目标所需的总投资和各项目的投资额。投资估算的步骤如下:

①测算典型项目单位面积投资。分地貌类型和项目性质在本地区或类似地区选择已经完成的典型项目的决算材料,分别测算出典型项目单位面积投资。

②估算项目投资。根据典型项目与规划确定的各个项目在地形、地貌、基础设施、交通条件、物价水平、劳动力价格等方面的差异,对项目单位面积投资标准进行修正,再根据项目规模计算出项目投资。

③总投资估算。将规划期内拟开展的各类土地整治项目的投资额进行汇总求和,计算得出规划期内所需要的总投资。

(2)资金筹措

目前,土地整治涉及的资金筹措渠道主要有新增建设用地土地有偿使用费、耕地开垦费、土地出让金、土地复垦费、耕地占用税、农发基金、新菜地开发建设基金等来自土地方面的资金,以及企业和个人投资、农民个人以工代赈、其他投资等。

新增建设用地土地有偿使用费:新增建设用地土地有偿使用费专项用于基本农田建设和保护、土地整理、耕地开发等开支。

耕地开垦费:按照“占一补一”的要求,由占用耕地的单位缴纳耕地开垦费,对建设占用耕地进行补充。

土地出让金：用于农业土地开发资金。按照“取之于土，用之于土”的原则，根据《国务院关于将部分土地出让金用于农业土地开发有关问题的通知》(国发〔2004〕8号)和有关管理办法，将土地出让金平均纯收益中用于农业土地开发的比例不低于15%。

土地复垦费：根据《土地复垦条例》，国家对从事生产建设活动造成土地破坏的单位和个人依法征收土地复垦费，专项用于土地复垦。

2.3.6　效益评价

效益评价包括对经济效益、社会效益和生态效益等三个方面进行评价。

(1)经济效益评价

经济效益评价的重点是对土地整治的投入产出进行分析，一般采用静态分析法，主要计算投入资金量、预期净产出和投资回收期等。具体涉及以下内容：

①投资回收期：项目总投资/项目年净增纯收益；

②静态投资收益率：项目年净增纯收益/项目总投资；

③单位面积投资：项目总投资/项目建设规模；

④新增耕地单位面积投资：项目总投资/新增耕地面积；

⑤投入产出比：项目区年投入成本/项目区年总产值。

(2)社会效益评价

从土地整治后增加耕地对扩大农村剩余劳动力就业，降低生产成本，增加农民收入，使土地经营规模化、集约化，改善农业生产和农民生活条件，促进农村现代化建设的作用等方面，选择适当的评价指标，采用定量与定性相结合的方法进行评价。具体涉及以下内容：

①土地利用率：项目区已利用土地面积/项目总面积；

②新增耕地率：项目区新增耕地面积/项目区建设规模；

③人均年收入：项目区农户纯收入/项目区总人口；

④农业劳动生产率：项目区年均产值/项目区有效劳动力数；

⑤新增耕地可供养人数：新增耕地面积/项目区人均耕地面积；

⑥粮食年产量：粮食单产×粮食种植面积。

(3)生态效益评价

根据整治后植被覆盖率、防治土地退化成果、治理和改善农田生态环境、提高旱涝保收能力等方面采用定性与定量相结合的方法进行评价。具体涉及以下内容：

①土地垦殖率：耕地面积/项目区建设规模；

②绿色植被覆盖率：(林园草地面积+农作物面积)/项目区建设规模；

③水土流失面积指数：水土流失面积/项目区建设规模；

④旱涝灾害率：受旱涝灾害面积/项目区建设规模；

⑤土地平整率：土地平整面积/项目区建设规模。

【本章复习思考题】

1. 农用地整治潜力测算的方法是什么？

2. 土地利用工程规划如何划分重点区域、重点工程和重点项目？
3. 土地利用工程规划的效益评价内容有哪些？

【本章课后实验内容】

实验一　农用地整理潜力评价；
实验二　建设用地整理潜力评价；
实验三　未利用地开发潜力评价；
实验四　废弃地复垦潜力评价。

chapter 3

第3章

土地利用工程项目可行性研究

【本章学习任务】

1. 了解土地利用工程项目可行性研究的程序；
2. 掌握土地利用工程项目可行性研究的主要内容；
3. 熟悉水土资源平衡分析的方法。

3.1 土地利用工程项目可行性研究概述

3.1.1 可行性研究的概念与作用

(1)可行性研究的概念

可行性研究是指在进行项目投资、工程建设之前的准备性研究工作，它是经济活动中经常使用的一种决策程序和手段，也是投资前的必要环节。作为一门学科，可行性研究具有自身的基本思想、历史发展、主要内容、知识基础和方法论。从方法角度看，可行性研究作为一种现代化的决策分析方法，是实践决策科学化的重要途径。作为一种分析方法，可行性研究现在已经逐步形成了比较规范和稳定的内容和程序。

可行性研究还有广义、狭义之分。广义的可行性研究是指决策过程中所进行的全部分析论证工作，包括方案构想、机会分析、初步可行性研究和详细可行性研究，这基本上构成了决策工作的主要内容。狭义的可行性研究是指在决策构想基本明确的情况下，针对一个具体方案所进行的详细的分析论证，以便直接作为决断的基础和依据，不包括在此之前的机会分析等。

(2)可行性研究的作用

项目的可行性研究是整个项目管理过程中的一个重要环节,是项目在建设前对拟建项目从基础条件、技术、资金、效益、组织管理等方面进行的调查与分析论证,通过多方案比较,为项目决策提供依据。因此,可行性研究是项目实施的前提条件,可行性研究质量直接决定一个项目的成败。

项目的可行性研究一般要回答以下几个问题:一是项目建设的必要性;二是项目区土地利用中存在的问题;三是解决项目区存在问题的对策;四是项目建设的目标以及实现目标的可能性;五是项目建设的任务,如建设规模、新增耕地率等;六是技术上是否可行;七是经济上是否合理可行;八是项目综合效益如何。

3.1.2 土地利用工程项目可行性研究的程序

(1)准备阶段

在准备阶段,主要是提出项目建设的意向,讨论项目可行性研究的范围,熟悉国家、省(自治区、直辖市)关于土地利用工程的有关政策和项目管理的有关规定与要求。

(2)基础资料的收集

可行性研究之前要收集有关项目区的各种资料和信息,全面的基础资料是做好可行性研究工作的前提。收集资料的方式要以客观实际为基础,注意调查研究,查阅各种统计资料和技术档案资料,力求资料详细、全面、客观、准确。

①区域基础资料:土地利用总体规划、土地利用工程的专项规划;土地资源调查报告和土地利用现状变更资料;区域发展报告;农业区划、水利志、水资源评价报告、土壤志与土壤普查资料、水文图集与水文手册等;区域国民经济统计年鉴;农用地特别是高标准农田建设的相关标准和生产状况、主要农产品的生产成本与市场价格;当地已开展项目所取得的先进经验;工程造价信息。

②项目区基础资料:

a. 气象资料。多年平均降水量(保证率为50%、75%和95%),不同保证率下多年平均降水量月份分布表,多年平均径流量月份分布表,气温资料以及自然灾害情况,最大一日(三日)暴雨量。

b. 河流水系。河流的多年平均径流量及其月分布情况,多年平均水位,河流泥沙状况,洪峰出现频率以及流量。

c. 土壤物理、化学资料。

d. 水利工程建设状况以及运行利用状况、设计标准。包括水源工程(水库、拦河坝、塘坝)、灌溉、排水、除渍、防洪骨干工程以及电灌站、机井、滴灌、喷灌工程的数量。

e. 灌溉制度。可以根据当地的实际经验数据或者试验站数据建立。

f. 当地建筑材料的供给状况以及当地灌溉排水工程的习惯采用材料。

g. 主要植被状况。适合生长的物种,地区防护林建设的情况与经验。

h. 电力和交通状况。

i. 土地利用现状统计表(统计台账和土地利用现状图相吻合,且注明最后变更日期)。

(3)实地调查

实地调查是土地利用工程项目可行性研究过程中一个至关重要的环节。通过实地调查摸清项目区的基本状况,调查的内容主要包括项目区的资源条件、项目所在区位的基础设施条件、项目区土地利用现状和权属现状等内容。

(4)分析研究

在收集各种资料和数据的基础上,结合实际调查情况,按照项目可行性研究所要求的内容,进行科学的分析研究与计算。通过对自然条件、社会经济条件等各个方面的分析,应能设计出可供选择的不同方案。对不同方案进行比较分析,从中筛选出最优方案,并形成可行性研究的结论与意见。最优方案应该在技术上可行,经济上合理,资金筹措上有保证。

(5)编制可行性研究申报材料

可行性研究的成果包括可行性研究报告、项目现状图、规划设计图。

3.2 土地利用工程项目区的选择与确定

3.2.1 项目区的选择

(1)项目完整性原则

土地利用工程的实质是合理组织土地利用,任何一块土地都可能是土地利用工程的对象。考虑到自然条件、政策、资金等方面的差异,不可能将每个地块都纳入项目范围。因此,在确定项目区位置和规范时必须有所取舍突破重点。项目区的选择应相对集中连片,体现规模效益。

(2)项目先易后难原则

项目投资环境指土地资源禀赋优劣、当地群众对土地利用工程工作的态度和参与积极性;风险包括生态环境条件、社会因素对项目的影响;难度主要由项目开展所需的技术、资金决定。土地自然生产潜力直接影响到土地利用工程的效果,良好的社会环境能减少项目的风险,是土地利用工程项目顺利实施的保障,而项目建设的难易程度,直接关系到这项工作的成败,更是项目选择要慎重考虑的。因此,优先选取投资环境好、风险小、难度小的项目。按照先易后难的原则,无疑对提高工作效率、尽早体现效益、鼓舞工作信心大有益处。

(3)项目效益最大化原则

土地利用工程项目追求的是综合效益。效益最大化是指经济效益、社会效益和生态效益的综合最大化。选择项目区时,必须充分考虑项目的综合效益问题。只有效益好,项目才会有持久的生命力;只有效益好,才会充分调动公众参与土地利用工程的积极性,该项目的开展才会对其他地区起到带动作用,才具备持续发展的可能。

3.2.2 项目区选择的具体要求

(1)项目合法合规

“合法合规”是对土地利用工程项目的最基本要求,包含两层含义:一是符合现行法律、法规规定;二是符合相关规划。项目合法性分析要求阐明该项目实施与现行的法律、法规的规定是否一致。如项目实施后与土地利用总体规划和土地利用工程规划的要求是否一致,土地开发是否经过依法审批,是否依据规划避免了湿地开发、毁林毁草和围湖造地等。

(2)基础设施条件具备

项目区基础设施是指与项目建设有关的水利、道路、电力等基础设施,是实施土地利用工程项目必须具备的基础条件,不属于国家投资土地利用工程项目的投资范围。申报国家投资的土地利用工程项目所在地须具备项目实施所必需的主干道路、主干排灌渠系、堤坝、电力等配套基础设施;或已拟定相关的道路、水利、电力工程、村庄改造等方案,有关措施与资金已经落实,拟同步规划、同步实施;或上述几项建设正在实施。

(3)资源和环境条件具备

土地利用工程项目区的选择还应考虑当地资源条件及生态环境对农业生产活动的承载力。水土资源无保障、生态环境十分脆弱的地区不宜开垦为耕地,从事农业生产活动。因资源或环境条件恶劣而曾经撂荒的土地不应纳入土地利用工程项目区范围。《全国生态环境建设规划》规定:“坚决禁止毁林毁草开垦和围湖造地,对过度开垦、围垦的土地,要有计划、有步骤地还林还草还湖,逐步将25°以上的陡坡地退耕还林还草,25°以下的坡地实现梯田化。”

(4)无权属问题

要摸清项目区土地全部现状,有严重权属问题的土地不应纳入土地利用工程范围。所谓的权属问题主要表现在两方面:一是存在土地权属争议;二是项目受益主体不符合规定要求。存在土地权属争议的,应及时调处;一时无法解决的,暂不将争议土地纳入土地利用工程项目范围。

(5)基本控制指标符合规定

《国家投资土地开发整理项目管理暂行办法》对项目净增耕地面积比例也做了规定:“土地开发净增耕地面积不低于项目规划设计面积的60%;土地复垦净增耕地面积不低于项目规划设计面积的40%;土地整理净增耕地面积不低于项目规划设计面积的10%。”土地利用工程的实践表明,新增耕地率一般不超过85%;高标准基本农田建设是当前土地利用工程工作的一项重要任务,此类项目的新增耕地率根据各地区实际适当调整。

3.2.3 项目区边界的划定

(1)项目区边界的划定原则

项目区大致位置初步选定后,下一步就是根据实地情况划定项目区边界。项目区边界的确定不应只考虑行政区边界，还应该考虑自然地物的分布情况，如以沟、路、渠为边界。项目区边界划定的随意性会给项目规划带来一定的盲目性，是导致项目设计阶段或项目施工过程中重新调整项目区范围的主要原因。

(2)项目区建设规模的确定

项目规模是指项目建设规模，不动工的工矿用地、居民点用地、交通用地、成片水域、林地等不计算在项目建设规模中。所谓不动工面积，即不参与具体工程实施的土地面积，不仅在统计项目建设规模时应扣除，还要在图件上明确标出不动工范围，文、图、表要相符。

(3)项目区位置和范围

项目区边界的确定意味着项目的具体位置和范围也确定下来。对项目区位置的描述有两种方式：一是通过文字描述项目区的四至；二是用地理坐标的方式表达。项目范围指项目所涉及的行政乡(镇)、村。如果项目区包括多个片块，则应明确每一片块的范围。

3.2.4 项目区地貌类型

土地利用工程项目区微地貌类型分为三种：平原(平坝)、丘陵(山地)和滩涂。项目区微地貌反映的是项目区内的地表起伏变化情况。判别微地貌类型的主要依据是项目的工程内容和工程量。如丘陵类型的项目一般涉及坡改梯，土地平整土方量较大，而滩涂开发项目一般需要大量的客土。

3.2.5 项目类型、性质的确定

(1)项目类型

国家投资项目分为重点项目、示范项目和补助项目三种类型。重点项目是指国家以增加耕地面积为主要目的，集中资金成规模进行耕地开发的工程项目；示范项目是指国家在耕地开发中，为完成有关土地利用工程管理与技术等方面的改革、创新，具有示范作用的项目；补助项目是指国家对特定地区耕地开发给予适当资金补助的项目。

补助项目申报条件为：项目位于贫困地区、少数民族地区、革命老区、受灾地区。通过项目建设，能增加耕地面积，改善农业生产条件，发展当地经济。对于补助项目，国家根据项目建设需要给予适当资金补助。其余资金由各省(自治区、直辖市)根据地方各级财力自行解决。

(2)项目性质的确定

《关于进一步规范国家投资土地利用工程项目申报工作有关问题的通知》(国土资厅发〔2002〕68号)规定："国家投资项目区的片块一般应是土地开发、整理、复垦的同一性质。耕地后备资源不足的地方，可以将不同性质的若干片块组成一个项目进行申报，名称可定为土地整理复垦项目、土地开发整理项目或土地开发复垦项目等，但新增耕地率、投资估算等应按片块分类计算，并分别符合规定要求。"

通知规定："如果某一项目片块既有农用地整理，又有成片废弃地复垦和成片未利用

地开发面积 20 hm^2 以上的，则应区分土地整理、土地复垦和土地开发性质，每种性质的新增耕地率应符合规定要求。”

3.3 土地利用工程项目可行性研究内容

3.3.1 综合说明

(1)项目概况

概述项目提出的背景；说明项目的名称、项目类型、建设地点、建设范围、建设规模、新增耕地面积、投资估算、实施期限等基本信息；概述项目建设与土地整治规划等相关规划的衔接和协调情况；说明建成高标准基本农田面积、耕地质量等级变化、改善和新增灌溉面积、新增排涝面积、新增粮食产能等主要规划目标。

(2)建设内容与投资估算

概述项目区的基本情况，说明项目区的“田、水、路、林、村”的主要建设内容、投资估算和资金筹措方式等。

(3)实施组织与实施计划

概述项目实施的组织形式和总体实施计划，跨年度实施的应分别论述各年度建设任务和资金安排。

(4)综合结论

概述项目可行性综合评价结果，说明可行性研究结论。

3.3.2 项目背景与编制依据

(1)区域简况

根据国家、省市立项的不同，从省、市、县层面分析项目建设区概况，概述区域自然和资源条件、经济社会状况、土地利用情况等。

(2)项目提出缘由

说明项目提出的缘由，分析相关政策和规划要求，对项目建设的必要性和可行性进行分析，并说明建设区的选定条件与筛选情况。

(3)规划情况

规划情况是指土地利用工程项目所在地政府按照统筹规划、整合资源、整体推进的原则，在土地利用总体规划和土地整治规划指导下，协调土地、水利、农业、发改等相关部门，通过优化资源配置，科学合理布局，为统筹规划生产、生活、居住、建设、生态等用地，充分发挥规划控制作用，合理引导资金投向所编制的规划。简述项目建设区的规划情况，说明土地、水利、农业等部门在项目中所处的地位和发挥的作用，说明其他部门建设内容与土地整治的关系。

(4)前期工作情况

说明资料收集、基础调查、专题研究、相关部门意见征询、评审论证等项目前期工作开展情况及取得的成果。

(5)编制依据

简述编制可行性研究报告所依据的法律法规、相关规划、政策文件、技术标准和有关基础资料。

3.3.3　建设区概况

(1)自然和资源条件

①地形地貌。说明建设区海拔高程、地貌类型、地貌单元划分与微地貌形态、重要的地形要素(地面坡度、相对高差等)。

②气候。说明建设区气候条件及主要特征,包括平均气温、极端气温、降水量、蒸发量、光照条件、≥10℃年活动积温、无霜期、主导风向、最大冻土层温度等。

③水文与水文地质。根据项目特点,简述建设区水文与水文地质条件,重点说明地表水和地下水的数量和质量。地表水资源分析:建设区内外主要河流、湖泊、水库等水源情况,包括径流量、汇水面积、特征库容等情况。地下水资源分析:建设区地下水赋存条件、类型,含水层岩性、厚度、富水程度、地下水埋深的动态变化;说明地下水的补给量、开采系数、可开采量、已开采量、剩余可开采量。说明建设区内已有机井的出水量、静水位、动水位、净水矿化度等情况。

④工程地质。说明建设区的区域地质概况,分析地层岩性、地质构造、岩土体物理力学性质;分析地基、边坡和围岩的稳定性;论述膨胀土、湿陷性黄土、粉细砂、淤泥、软土、分散性土等的分布和性质。

⑤土壤。说明建设区土壤的类型、类别、分布、组成、理化性状及障碍因子;说明未利用地的土壤条件。

⑥植被。建设区植被的主要类型和分布情况。

⑦自然灾害。说明建设区内主要自然灾害的类型、特点、发生频率、影响范围等。

(2)经济社会状况

概述项目有关的经济社会现状。说明项目所在县级行政区域的人口、劳动力、人均耕地面积、年人均纯收入和主要经济发展状况。建设区内城镇、工业等分布及发展状况。

(3)土地利用现状

①土地利用结构。查明建设区土地利用结构,以第二次全国土地调查和最新年度土地变更数据统计各类用地现状面积;分析建设区耕地规模化和集中连片程度;说明建设区基本农田的数量及其分布。

②耕地质量现状。根据农用地分等定级成果、耕地质量等级更新成果、土地质量地球化学调查成果等基础材料,说明建设区耕地质量等级和土壤环境质量状况。

③耕地利用状况。说明建设区耕地的利用方式、有效灌溉面积、排涝面积等情况;说明建设区农业生产的基本状况,包括作物种类、耕地制度、种植结构、作物单产水平、机械

化程度等；当前耕地利用和农业生产中存在的主要问题。

④基础设施条件。项目建设所依托的已建或在建的大、中型水源，水利枢纽，防洪设施等水利工程情况。建设区内现有骨干灌排设施、骨干交通基础设施、高压变配电工程等骨干基础设施情况。建设区内田间灌排、道路、电力设施、生态保护等田间基础设施的情况。

⑤已实施土地整治和其他涉农建设项目情况。查明建设区内已建和在建的各级、各类土地整治项目和其他涉农建设项目的情况。说明相关项目的名称、项目类型、建设地点、建设规模、资金类型、立项时间、竣工验收时间、效益发挥以及设施的使用情况等。

⑥待整治村庄基本状况。涉及村庄整治的，说明待整治村庄的人口规模、用地面积、建筑结构及密度、建设物现状，村庄基础设施状况，说明实施村庄整治的必要性和可行性。其中，涉及城乡建设用地增减挂钩的要说明与增减挂钩试点安排的衔接情况。

3.3.4 建设条件分析

(1)规划协调性分析

分析并说明项目建设与有关法律法规和政策的一致性。分析并说明项目建设与土地利用总体规划、土地整治规划等规划的衔接情况。项目与区域土地、水利、农业、林业、交通、环境保护、城乡建设等规划的协调关系。

(2)土地利用限制因素分析

包括自然限制因素、社会经济限制因素等。

(3)土地适宜性评价

针对土地开发和土地复垦集中区，选择适当的评价因子和评价方法，说明适宜性评价的分析过程，计算评价结果，说明适宜区的面积和分布情况。

(4)新增耕地来源分析

根据土地利用现状、土地利用现状限制因素和土地适宜性评价结果，分析并说明新增耕地的来源和数量。通过工程措施实现新增耕地的可行性。

(5)水土资源分析

分析建设区各行业发展用地需求，预测耕地、园地、林地、草地、设施农用地等农用地面积，分析需要灌溉的土地面积和主要灌溉方式。分析项目所在地水资源状况、经济社会发展水平和生态环境条件，预测不同规划年的各行业发展用水需求，计算生态、农业、工业、城镇居民生活、农村人畜等需水量。

建设区可利用的水源类型，地表水和地下水的可利用量和供水能力分析，计算不同规划年的可供水量。地表水分析应与蓄水、饮水、提水工程规模相适应；地下取水应通过水文地质条件和生态环境影响分析，计算地下水取水方案和可开采量。根据水土资源分析结果，以项目片区为基础，分析不同设计灌溉保证率下的水资源可供应量，提出水资源供需平衡推荐方案，落实供水量和拟采取的水利工程措施。项目建设区地表水资源缺乏，以及农业生产生活用水常年需地下水补给的区域，应编制《水资源论证分析报告》。

(6)生态环境影响报告

申报单位应委托有资源的机构进行项目建设环境影响评价，编制环境影响评价报告书。根据经批复的环境影响评价报告书，说明项目建设和运行阶段对区域自然资源、生态条件和环境状况产生的影响，说明环境影响评价结论，提出相关对策与措施。

(7)风险分析

说明项目建设和运行阶段在工程、技术、资金等方面可能面临的风险，有针对性地提出应对风险的对策措施。

(8)公众参与分析

公众参与的方式、内容、过程，说明公众对项目建设的支持程度。

3.3.5　规划方案与建设内容

(1)规划目标

综合区域规划、土地利用总体规划、土地整治规划、农业产业规划等，说明项目拟实现的规划目标。包括项目建设目标和各片区的建设目标。

(2)规划片区划定

说明划定项目片区的依据和方法，说明各项目片区的建设地点、建设范围、建设规模等；根据各项目片区自然资源条件、水土资源匹配状态、农业生产潜力和土地利用限制因素等，分析各项目片区土地整治重点；在项目片区划定的基础上，说明子项目选择的方法和初步结果。

(3)规划方案

①土地利用布局。分析各项目片区的土地利用结构，通过综合优化，确定土地利用规划布局；分析各项目片区实施前后土地利用结构变化情况，统计各类用地面积。

②工程布局。通过方案比选和综合优化，分析土地平整工程、灌溉与排水工程、田间道路工程、农田防护与生态环境保持工程和其他工程的布局方案，确定工程布局。

分项目片区绘制规划图。骨干工程应确定类型和布置地点；田间工程通过在项目建设区内选取一定规模的典型区来体现。典型区应能体现所代表区域的水土资源条件、土地利用特点和土地整治要求，应能反映相应的土地整治措施、工程布局和建设标准，典型区面积不应低于所代表区域面积的5%。绘制项目片区规划图，说明骨干工程的平面布置，以及典型区的位置和范围，比例尺不宜小于1∶50 000；绘制典型区规划图，说明田间工程平面布置。平原区典型区规划图的比例尺不宜小于1∶5 000，丘陵区典型区规划图的比例尺不宜小于1∶2 000。

③建设标准。按照TD/T 1033、TD/T 1012和所在省份土地整治相关工程建设标准的要求，结合规划目标，通过综合优化，提出骨干工程和主要田间工程的设计标准。

(4)建设内容

①骨干工程。选定骨干工程建设场址，确定主要建筑物的基本形式，开展工程设计，编制设计成果。说明安全运行工况条件下骨干工程的主要参数和技术指标，提出工程量

和主要建材需要量。

②田间工程。田间工程采用典型设计。应说明灌排设施、道路、防护林等田间工程的布置关系;各单项工程应绘制代表工程设计图;应在典型设计的基础上,根据典型区所代表的面积比例扩大计算工程量。

③工程量汇总。对各部分建设内容的工程量进行汇总统计。

3.3.6 土地权属调整

(1)土地权属现状

根据土地清查结果,说明建设区内土地权属状况,包括集体土地所有权、集体土地使用权和国家土地所有权、国有土地使用权。存在土地权属争议的需说明争议的具体问题。说明土地确权登记发证情况。

(2)权属调整原则与程序

基本确定并说明土地所有权和使用权调整的原则和调整范围。针对建设区内的土地权属现状和问题,说明土地权属调整的内容和程序。说明新增耕地权属调整的原则和方法。

(3)权属调整初步方案

编制权属调整初步方案,简述土地权属调整初步方案制定的过程;说明各部门、相关组织和权属主体的参与形式、方法和所达成的意向;说明不同意见的处理情况。

3.3.7 投资估算

说明估算编制依据及主要费用确定情况,说明主要费率确定的依据。说明估算指标的编制方法。说明估算指标中人工、材料预算价格,以及设备购置等费用的计算方法与结果。说明拆迁补偿费用计算的依据和标准。按照财政部、国土资源部的有关规定和相关定额标准,编制估算书。

3.3.8 实施计划

①说明项目实施的总体计划,包括:总工期和起止时间,各片区的工期和起止时间;骨干工程、田间工程的施工顺序和关键节点;提出实施总体进度安排。

②年度建设计划。按实施年度分解工程量,说明年度建设计划分解的依据和结果。

③资金筹措方案与保障措施。分析近三年项目所在省、市级各类土地整治资金和涉农资金的类型和数量,说明各类资金支出计划。确定项目建设资金的筹措方式,说明各实施年度各类建设资金的计划使用情况。

④年度投资计划。根据实施年度建设计划,合理确定投资计划,说明各实施年度各类建设资金的计划使用情况。

3.3.9　实施管理

(1)组织机构

说明项目实施组织形式和组织机构的设置情况。说明项目和子项目的承担单位,说明各级承担单位工作职责,说明项目法人制的落实形式。简述项目所在地省、市级土地整治机构已承担土地整治项目的进展和验收情况。

(2)管理措施

①变更管理,说明年度计划调整、子项目设计变更等变更管理的原则和审批程序;说明变更材料的编制要求。

②验收管理,确定并说明项目、子项目验收的组织和执行部门;提出项目验收要求和验收标准;制定验收程序,说明验收的内容与形式等。

(3)控制措施

①进度控制:说明监督、管理、控制项目实施进度的具体措施;说明不确定因素的应对预案。

②资金控制:说明资金管理的制度安排,包括资金估算、预算、决算、核算制度,资金审批、支付管理制度,专项资金监督管理制度等。

③质量控制:说明各项建设内容的质量目标,明确主要功能工程质量建设标准,提出工程质量控制方法。

④安全控制:明确安全生产的要求和目标,说明安全生产的责任与保障措施,提出施工安全的检查手段和突发事件的紧急预案。

⑤保障措施:组织保障,从加强组织领导、做好宣传动员、充分发动群众、落实权利义务等方面说明组织保障在项目实施中的应用;政策保障,说明地方政府为保障项目顺利实施所制定或拟定的政策措施;制度保障,说明项目法人制度、招投标制度、工程监理制度、合同制度、公告制度、审计制度等在项目实施中的应用;技术保障,说明项目实施的技术保障措施,包括组建专家队伍、建立监控体系、加强人员培训等在项目实施中的应用。

3.3.10　后期管护

管护内容与管护主体,说明后期管护的主要内容和基本管护制度。基本确定后期管护的主体,说明相应的职责和权利。说明后期管护经费的主要来源和筹措方式。

3.3.11　效益分析

①社会效益分析:结合项目建设所产生的社会影响综合分析社会效益。

②生态效益分析:结合项目建设所产生的生态环境影响综合分析生态效益。

③经济效益分析:根据项目建设前后建设区内农业生产费用和收益的变化,综合分析经济效益。主要包括:项目投资、生产投入、管理维护支出、其他支出等;投资回收年限、投

入产出比、单位面积投资、新增耕地单位面积投资、农业生产条件改善节约的成本分析等。

④耕地质量等级变化分析:依据农用地质量分等规程等技术规范,开展新增耕地质量等级评定和新增粮食生产能力核算。根据农用地分等定级、耕地质量等级更新和农用地产能核算成果,分析项目建设前后耕地质量等级与产能的变化情况。

3.3.12 可行性研究结论

综合说明项目的技术可行性和经济合理性,提出可行性研究结论。

3.4 水土资源平衡分析

3.4.1 水资源平衡分析

土地利用工程项目首先要考虑水资源的供需问题。在项目可行性研究中,要查清项目区的可供水量以及需水量,以求得水资源供需平衡,达到合理利用的目的。

水资源供需分析计算,要分析可供水和用水两个方面。可供水包括项目区可以利用的一切水源,并能够实际供应的水量;需水主要包括农业用水、工业用水、生活用水等。把需水总量与供水量相比较,即可看出水量的盈缺。如可供水量不足,可采取措施挖掘水源的潜力或调整用地结构、作物种植结构等,以达到水资源平衡。

(1)可供水量分析

①河川径流。河川径流指江河、湖泊来水,计算河流供水量要区别水源的调节形式和取水方式。水源的调节形式,一般分为有调节和无调节两种。水源有调节形式是指通过工程措施(如修建水库、塘坝、山塘等)对水源进行调节后加以利用;无调节形式是不经控制,直接从水源取水。取水方式在自流引水方式中,又分无坝渠首引水和有坝渠首引水两种形式。无坝渠首引水是指当河流水位、流量均能满足灌溉要求,在渠首无须筑坝,直接选择适宜的位置作为取水口,修建进水闸,进行引水的自流灌溉。有坝渠首引水,系当河流水位不能满足灌溉要求时,需在河道上修筑拦河坝或建闸,以抬高水位,壅水入区,然后进行自流灌溉。

②地表径流。地表径流指由当地降水产生的径流。为了充分利用地表径流,应当在适当地点修筑水库、塘坝或者蓄水池等。

③地下径流。地下径流分为浅层水(潜水)与承压水(层间水)两种。浅层水是指地表和第一个不透水层之间的水,补给来源主要是大气降水和地表水的渗入。承压水是指埋藏在两个不透水层之间的地下水,主要来自水源补给区的地表径流或者浅层水。潜水埋藏较浅,受气候特别是降水的影响较大,流量不稳定,容易受到污染,水质较差;承压水埋藏较深,直接受气候的影响较小,流量稳定,不易受污染,水质比较好。

地下水资源可分为天然资源和开采资源。天然资源是指天然状态下,在一定时间内含水层中地下水的数量。评价地下水的天然资源，一般应分析其三个组成部分，即贮存量、调节量和径流量。开采资源是指在一定的开采条件下，在一定时期内既有补给保证，又能开采的稳定水量。（注：各种灌溉水源分析的计算公式具体详见水利技术相关标准。）

④可供水量预测。以项目区现有蓄、引、提各种水利工程可提供的水量为基础，并将不同发展水平年规划期间可能新建的工程设计供水量，计入可供水量。预测时，应把地表水和地下水分别计算。可供水量预测时，一定要结合项目区当地水利部门的水文地质等相关资料和参数进行。同时，对各种可供水源的水质需要经常进行监测，防止使用受污染的水源进行灌溉。

(2)需水量预测

需水量预测包括对项目区农业灌溉需水量、工业生产需水量、生活需水量等的预测。

①农业需水量预测。主要指灌溉需水量，是灌溉面积乘以综合灌溉定额。在规划水平年，计算出不同保证率下的灌溉需水量。

a. 灌溉面积。灌溉面积应该以项目区规划的需要灌溉的农用地面积为准，合理地确定灌溉规模是计算灌溉用水量的基础。

b. 农业灌溉用水定额。计算农业灌溉用水要制定灌溉制度。灌溉制度是指按作物需水要求和不同灌水方法制定的灌水次数、灌水时间，灌水定额及灌溉定额的总称。它是在一定气候、土壤和农业耕作技术条件下，为了保证农作物稳产、增产，满足农作物在各个生育阶段对水分的需求所规定的适时、适量灌水的制度。灌水定额是指每次灌入农田的水量，一般用单位面积上的灌溉水量来表示（m^3/亩，m^3/hm^2）。灌溉定额是指作物播种前灌水（包括水田插秧前泡田灌水）和全生育期内单位面积上的总灌水量，即各次灌水定额之和。

c. 灌溉设计保证率。水量供需平衡计算，应考虑灌溉设计保证率。灌区用水量在多年期间能够得到充分满足的概率称为保证率。灌溉设计保证率可根据水文气象、水土资源、作物组成、灌区规模、灌水方法及经济效益等因素，按表3.1确定。高标准基本农田建设项目的灌溉设计保证率应有所提高，具体以《高标准基本农田建设标准》(TD/T 1033—2012)要求为准。

表3.1　灌溉设计保证率表

灌水方法	地区	作物种类	灌溉设计保证率/%
地面灌溉	干旱地区或水资源短缺地区	以旱作为主	50～70
		以水稻为主	70～80
	半干旱、半湿润地区或水资源不稳定地区	以旱作为主	70～80
		以水稻为主	75～85
	湿润地区或水资源丰富地区	以旱作为主	75～85
		以水稻为主	80～95
喷灌、微灌	各类地区	各类作物	85～95

注：作物经济价值较高的地区，宜选用表中较大值；作物经济价值不高的地区，可选用表中较小值。引洪淤灌系线的灌溉设计保证率可取30%～50%。

资料来源：水利部国际合作与科技司·水利技术标准汇编·灌溉排水卷。北京：中国水利水电出版社，2002。

②其他需求量预测。

a. 工业需水量预测。工业需水量预测主要以工业生产的日常需水量为基础，计算年需水量。由于各类工业项目的需水量不同，因此该部分需水量预测应以项目区实际的工业项目和拟建设的工业项目的需水量为准。

b. 生活需水量。包括居民生活需水和牲畜需水两个方面。项目区居民生活用水量根据项目区内人口数和人均日用水量计算；牲畜用水量根据项目区牲畜头数和牲畜日均用水量计算。不同地区的人均日用水量和牲畜日均用水量不同，应以当地的用水定额的相关规定为依据进行计算。

(3)水资源供需分析

①现状水平。按不同保证率年价分析总需水量及可供水量，进行供需平衡计算，得出盈缺水量。随着农业种植结构的调整，保证率的提高以及节水灌溉技术的推广，盈缺水量均会受到影响，应以规划项目区的实际和拟建设情况为准。

②远景水平。按不同保证率年份分析总需水量，算出在现状基础上递加的需水量。在总需水量中列出项目区农业灌溉需水量、工业生产需水量、生活需水量等，经过供需平衡汇总后，算出盈缺水量。

3.4.2 土资源平衡分析

土资源平衡分析主要指项目区规划设计的所需客土量与项目区内及周边临近地区可供土资源量的盈缺分析。具体分为设计客土量即需土量和可供土量两个部分。

(1)需土量

在土地利用工程项目中，为恢复、提高耕地的生产能力，保证新增耕地具备必要的宜耕土层等，均需要开展客土工程，进行客土回填。因此，在需土量的预测中，以设计的客土土层厚度和客土地块面积两者相乘得到设计需土量。

(2)可供土量

可供土量分为项目区内供土和项目区外供土。

项目区内供土，主要指项目区内存在可供土土源，同时经过项目区内土地平整，土方调配等进行的土资源平衡。因此，在具体设计过程中，应该充分考虑项目区实际土层厚度和农作物种植对宜耕土层厚度的要求进行计算。

项目区外供土，主要指项目区实际客土量较大，项目区内部无法平衡，需要从项目区外围开展客土回填。对项目区外供土应该注意以下几个方面：①项目区外土源与项目区的距离，距离过远势必使项目成本提高，经济技术指标分析较一般，一般选择距离项目区较近的土源地；②土源的土质检测，客土土源的土质检测是十分必要的，禁止将已经受到工业、化学污染的土以及尾矿库的矿灰等作为客土土源。③根据土资源稀缺的特点，在寻找土源时应该由当地政府部门负责协助寻找，并根据土源的剖面和地形进行测量，从而估算可供量。

当前，根据国土部门的要求，对开展的新增建设项目，一般需要在项目用地审批中开展表土剥离工程，以不破坏表层土源，并能够在项目建设后对剥离土源进行回填或外运；

同时，在城乡建设用地增减挂钩实施过程中，十分重视对建新地块的表土保护，必要时外运于拆旧区，保证拆旧区复垦后耕地的质量。

(3)土资源供需分析

项目所需土源与可供土源量的对比，即可得出客土土源的盈缺。

3.5 土地利用限制因素

土地利用限制因素分析是指对项目区影响土地有效利用的自然因素和社会经济因素进行的分析，目的是通过分析找出影响项目区土地有效利用的主要问题，并提出相应的解决对策。土地利用限制因素分析的重点是对可以通过工程措施加以改善的自然限制因素进行分析。一般情况下，可以通过工程措施加以改善的自然限制因素包括以下几类。

(1)旱灾

随着气候的变化，降水量的不均衡和减少，旱灾成为我国涉及地区最广、危害最严重的自然灾害。严重的干旱，可使水源干涸、田地龟裂、草木枯萎，甚至人畜饮水都发生困难。特大旱灾对农业生产的破坏性很大，对整个国民经济的发展也有较大的影响。一般采取开发水源，包括开采地下水、兴建蓄水工程以及推广节水灌溉技术等措施进行抗旱。

(2)涝灾

涝灾是指洪涝灾害，范围虽不如旱灾广，但危害程度是严重的。轻灾会造成减产，重灾则使农田绝收，甚至冲毁田园，危及人民的生命安全。洪涝灾害按雨涝发生的季节可分为春涝、春夏涝、夏涝、夏秋涝。一般采取的措施包括：一是因地制宜地安排防涝排水系统工程用地，农田开挖排水渠道，大江、大河以及沿海兴建堤防工程，丘陵山地兴建渠道工程；二是要根据水涝灾害特点调整作物种植结构。轻涝的平地适宜种植耐涝的高粱等作物，而不宜种怕涝的棉花、玉米等作物；重涝的洼地往往实行一水一麦，麦收后休闲，一年一熟。

(3)风害

风速大于等于17 m/s即8级以上称为大风。大风形成的风害，北方多于南方，沿海多于内陆，高山隘口多于盆地河谷。绝大多数地区春季大风最多夏季最少，秋季与冬季相近。大风对农业的直接危害包括风蚀、对植物的机械损伤、对农业设施的破坏、加剧蒸腾失水和冻害等。风沙能埋没农作物，造成机械损伤或污染农产品，风沙还侵蚀土壤，使土壤肥力下降，淤塞水库、塘坝、水井。一般采取的措施为兴建防护林。

(4)水土流失

水土流失与干旱、暴雨等自然因素有关，更重要的是与人口和资源不足的矛盾加剧及掠夺式的经济活动造成植被破坏关系密切。一般采取的措施包括丘陵梯田化，横坡耕地，带状种植，实行带状、块状和穴状间隔造林，辅以鱼鳞坑、高埂等田间工程。

(5)土壤潜育化

土壤潜育化是土壤处于地下水长期浸润状态下，得不到通气与氧化，同时，在易分解的有机物还原影响下，使土壤及积滞水的pH下降，土壤矿质中的Fe和Mn处于还原低价状态，土体显青色或青黑色。土壤次生潜育化是指因耕作或灌溉等人为原因，土壤(主要是水稻土)从非潜育型转变为高位潜育型的过程。常表现为50 cm土体内出现青泥层。一般采取的措施为：开沟排水，消除渍害，在稻田周围开沟，排灌分离，防止串灌。明沟成本较低，但暗沟效果较好。

(6)土壤盐渍化

土壤中可溶性盐类随水向土壤表层运移累积，从而达到影响一般植物的正常生长的含量(超过0.1%)的过程，称为土壤盐渍化。在自然条件下的土壤盐渍化称为原生盐渍化。由于人为活动不当，使原来非盐渍化的土壤盐渍化，或增强了原土壤的盐化程度，或经改良好的盐渍化的土壤再次发生盐渍化称为次生盐渍化。土壤盐渍化引起的土地退化是土地荒漠化产生的原因之一。一般采取的措施包括：兴建排水体系，合理灌溉，在地面水引水不便的地区，可以利用浅井水灌溉、平整土地，消除盐分富集的微域地形条件。

3.6 公众参与分析

3.6.1 公众参与的内涵

公众参与是指土地利用工程项目影响区域的各阶层、各相关利益群体对土地利用工程微观项目决策的介入过程。公众参与土地利用工程项目的提出是为了保护、尊重公众利益和有效限制行政部门过多的权力从而体现项目决策的合理与公正。也就是公众参与所追求的“有限的政府权力与有效的公众责任”。

3.6.2 公众参与的内容

(1)接受宣传教育，传播相关知识和技术

让公众接受有关土地利用工程方面的科学知识、法律制度、政策方针的各种形式、各种渠道的宣传教育。充分行使公众的知情权，为其他内容的参与奠定知识基础。同时将自己接受的相关法律法规、相关技术以及对区域社会经济发展和生态环境保护与建设的影响和作用进行广泛的传播、扩散。

(2)参与各种层次项目综合决策

将公众对所在区域的可持续发展的关心落实到具体的土地利用工程项目的决策上，包括项目实施的范围、项目实施的内容以及土地权属调整等各方面的决策，通过正规渠道提出自己的合理化建议。此外，参与土地利用工程项目的效益评价是公众参与决策的重要内容。

(3)参与项目实施过程

参与项目实施过程，即在项目实施过程中发挥积极作用：一是积极进行投工投劳的投入式参与；二是监督地方政府及其职能部门、工程承担单位、家庭和个人等行为主体在土地利用工程项目实施过程中的行为，促使项目实施的经济、社会和生态效益目标顺利实现。

(4)利益分享

参与不仅指地方群众在项目决策活动中的建议和项目实施过程中参与投入，还应该包括从参与的项目决策活动和项目中分享利益。如在中德合作造林项目中特别要求农民要与项目机构签订合同，以这种形式体现并从法律上保证农民参与项目的利益分享权。

3.6.3　公众参与的途径

(1)与个人交流

与个人交流是在项目区群众个人基础上的公众参与，通过个体而不是群体、组织获得信息。通过非正式访谈，与当地农户进行交流可获得有关信息如耕作制度、耕作方式、作物产量等。

(2)与相关组织领导交流

项目区的组织领导具有某些法定的权力和责任，对当地群众关心的发展问题非常敏感而且对项目的背景较为熟悉，与他们交流，可以获得大量富有成效的信息。与领导交谈既可以减少政府部门与广大群众交流的频率和时间，又可以促进与他们在项目决策和实施中的合作。

(3)会议交流

会议交流就是以会议的形式讨论土地利用工程项目的可行性以及组织对项目的意见和建议。组织会议讨论相关问题并获得关于当地需求的反馈信息是一种应用广泛的公众参与方法。这种途径可以用于各种不同的场合，如用在项目形成的初期、中期或末期。它需要定期或不定期召集、协助或主持会议，与广大群众或特殊群体进行交流，必要时需邀请一些专家参与。

【本章复习思考题】

1. 土地利用工程项目立项的可行性研究的内容主要由哪几部分构成？
2. 水资源平衡分析中可供水量由哪几部分组成？
3. 土地利用限制因素有哪些？

【本章课后实验内容】

实验五　水资源平衡分析。

Chapter 4

第4章 土地利用工程项目规划

【本章学习任务】

1. 掌握土地利用工程项目规划的内容、特征、程序；
2. 掌握土地平整工程、灌溉排水工程、田间道路工程等规划的内容与方法；
3. 熟悉权属调整的程序。

4.1 土地利用工程项目规划概述

4.1.1 项目规划目的

土地利用工程项目规划是指根据土地利用总体规划和土地整治规划确定的目标和用途，依据自然、社会、经济、土地利用及农业生产的现有条件，采取行政、经济、法律、生物、工程等技术手段，对田、水、路、林、村等进行综合整治，通过对田块物理形态和产权结构的调整以及农田基础设施的配套建设，在空间和时间上建立合理的用地结构及布局，以充分挖掘土地潜力，提高土地利用效率所做的安排和布置。它既可以扩大再生产，形成新增固定资产和生产能力，又是具有明确范围、可测目标和具体内容的投资建设活动。

4.1.2 项目规划原则

(1)有利于提高土地利用率与产出率

我国开展土地利用工程的过程就是提高土地利用率与产出率的过程。土地经营粗放是我国部分地区土地利用的主要问题，而土地利用率不高的区域是土地整治的对象和重点。提高土地利用率就是要减少未利用的荒地、沙地、盐碱地、废弃地以及闲置低效用地等的数量,扩大可利用土地的规模。土地产出率是土地质量的根本体现,提高土地产出率是我国土地整治的实质所在。

(2)因地制宜,切实可行

土地利用工程项目规划设计必须从实际出发,通过土地利用效率、土地利用的资源环境效应、土地利用与土地资源各自然要素的匹配关系等方面的调查、评价及对比分析,结合各地不同的社会经济和发展需求,确定规划的主要目标、工程措施等。土地利用工程项目规划设计必须充分考虑项目区的土地利用现状和特点,查清土地利用限制因素,确定工程规划的重点,因地制宜地制定各项规划实施措施,确保规划切实可行。

(3)社会、经济和生态效益相统一

土地利用工程项目规划设计遵循自然规律和社会生态规律,建成以农田为中心的生态系统,综合利用农业资源并发挥其应有的效益。在短期内,三大效益可能产生矛盾但从长远来看应保持一致。当前,土地利用工程项目的生态与社会效益还难以进行定量分析,在进行工程规划设计时,应该对规划方案的社会和生态效果做出一个定性的科学评判;与此同时努力探求三者之间的相互关系,通过选取合理的量化指标,把社会、经济和生态三大效益高度统一起来,创建效益综合评判模型,寻求最有利于农用地的利用方式和适度规模。

(4)与相关部门规划相协调

土地利用工程项目规划设计涉及土地、农业、交通、水利、林业、发改等多个部门,各个部门又都有各自的规划要求。因此,在进行工程规划设计时,应认真了解各部门的相关规划,如环境保护规划、水土保持规划、道路交通规划、农业发展规划等。注重田块的规划用途是否符合土地利用总体规划的用地分区要求,是否与农业规划确定的农业结构调整方向相一致,项目区农田水利设施规划布置是否符合当地水利规划的标准。当项目规划与相应规划不能一致时,应充分听取有关部门的意见,并做好协调工作。

(5)政府决策与公众参与相结合

土地利用工程项目关系到广大群众的切身利益。因此,在项目规划设计过程中不仅要广泛听取各部门的意见,还应该广泛听取和吸纳项目区社会公众的意见和建议,得到群众的认可和支持,保证项目规划设计方案的合理、可行,使规划设计和相关措施能够顺利实施,达到预期的效果。

4.1.3 项目规划内容

①确定项目建设目标,包括项目建设规模、新增耕地面积、建设标准等;根据土地适宜性评价、水土资源分析与土地整理潜力分析结果,确定土地利用方向、结构和布局。

②根据土地利用方向与布局、土地利用中存在的主要问题,确定与土地利用方式相匹配的各类工程布局方案。

③根据土地利用结构、土地权属现状和规划后的土地利用结构,提出土地权属调整初步方案。

④根据当地有关工程定额,初步估算项目投资总额和项目效益。

⑤根据项目建设规模、工程内容及复杂程度,确定建设期限。

⑥进行项目规划方案评价与效益分析。

⑦提出项目实施计划与措施。

4.1.4 项目规划特征

土地利用工程项目规划是对土地整治规划的深化和补充,是对其原则、方针、目标的分解与落实,从有利于实现土地利用总体规划的全面实施出发,但也会对规划的内容做适当调整与完善。一般具有以下基本特征:

①明确的建设范围;

②明确的建设目标;

③明确的土地利用结构调整方案;

④明确的各单项工程布局方案;

⑤明确的建设内容和建设标准;

⑥明确的产权调整方案;

⑦明确的工程进度计划;

⑧明确的投资预算及分年度(分季度)投资计划;

⑨明确的规划效益指标。

4.1.5 项目规划程序

(1)准备阶段

工程规划准备阶段的工作包括成立组织机构、制订工作计划、进行实地踏勘、搜集工程规划所需资料等。

(2)分析与评价

分析与评价主要包括土地利用现状分析、相关规划对项目区土地利用的影响分析、土地适宜性评价、水土资源平衡分析等。

(3)提出规划方案

工程规划涉及的内容较多,包括土地利用结构的调整与布局、土地平整、土地利用工程配置、土地权属调整或土地分配等。

(4)评价与确定规划方案

评价与确定规划方案一般包括技术可行性评价、效益评价和规划方案的确定。技术可行性评价主要从两方面考虑,即对规划技术可行性进行分析以及对实现项目规划方案的保障程度进行分析。规划方案效益评价主要包括社会效益、经济效益和生态效益三个方面。确定规划方案的过程实际上是不同规划方案的比较与择优过程。

(5)编制项目工程规划

项目工程规划编制一般包括项目规划报告及规划说明的编写和项目规划图件的编

绘。项目规划报告主要包括前言、项目概况、项目分析、项目规划方案、规划方案评价、项目实施措施、项目规划图件。

(6)审批与实施项目规划

项目工程规划应由项目立项批准单位审批。工程规划审查主要包括技术审查和投资审查两个方面。在工程规划方案审查通过的基础上,可以批准项目实施。

4.2 土地平整工程规划

土地平整工程是土地利用工程项目中的一项重要内容,土地平整的精度不但影响到整理后的土地质量,而且关系到投资大小与效益问题。土地平整的中心任务是平整土地,使土地更适合种植或其他用途的需要。在进行土地平整工程规划时,应在满足灌排要求的基础上,合理调配土方,尽量做到挖填平衡;土地平整要与水土保持、土壤改良措施相结合。

(1)田块方向

耕作田块方向的布置应保证耕作田块长边方向受光照时间最长,受光热量最大,宜选用南北向。同时针对项目区的不同自然条件,确定耕作田块的方向。

在坡地上,田块的方向影响到地表径流的大小和冲刷过程发展的可能性,其次影响使用农业机械的效率。因此,田块宜平行等高线布置。在土壤黏重和过湿的情况下,田块长边应沿等高线呈一定角度布置。在风蚀区,田块应与当地主灾害风向垂直或主灾害风向垂直线的交角小于30°～45°方向布置。在盐渍化区,田块的长边应垂直于地下水流向布置。

(2)田块长度

从机械化作业要求来看,田块长度不宜过短,但也不是越长越好;其次,考虑灌溉要求,根据末级固定渠道要求的适宜长度及控制的面积来确定田块的长度;再次,北方地区地面平坦,以旱作为主,机械化作业容易,田块长度可适当加大。田块长度一般为500～800 m,具体可依自然条件确定。

(3)田块宽度

考虑田块面积、机械作业要求、灌溉排水以及防止风害等要求,同时考虑地形、地貌的限制。一般宽度参考数据为:机械作业要求宽度200～300 m;灌溉排水要求宽度100～300 m;防止风害要求宽度200～300 m。

(4)田块形状

为了便于机械作业和田间管理,田块形状要求外形规整,长边与短边交角以直角或接近直角为好,形状选择依次为长方形、正方形、梯形、其他形状,长宽比不小于4∶1为宜。在自然边界(河流、河谷、山等)较多的地区,最好将自然边界规划为地块的短边,采用自然边界的实际曲线。同时,田块边界要结合沟、渠、路、林及其他自然界线,不能随意确定。

(5)田块高程规划

不同地区,田块平整高程设计应该因地制宜。如地形起伏较小、土层深厚的旱涝保收田的田面设计高程应重点依据填挖土方量的要求来确定；地形起伏大、土层浅薄的坡耕地田面高程设计在考虑平整工程量的同时，应根据地形特点，尽量满足灌排设施布置的要求；地势较低的低洼地，田面实际高程还应考虑到水位要求，平整后的高程应高于常年涝水位 0.2 m 以上；地下水位较高的农田，田面设计高程应高于常年地下水位 0.8 m 以上。

(6)不同地区的土地平整工程规划

①平原地区水稻格田规划。我国南方绝大多数平原地区以种植水稻为主，需水量较大，因此，在进行田块规划时必须重点考虑田间灌溉的要求。通常情况下要将种植水稻的田块进一步规划成面积较小的格田，以便于进行精细的土地平整，满足稻田灌溉排水和田间作业的要求。在水稻格田的规划过程中要求通过土地平整，确保格田内部高差在 3 cm 以内。格田之间以田埂为界，埂宽一般在 30～40 cm，埂高以 20～30 cm 为宜。一般格田长度保持在 100 m 左右，宽度保持在 20 m 左右较为恰当。在机械化程度较高的地区，格田长度和宽度可以适当加大，一般长度为 100～300 m，宽度为 50 m 左右，面积在 0.5～1.5 hm^2 时较为合适；而在地形起伏较大，且人力、畜力作业为主的地区，格田面积应该小些。

②沟洫畦田和台田规划。沟洫畦田和台田主要出现在低洼易涝和盐碱化程度严重的地区。两者都是通过在田块四周开挖沟洫，将挖出的泥土修筑田埂，垫高田面，形成设计田块的过程。所不同的是，沟洫畦田的田面不垫土或者垫高不多，而台田田面则垫土较高，挖沟也较深。沟洫畦田又称为大地畦田，适用于旱涝交叉的平原洼地上游地区，但在雨量多且盐碱化严重的地区不宜采用，应该考虑将田块规划平整成台田形式，尽量抬高田面以降低地下水位，同时起到排涝的作用。

规划沟洫畦田时，应该重点考虑排水系统布置要求。田块长度由上一级排水沟的间距大小确定，一般在 300 m 左右较为合适。田块宽度则依末级固定排水沟的间距来定，一般在 50～100 m。具体设计可根据地下水与项目区土壤质地等条件确定。

规划台田时，如果项目区降水较大，应考虑排涝洗盐。规划过程中应极力抬高田面，一般田面平整高程应该高于常年涝水位 0.2 m 左右。土质轻的台面边坡可以缓些，土质黏的可以陡些。一般在田块周围挖沟取土以垫高田面，沟深和沟宽各地不一，主要由地下水位和项目区降水情况决定，同时与毛沟、支沟、干沟等组成排水系统，确保排水通畅。

③丘陵山区梯田规划。在山区和丘陵地区的坡埂地上，为搞好水土保持，田块规划建设的主要形式通常是修筑梯田。梯田主要有坡式梯田与水平梯田两种。由于前者保水保土效果较差，因此，在山区以修筑水平梯田为主。

梯田断面要素包括：地面坡度、埂坎高度、埂坎坡度、田面净宽、埂坎占地和田面毛宽等。规划梯田首先应对梯田建设区在平面上进行总体部署。在宽阔的缓坡地区一般以道路或者灌排渠系骨架布设梯田耕作区，道路应与等高线平行或正交，尽量和渠沟结合纵横交织呈棋盘状，将耕作区规划成方形、矩形或梯形。耕作区长度一般为 100～200 m，面积在 5～6 hm^2 为宜。山丘陡坡地区，通常以同坡向的坡面为单元或者以侵蚀沟的沟缘线来划分耕作区，耕作区的形状因地势而异。沿侵蚀沟的沟缘线规划耕作区的，道路应该沿沟边布设。

在确定梯田耕作区后，根据地面坡度、土壤质地、耕作要求等需要沿等高线规划梯田田块。梯田田块应规划成方形、长方形或者长条带状，以节省梯田田块平整工程量。梯田间修筑田埂，田埂线应沿等高线布设，确保田埂等高、田面水平。田块宽度根据项目区的坡度与土层厚度，按照“便利耕作，修筑省工”的原则确定。坡度较缓土层较厚的地区，田块宽度可大些，坡度较陡土层浅薄的地区，田块不宜过宽。田块的长度则根据项目区地形条件和梯田用途确定，如水稻梯田应尽可能长些，而旱作梯田则可以短些。为满足灌溉行水的需要，梯田纵向一般按照“不冲不淤”的原则，保留 1/500～1/300 的坡度。

4.3 灌溉排水工程规划

灌排工程规划主要包括骨干渠沟的规划、田间灌排渠沟规划、喷灌工程规划、低压管道输水工程规划和渠系建筑物规划等。

4.3.1 骨干渠沟的规划

(1)骨干渠沟规划布置要求

骨干渠沟包括干、支级灌排渠沟，它们是整个排灌系统的骨架。在骨干渠沟规划布置过程中应该注意以下几点要求。

①在容泄区和水源水位既定时，应该使排水和灌溉渠沟获得最大的自流排水与灌溉面积。排水干沟一般布置在地面较低的部位，灌溉干渠应尽可能布置在灌区的最高部位或者分水岭。在具体规划布置时，排水沟并非越低越好，如果过低可能导致沟内积水难以快速排入容泄区；而灌溉渠道也并非越高越好，如果过高可能导致水源引水困难，从而增加灌溉成本。

②灌溉骨干渠道要与排水骨干系统综合考虑。一般情况下，灌溉与排水系统要分开布设，以便水利管理与降低地下水位，尽量避免相互干扰。在平原地区规划灌溉渠系时，应在原有河沟和排水设施基础上进行配置，避免沟渠与河沟交叉，保障排水通畅。在丘陵地区，还应重点考虑山坡来水与山洪排泄的要求，确保渠沟安全。

③渠沟的布置要尽量减少工程量、水量损失，保证工程安全；对田块、道路、林带综合考虑，合理组合，尽量不占或者少占耕地，提高土地利用率与工程治理效果。

(2)骨干灌排渠沟的布置方法

骨干灌排渠沟的布置主要取决于地形条件，分为山丘区、平原区和圩垸区。规划时骨干灌排渠道要与干沟排水系统统一考虑。

①山丘型灌区。山丘区地形比较复杂，地面起伏大，岗冲交错，坡度较陡，河床切割较深，比降较大，农田分散，地高水低。一般需要从河流上游引水灌溉，输水距离较长。所以，这类灌区干、支渠道的特点是：渠道高程较高，比降平缓，渠线较长而且弯曲较多，深挖、高填渠段较多，沿渠交叉建筑物较多。渠道常和沿途的塘坝、水库相连，形成长藤结瓜式水利系统，增强水资源的调蓄利用能力和提高灌溉工程的利用率。山丘区的干渠一般沿灌区上部边缘布置，大体上和等高线平行，支渠沿两溪间的分水岭布置。在丘陵地区，

如灌区内有主要岗岭横贯中部，干渠可布置在岗脊上，大体和等高线垂直，干渠比降视地面坡度而定，支渠由干渠两侧分出，控制岗岭两侧的坡地。

②平原型灌区。平原型灌区大多位于河流中、下游地区的冲积平原，地形平坦开阔，耕地集中连片。山前洪积冲积扇，除地面坡度较大外，也具有平原地区的其他特征。河谷阶地位于河流两侧，呈狭长地带，地面坡度倾向河流，高处地面坡度较大，河流附近坡度平缓，水文地质条件和土地利用等情况和平原地区相似。这些地区的渠系规划具有类似的特点，干渠多沿等高线布置，支渠垂直于等高线。

③圩垸型灌区。主要分布在沿江、滨湖的低洼地区，地势平坦，河湖港汊密布，洪水位高于地面，必须依靠筑堤圈圩才能保证正常的生产和生活。一般没有常年自流排灌的条件，普遍采用机电排灌站进行提排、提灌。面积较大的圩垸，往往一圩多站，分区灌溉或排涝。圩内地形一般是周围高、中间低。灌溉干渠多沿圩堤布置，灌溉渠系通常只有干、支两级。

4.3.2 田间灌排渠沟规划

田间灌排渠沟规划是对田间斗、农两级固定渠沟以及田块内的临时渠沟进行布置。

(1)平原地区田间灌排渠沟布置

平原地区末级固定渠沟即农沟和农渠的规划布置主要有以下三种形式。

①灌排相间布置。这种布置形式适用于地形有一定起伏的地区，一般采用农渠向两侧灌水、排水沟承泄两侧排水的形式。通常情况下农渠布设在高处，而排水沟则布设在低处。

②灌排相邻布置。在地面向一侧倾斜的地区，渠道只能向一侧灌水且只能接纳一边的径流，灌溉渠道和排水沟道只能并行，灌溉渠道与排水沟系相互邻接，上灌下排，互相配合。

③灌排合渠布置。采用灌溉渠道与排水沟系共用一条渠道的形式。该种布置形式有利于节约占地，提高土地利用效率，通常布设在沿江、滨湖地区，但在广大旱作地区由于不便于控制地下水位，一般不宜采用。

(2)丘陵山区田间灌排渠沟规划

丘陵山区的田间渠沟，应该依据耕地的特点与其所处的部位加以布置，注意解决旱、洪、涝、渍等危害。山丘区的农田，按其所处的位置，可分为岗田、塝田和冲田三种类型。岗田是位于低丘或山冈顶部的田块，塝田是位于丘陵山地两侧坡地上的梯田，冲田是位于丘陵谷地间地势低洼处的农田。

①在岗田区，一般采用沿丘陵的山脊方向在岗田中间布置斗渠，在斗渠两侧布设农渠，达到排灌结合。对于地块较宽的岗地，可采用垂直于等高线方向布设农渠，沿等高线呈水平方向布置毛渠，格田呈长方形；而对于地块较为狭长的岗田，则采用垂直等高线方向布置农渠，沿等高线顺弯就势布置毛渠，格田呈扇形。

②在塝田区，田块多为等高梯田，也存在缺水易旱问题，故田间渠沟的布置同样也应以灌溉为主，结合排水。一般采用平行于等高线方向布置斗渠，农渠则垂直等高线方向沿

田块短边布置。因塝田的高差往往较大,故布置农渠时需考虑采用跌水相衔接,并采用双向控制,以防止灌溉水对农渠的冲刷而导致水土流失。

③在冲田区,由于地势低洼,地下水位较高,土壤存在易渍易涝问题,故田间渠沟布置应以排水为主,结合灌溉。冲田田间渠系的布置一般依地形条件而异,在比较狭窄的冲田区(山垄宽小于 100 m,通常在山坡来水较大的一侧,沿山脚布置排水沟,以排泄山坡径流、田面水和地下水;而在山坡来水较少、冲田地势较高的一侧,布置排灌两用渠,兼排水坡和塝田来水。在比较开阔的冲田区(山垄宽大于 100 m),除在两侧山脚布设排水沟外,可在冲田的中间加开一条灌排两用的中心渠,控制两侧冲田的排灌水。

(3)稻田区田间灌排渠沟规划

水稻田一般都采用淹灌方法,需要在田间保持一定深度的水层。因此,在种水稻地区,田间工程的一项主要内容就是修筑田埂,用田埂把平原地区的条田或山丘地区的梯田分割成许多矩形或方形田块,称为格田。格田是平整土地、田间耕作和用水管理的独立单元。

格田的长边通常沿等高线方向布置,其长度一般为农渠到农沟之间的距离。沟、渠相间布置时,格田长度一般为 100～150 m;沟、渠相邻布置时,格田长度为 200～300 m。格田宽度根据田间管理要求而定,一般为 15～20 m。在山丘地区的坡地上,农渠垂直等高线布置,可灌排两用,格田长度根据机耕要求确定。格田宽度视地形坡度而定,坡度大的地方应选较小的格田宽度,以减少修筑梯田的平整土地的工程量。稻田区不需要修建田间临时渠网。

在平原地区,农渠直接向格田供水,农沟接纳格田排出的水,每块格田都应有独立的进、出水口。

4.3.3　喷灌工程规划

(1)喷灌系统的选择

喷灌系统的种类很多,各种类型的喷灌系统都有其适用条件和特点,且投资造价、运行成本高低差异,生产效率、喷洒质量、对运行管理的要求也有区别。对于面积大或田间地形复杂的灌区,亦可分区选用几种不同类型。通常,在灌水次数频繁、地面坡地陡、地形变化复杂的丘陵山区,对于经济价值高的作物,可采用固定管道式喷灌系统。在地形平坦的大田作物区,可采用半固定管道式、移动管道式或小型机组式喷灌系统。在灌水次数较少情况下,对于适度规模经营的大田作物可采用卷盘式喷灌机。在有 25 m 以上自然水头的地方,应尽量采用自压喷灌系统。

(2)管道系统布置原则

根据喷灌区面积的大小、地形复杂的程度,管道系统可以分为两级(干管、支管)、三级(干管、分干管、支管)或四级(总干管、干管、分干管、支管)。通常以给水栓为界把管道系统分为两部分:给水栓到水源之间的管道称为输配水管道系统;给水栓以下到田间的管道称为田间管道系统。

喷灌管道系统布置一般管线的布置应与道路、林带、排水系统、供电系统及居民点的规划相结合。管道布置应使管道总长度尽量短。安装给水栓的那一级管道布置是否合理,是输配水系统合理布置的关键。在山丘地区,应尽量使这些管道沿主坡方向布置,若只能盘山(平行等高线)布置时,应走在田块的上方。在平原地区,应尽量使这级管道沿路旁、田边布置,以便于用水和管理。当地块形状不规则时,这级管道应布置在能使支管场地一致、规格统一的位置上。

(3)管道系统布置形式

①树枝状布置。我国喷灌系统管道布置中应用最普遍的一种形式。管线总长度比较短,水力计算比较简单,适用于土地分散、地形起伏的地区。但管道利用率低,当运行中某一处管道出现故障时,常会影响到几条甚至全系统的运行。

②环状布置。在给水工程中应用较普遍,是由各级管道连接成的很多闭环组成的。它最大的优点是如果某一水流方向的管道出现了故障,可由另一方向管道继续供水,使发生故障的那段管道之外的其他管道正常运行。这种布置形式,管道利用率高,且形成多路供水,流量分散,可减小管径,但管线总长度比较大,是否经济需经过分析比较确定,适用于地块连片面积上的固定管网。

③鱼骨状布置。这种布置适用于山丘区的脊梁地形。一般骨干管道分为干管和分干管两级,干管沿山脊线布置,分干管在干管两侧顺坡布置。

4.3.4 低压管道输水工程规划

(1)管道输水工程规划原则

①井灌区的管网宜以单井控制灌溉面积作为一个完整系统。渠灌区应根据作物布局、地形条件、地块形状等分区布置,尽量将压力接近的地块划分在同一分区。

②规划时首先确定给水栓的位置。给水栓的位置应当考虑到灌水均匀。若不采用连接软管灌溉,向一侧灌溉时,给水栓纵向间距可在 40～50 m;横向间距一般按 80～100 m 布置。在山丘区梯田中,应考虑在每个台地中设置给水栓以便于灌溉管理。

③在已确定给水栓位置的前提下,力求管道总长度最短。

④管线尽量平顺,减少起伏和折点。

⑤最末一级固定管道的走向应与作物种植方向一致,移动软管或田间垄沟垂直于作物种植行。在山丘区,干管应尽量平行于等高线、支管垂直于等高线布置。

⑥管网布置要尽量平行于沟、渠、路、林带,顺田间道路和地边布置,以利于耕作和管理。

⑦充分利用已有的水利工程,如穿路倒虹吸和涵管。充分考虑管路中量水、控制和保护等装置的适宜位置。

⑧尽量利用地形落差实施重力输水,同时各级管道尽可能采用双向供水。

(2)管道系统布置形式

灌溉管道系统中的输配水管道,一般是指支管(或毛管)以上的管网。在布置时既要考虑路径的因素,又要考虑管网内压力的分布,以使支管(毛管)的出口压力一致,从而达到整个灌区灌水均匀的目的。当在支管进口安装压力调节系统后,管道布置就可少受管内压力分布因素的影响。井灌区低压管道输水工程应符合下列要求:田间固定管道用量不应低于 90 m/hm^2。支管间距，单向布置时不应大于 75 m，双向布置时不应大于 150 m。出水口（给水栓）间距不应大于 100 m，宜用软管与之连接进行灌溉。如果给水栓是单向控制的，则最大畦田长度应小于 100 m。如果给水栓是双向控制的，则最大畦田长度应小于 50 m。输水软管（或输水垄沟）最大长度应小于 75 m。给水栓控制的最大面积为 1.5 hm^2。

①单井出水量在 20～30 m^3/h 时，控制面积 50～100 亩，可以在畦宽为 0.8～1.2 m 范围内同时只灌一个畦田。干管与支管为同一管径，管道可采用"一"字形或"L"形布置。

②单井出水量在 31～60 m^3/h 时，控制面积 100～200 亩，可以在畦宽为 1.2～2.5 m 范围内同时只灌一个畦田。仍采用干管与支管为同一管径，管道可采用"一"字形或"L"形布置。

③单井出水量在 61～100 m^3/h 时，可以采用干管和支管为相同管径，如管径为 140 mm 或 160 mm；也可以采用管径为 140 mm 或 160 mm 的一条干管和管径为 110 mm 的两条支管组成的方案。要注意，采用后一方案时，同时灌溉畦田的数目不应取单数。支管与种植方向垂直，管道可采用"工""土""王""梳齿"或"E"形布置。

④为克服上述多种管网压力变化大的缺点，环状管网也有较为广泛的应用，普遍采用的是单井单环网。

⑤河灌区管灌系统的泵站大多位于河、沟、渠的一边，因此主要有两种布置形式。梳齿式：干管沿河（沟）岸布置，支管垂直于干管排列，与河（沟）垂直布置。鱼骨式：干管垂直于河岸布置，支管垂直于干管，沿河（沟）方向布置。

在平原井灌区，土地经过平整比较平坦，田面坡度很小。多数场合下都适宜将支管道和给水栓进行双向控制。只有在地形坡度较大的山丘区才采用单向控制。

4.3.5 渠系建筑物规划

按其用途可分为控制建筑物、交叉建筑物、泄水建筑物、衔接建筑物和输水建筑物等。

(1)控制建筑物

其作用在于控制渠道的流量和水位，如进水闸、分水闸、节制闸等。

①进水闸和分水闸。进水闸是从灌溉水源引水的控制建筑物，分水闸是上级渠道向下级渠道配水的控制建筑物。进水闸布置在干渠的首端，分水闸布置在其他各级渠道的引水口处。斗、农渠上的分水闸常称为斗门、农门。

②节制闸。节制闸的主要作用有三：一是抬高渠中水位，便于下级渠道引水；二是截断渠道水流，保护下游建筑物和渠道的安全；三是实行轮灌。节制闸应布置在下列地点：上级渠道水位低于下级渠道引水要求水位的地方；下级渠道引水流量大于上级渠道流量的 1/3 时；重要建筑物、大填方段和险工渠段的上游；轮灌组分界处。

(2)交叉建筑物

渠道穿越河流、沟谷、洼地、道路或排水沟时，需要修建交叉建筑物，常见的交叉建筑物有渡槽、倒虹吸、涵洞和桥梁等。

①渡槽。渡槽又称过水桥，是用明槽代替渠道穿越障碍的一种交叉建筑物，具有水头损失小、淤积泥沙易于消除、维修方便等优点。其适用条件是：渠道与道路相交，当渠底高于路面，而且高差大于行驶车辆要求的安全净空；渠道与河沟相交，渠底高于河沟最高洪

水位时；渠道与洼地相交，为避免高填方，或洼地中有大片良田时。

②倒虹吸。倒虹吸是用敷设在地面或地下的压力管道输送水流穿越障碍的一种交叉建筑物。其适用条件是：渠道穿过河沟、道路时，如果渠道水位高出路面或河沟水位，但渠底高程却低于路面或河沟洪水位时；或渠底高程虽高于路面，但净空不能满足交通要求时，就要用压力管道代替渠道，从河沟、道路下面通过，压力管道的轴线向下弯曲，形似倒虹。

③涵洞。涵洞是渠道穿越障碍时常用的一种交叉建筑物。当渠道与道路相交，渠道水位低于路面，而且流量较小时，常在路面下面埋设涵洞。当渠道与河沟相交，河沟洪水位低于渠底高程，而且河沟洪水流量小于渠道流量时，可用填方渠道跨域河沟，在填方渠道下面埋设排洪涵洞。

(3)泄水建筑物

为了防止由于沿渠坡面径流汇入渠道或因下级(游)渠道事故停水而使渠道水位突然升高，威胁渠道的安全运行，必须在重要建筑物和大填方段的上游及山洪入渠处的下游修建泄水建筑物，泄放多余的水量。常见的泄水建筑物有泄水闸、溢流堰、退水闸等。当渠道水位超过设计最大水位时，多余水量即自动溢出或通过泄水闸泄出去，确保渠道的安全运行。泄水建筑物具体位置应根据地形条件确定，选在能利用天然河沟、洼地等作为泄水出路的地方，以减少开挖泄水沟道的工程量。

泄水闸是保证渠道和建筑物安全的水闸，一般应设在重要建筑物和大填方段的上游，渠首进水闸和大量山洪入渠处的下游。泄水闸常和节制闸联合修建，配合使用。为了退泄灌溉余水，需要在干、支、斗渠的末端设置退水渠。溢流堰应设在大量洪水汇入的渠段，其堰顶高程与渠道的设计水位相平，当洪水汇入渠道的设计水位超过堰顶高程时即自动溢流泄走以保证渠道安全。

(4)衔接建筑物

当渠道通过地势陡峻或地面坡度较大的地段时，为了保持渠道的设计比降和设计流速，防止渠道冲刷，避免深挖高填，减少渠道工程量，在不影响自流灌溉控制水位的原则下，可修建跌水、陡坡等衔接建筑物。跌水不应布置在填方渠段，而应建在挖方地基上。在丘陵山区，跌水应布置在梯田的堰坎处，并与梯田的进水建筑物联合修建。

(5)输水建筑物

当渠道遇到山冈，绕行或深挖工程量大、不经济时，或地质条件较差，开挖明渠施工和管理困难，影响渠道安全时，可修建隧洞。隧洞和涵洞的主要区别在于施工方法不同，隧洞是在山体中直接开凿衬砌而成的；涵洞则是先明挖，后砌筑，再回填建造的。在灌溉工程中，多采用无压输水隧洞，且洞底纵坡宜平缓，水流流速宜低。修建时，尽量布置在地形条件有利、地质条件较好的地段，要选择合理的进出口位置，隧洞轴线应力求短直，尽量少转弯，以减少工程量和取得良好的水流条件。

4.4 田间道路工程规划

田间道路系统规划是根据道路与田间作业需要对各级道路布置形式进行的规划。搞好道路规划，有助于合理组织田间劳作，提高劳动生产率。根据田间道路服务面积与功能不同，可以将其划分为干道、支道、田间道和生产路四种。在土地利用工程中主要以田间道和生产路为主要规划内容。

田间道是联系村庄与田块，为货物运输、作业机械向田间转移及为机器加水、加油等生产服务的道路。生产路是指联系田块、通往田间的道路，主要起田间货物运输的作用，为人工田间作业和收获农产品服务。田间道和生产路同农业生产作用过程直接相联系，一般在农地整理的田块规划后进行布设。田间道和生产路规划应有利于灌排、机耕、运输和田间管理，少占耕地。

4.4.1　田间道

田间道是由居民点通往田间的主要道路。除用于运输外，还起田间作业供应线的作用，应能通行农业机械，一般设置宽 3～4 m。田间道又可分为主要田间道和横向田间道。主要田间道是由农村居民点到各耕作区的道路。它服务于一个或几个耕作田区，如有可能应尽量结合干道、支道布置，在其旁设偏道或直接利用干道、支道；如需另行配置时，应尽量设计成直线，并考虑使其能为大多数田区服务。当同其他田间道路相交时，应采用正交，以方便畜力车转弯。

横向田间道亦可称为下地拖拉机道，供拖拉机等农机直接下地作业之用，一般应沿田块的短边布设。在旱作地区，横向田间道也可布设在作业区的中间，沿田块的长边布设，使拖拉机从两边均可进入工作小区以减少空行。在有渠系的地区，要结合渠系布置。常用方案有以下几种。

①田—路—沟—林—渠：这种布置形式可利用挖排水斗沟的土方填筑路基，节省土方量，并且拖拉机组可以直接下地作业，道路以后也有拓宽的余地。但是，如果横向田间道要穿越农沟，须在农沟与斗沟连接处埋设涵管或修建桥梁、涵洞等建筑物。埋设涵管时，如果孔径不足，势必影响排水，在雨季田块易积水受淹。并且在这种情况下，道路位置较低，为避免被淹，必须在路旁修筑良好的截水路沟。如果居民点靠斗沟一侧，可用该形式。

②田—沟—路—渠—林：这种布置形式便于渠沟的维修管理，道路与末级固定沟渠都不相交。但今后拓展有困难。拖拉机组进入田间必须跨越排水斗沟，需要修建较多的交叉建筑物。在降水较多的地区，排水斗沟断面较大，如采用这种形式基建投资较大。在降雨量较小的北方地区，可以采用这种形式。

③沟—林—渠—路—田：这样的布置形式对于农业机械入田耕作比较有利，而且拓宽比较容易，但田间道路要跨过所有的农渠，必须修建较多的交叉建筑物。同时还要在渠道之间植树两三行或开挖路沟，以便截排渠边渗水，保证路面干燥。

4.4.2　生产路

生产路的规划应根据生产与田间管理工作的实际需要确定。生产路一般设在田块的长边，其主要作用是为下地生产与田间管理工作服务。

(1)旱地生产路规划

平原区旱地田块宽度一般为 400～600 m，宽的可达 1 000 m。在这种情况下，每个田块可设一条生产路。如果田块宽度较小，为 200～300 m，可考虑每两个田块设一条生产路，以节约用地。

(2)灌溉区生产路规划

生产路设置在农沟的外侧与田块直接相连。在这种情况下，农民下地生产与田间管理工作和运输都很方便。一般适用于生长季节较长、田间管理工作较多，尤其以种植经济作物为主的地区；生产路设置在农渠与农沟之间，这样可以节省土地，因为农沟与农渠之间有一定间距。田块与农沟直接相连有利于排除地下水与地表径流，同时可以实现两面管理，各管理田块的一面，缩短了运输活动距离。一般适用于生产季节短、一年只有一季作物且以经营谷类为主的地区。

(3)梯田的田间道与生产路

梯田田间道路的布局应按照具体地形，采取同梁联峁、沿沟走边的方法布设。田间道多设置在沟边、沟底或山峁的脊梁上，宽 2 m，转弯半径不小于 8 m。为防止流水汇集冲断田坎，沟边的路应修成里低外高的路面，并每隔一段筑以小土埂，将流水引入梯田。生产路也应考虑到通行小型农机具的要求，如山底坡缓，路可呈斜线形；如山高坡陡，路可呈“S”形、“之”字形或者螺旋形迂回上山。

4.5 其他田间工程规划

4.5.1 农田防护工程规划

农田防护主要包括生物防护和工程防护两大类。生物防护是通过合理规划，利用植物发达根系的固沙、固土作用以及高大繁茂的秆茎枝叶所起的防护效果，为需要保护的农田生态系统提供一道生物防护屏障。工程防护是根据项目区地形、地质、土壤等特点和建设需要，安排合理的工程建设，如治坡工程、治沟工程、治滩工程等，以改变项目区的局部地形与局部构造，从而达到影响水流方向、保持水土、阻挡风沙、防止盐碱等目的。两种防护措施各有优缺点，一般两者结合实施。

农田防护林是布置在农田四周，以降低风速、阻滞风沙、涵养水源以及改善农田生态小气候等为目的的林网或者林带。农田防护林规划的主要内容包括：林带结构、林带方向、林带间距、林带宽度的确定以及树种的选择与搭配等。

(1)林带结构

林带结构是指田间防护林的类型、宽度、密度、层次和断面形状等的综合，一般采用林带的透风系数作为划分林带结构类型的标准。林带透风系数是指林带背风面林缘 1 m 处带高范围内平均风速与旷野的相应高度范围内平均风速之比。根据林带透风系数可以将林带结构划分为 3 种类型：紧密型(透风系数≤0.35)、疏透型(0.35<透风系数<0.60)和透风型(透风系数≥0.60)。

①紧密型结构由乔木、亚乔木和灌木组成，是一种多行宽林带的结构，一般由三层树冠组成，上下枝叶稠密，几乎不透风。该结构相对有效，防风距离较短(仅为树高的 10

倍)，且风积物易沉积于林带前和林带内，不适宜于田间防护林带所采用。

②疏透型由数行乔木、两侧各配置一行灌木所组成，在乔木和灌木的树干层间有不同程度的透风空隙，林带上下透风均匀，相对有效防风距离较大(为树高的 25 倍)，防风效果较好，且不会在林带内和林缘造成风积物的沉积。因此，该结构适宜于风害较为严重地区的农田防护林带。

③透风型结构是指由乔木组成不搭配灌木的窄林带结构，一般由单层或两层林冠所组成。林冠部分适度透风，而林干部分大量透风，风害较轻地区的防护林可以采用该种结构。

(2)林带方向

农田防护林的方向一般根据项目区的主要风害(5 级以上大风，风速不低于 8 m/s)方向和地形条件来决定。一般要求主林带的方向垂直于主害风方向并沿田块的长边布置，而副林带沿田块短边布置。在地形较为复杂的地区，当主林带无法与主害风方向垂直时，可与主害风方向呈 30°夹角布置，最大时夹角不应超过 45°，否则严重削弱防风效果。

(3)林带间距

林带间距的确定主要取决于林带的有效防风距离，而林带的有效防风距离与树高呈正比例关系，同时与林带结构密切相关。一般林带的防风距离为树高的 20～25 倍，最多不超过 30 倍。因此，林带间距通常以当地树种的成林高度为主要依据，结合林带结构综合确定。

(4)林带宽度

林带宽度一般应在节约用地的基础上，根据当地的环境条件和防风要求加以综合分析确定。林带的防风效果最终以综合防风效能值来表示，即以有效防风距离与平均防风效率的乘积来表示。综合防风效能值越大，林带宽度越合理，防风效果也越好，反之则差。

(5)树种的选择与搭配

选择最适宜当地的土壤、气候和地形条件且成林速度快、枝叶繁茂、不窜根、干形端直、不易使农作物感染病虫害的树种。树种搭配上要注意，同一林带树种只能选择单一的乔木树种，避免混交搭配。

4.5.2　治坡工程规划

治坡工程是在坡面上沿等高线开沟、筑埂，修成不同形式的台阶，用于截短坡长、减缓坡度、改变小地形，起到蓄水保土的作用。根据修筑形式、适应条件及适用材料的不同分为：坡地梯田工程、坡地蓄水工程。

(1)坡地梯田工程

在 25°以下的坡耕地上，一般应修梯田，包括水平梯田、隔坡梯田和坡式梯田；对坡耕地上土层较厚、当地劳力充裕的地区，尽可能一次性修成水平梯田；对坡耕地土层较薄、当地劳力较少的地区，可以先修筑坡式梯田，经逐年向下方翻耕，减缓田面坡度，逐渐变成水平梯田；在地多人少、劳力缺乏，同时降雨量较少，耕地坡度在 20°～25°的地方，可以采用复式梯田，平台部分种庄稼，斜坡部分种牧草。

(2)坡地蓄水工程

一般包括截留沟、排水沟、蓄水池、沉沙池和水窖等工程，用于拦蓄地表径流，减缓流速，保护农田，同时还能有助于涌洪涌沙，变害为利。应与梯田及其他保水保土措施统一规划，同步实施，以达到在出现暴雨时能保护梯田区和保护耕作区的安全，保护林草的安全。坡地蓄水工程应进行专项总体布局，合理地布设截留沟、排水沟、蓄水池、沉沙池、水窖等。

①截留沟：当坡面下部是梯田或林草、上部是坡耕地或荒坡时，应在交界处布设截留沟。如为无措施坡面且坡长很大时，应布设几道截留沟，根据地面坡度、土质和暴雨径流情况具体设计，一般截留沟的间距为 20～30 cm。截留沟又分为蓄水型和排水型：蓄水型截留沟基本沿等高线布设；排水型截留沟应与等高线取 1%～2%的比降，一端应与坡面排水沟相连，并在连接处做好防冲措施。如果截留沟不水平应在沟中每 5～10 m 修 20～30 cm 的小土挡，防止冲刷。在具体设计时截留沟应能防御 10 年一遇的连续 24 h 的最大降雨量。

②排水沟：排水沟一般布设在坡面截留沟的两端或较低的一端，用于排除截留沟不能容纳的地表径流，其终端连接蓄水池或天然排水道。当排水口的位置在坡角时排水沟大致与坡面等高线正交布设；当排水口处在坡面上时，排水沟可基本沿等高线或与等高线斜交布设。梯田两边的排水沟一般与坡面等高线正交布设，大致与梯田两边的道路相同。土质的排水沟应分段设置跌水，其纵断面可同梯田区的大断面一致，以每台田面宽为一水平段，以每台田坎高度为一跌水。各种布设应在冲刷严重的地方铺草皮或石方衬砌。

③蓄水池：一般布设在坡脚或坡面局部低凹处，应尽量利用高于农田的局部低洼天然地形，以便汇集较大面积的降雨径流进行自流灌溉和自压喷灌、滴灌。蓄水池的分布与容量应根据坡面径流总量、蓄排总量和修建省工、适用方便的原则，因地制宜地确定。一个坡面的蓄排工程可集中布设一个蓄水池，也可分散布局若干个蓄水池。蓄水池应选在地形有利、岩性良好(无裂缝、暗穴、沙砾层等)、蓄水容量大、工程量小、施工方便的地方，宜深不宜浅圆形为最好。应根据当地地形和总容量，因地制宜地确定蓄水池形状、面积、深度和周边角度。石料衬砌的蓄水池，衬砌中应专设进水口与溢洪口，土质的蓄水池进水口和溢洪口应进行石料衬砌。一般口宽 40～60 cm，深 40～60 cm。

④沉沙池：一般布设在蓄水池进水口的上游附近，排水沟(或排水型截留沟)排出的水先进入沉沙池，泥沙沉淀后，再将清水排入蓄水池中。沉沙池可以紧靠蓄水池，也可以与蓄水池保持一定的距离。沉沙池一般为矩形，宽 1～2 m，长 2～4 m，深 1.5～2.0 m，要求其宽度为排水沟宽度的两倍，并有适当的深度以利于水流入池后能缓流沉沙。

⑤水窖：水窖是黄土地区及严重缺水的石质山地的一种蓄水措施，一般布设在村旁、路旁有足够径流来源的地方。窖址应选在有深厚坚实的土层，距沟头、沟边 20 m 以上，距大树根 10 m 以上的地方，石质山区的水窖应修在不透水的基岩上。水窖分为井式水窖和窖式水窖，一般在来水量不大的路旁修井式水窖，单窖容量为 30～50 m^3。在路旁有土质坚实的崖坎且要求蓄水量大的地方，修窖式水窖，单窖容量为 100～200 m^3。应根据项目区人口数量、每年的人均需水量、总需水量，扣除其他水源可供水量，取当地有代表性的单窖容量算出项目区的修窖数量。

4.5.3 治沟工程规划

沟蚀是引起水土流失的重要原因，要彻底解决沟蚀，就必须采取治沟工程措施。治沟必须从沟头到沟底，层层设防。治沟工程一般包括以下三个部分。

(1)沟头防护工程

修建沟头防护工程的重点位置是当沟头上有坡面天然集流槽，暴雨中地面径流由此集中泄入沟头，引起沟头剧烈前进的地方。其主要任务为制止坡面径流由沟头进入沟道或使之有控制地进入沟道，从而制止沟头前进保护地面不被沟壑切割破坏。沟头防护工程分为蓄水型和排水型。

当沟头以上坡面来水量不大时，一般采用蓄水型。其又有两种形式：一是围埂式，即在沟头以上3～5 m处，围绕沟头修筑土埂，沟中每5～10 m修一小土挡，防止水流集中。围埂为土质梯形断面，埂高0.8～1.0 m，顶宽为0.4～0.5 m，内外坡比各约1∶1。二是围埂蓄水池式，当沟头的来水量单靠围埂不能全部拦蓄时，在围埂以上低洼处修建蓄水池拦蓄坡面来配合围埂，蓄水池应距沟头10 m以上。

当沟头以上坡面来水相当大时，应采用排水型沟头防护。其有两种形式：一是跌水式，适用于沟头陡崖高差较小时，用浆砌块石修成跌水，下设消能设备，水流通过跌水完全进入大沟道；二是悬臂式，适用于沟头陡崖高差较大时，用木制水槽(或陶瓷管、混凝土管)悬臂置于土质沟头陡坎之上，将来水跳泄下沟，沟底设消能设备。

(2)谷坊工程

谷坊是横筑于沟壑中的挡水建筑物，可以减缓沟床坡降，拦截径流和泥沙，制止沟底下切和发展，并可抬高沟床，抑制沟岸扩展，使沟底彻底川台化，变荒沟为生产的农田。谷坊一般布局在沟谷比降大(5%～10%)、狭窄、切割较深、难以耕作的地区。其防御标准定位为10～20年一遇3～6 h最大暴雨，根据各地降雨情况，分别采用当地最易产生严重水土流失的短历时、高强度暴雨作为防治标准。谷坊应修在口小肚大的地方，以减少工程量，增大库容。由于修筑的材料不同，可分为土谷坊、石谷坊和柳谷坊。

①土谷坊：一般修在土质山区、丘陵区的小支、毛沟中及广东、湖南、江西等地崩岗的沟底和沟口。土谷坊的断面尺寸，应根据谷坊所在位置的地形条件设计。土谷坊的溢洪口应设在土坝一侧的坚实土层或岩基上，上下两座谷坊的溢洪口尽可能交错布设。对沟道两岸是平地、沟深小于3.0 m的沟道、坝端没有适宜开溢洪口的位置时，可将土坝高度修到超出沟床0.5～1.0 m。坝体在沟道两岸平地上各延伸2～3 m，并用草皮或块石护砌，使洪水从坝的两端漫至坝下的农、林、牧地或安全转入沟谷，不允许水流直接回流到坝脚处。

②石谷坊：主要修在土石山区，就地取材做成，有的称为闸山沟。其目的除了提高侵蚀基点外，还可以提高水位，引水灌溉。因其坝顶能漫水，又称为滚水坝，不需在旁边另开溢洪道。一般有两种形式：一是阶梯式，通常坝高2～4 m，顶宽1.0～1.3 m，迎水坡1∶0.2，背水坡1∶0.8。坝顶过水深0.5～1.0 m，一般不蓄水，建成后2～3年溢满。另一种是重力式，通常坝高3～5 m，顶宽为坝高的0.5～0.6倍，迎水坡1∶0.1，背水坡(1∶0.5)～(1∶1)，还可蓄水用，质量要求较高，须做坝体稳定性分析。

③柳谷坊：有多排密植型和柳桩编篱型两种方式。多排密植型即在沟中已定的谷坊位置，垂直于水流方向，挖沟密植柳干(或杨干)，沟深0.5～1.0 m，树干长1.5～2.0 m，埋深0.5～1.0 m，露出地面1.0～1.5 m，每处栽植柳干(或杨干)5排，行距1.0 m，株距0.3～0.5 m，埋干直径5～7 cm。柳桩编篱型即在沟中已定谷坊位置，打2～3排柳桩。桩长1.5～2.0 m

打入地中 0.5～1.0 m。排距 1.0 m，桩距 0.3 m，再用柳梢将柳桩编织成篱，在每两排篱中填入卵石(或块石)，最后用捆扎柳梢盖顶，并用铅丝将前后 2～3 排柳桩联系绑牢，使之成为整体，增强抗冲击力。

(3)淤地坝工程

在沟道中修筑的主要用于拦泥淤地的小型石坝，坝后淤出的地称为坝地。淤地坝一般应选在口小肚大、沟道比降较缓处，通常修在支沟分岔的下方和沟底陡坡、跌水的上方，以求修坝工程量小、库容大、淤地多。坝端岸坡应有开挖溢洪道的良好地形和土质；其两岸岸坡不应大于 45°，不应有集流洼地或冲沟，不应有陷穴、泉眼等隐患。

根据坝高、库容、淤地面积，淤地坝分为以下三类：

①小型淤地坝。一般坝高 5～15 m，库容 1×10^4～1×10^5 m^3，淤地面积 0.2～2 hm^2，修在小支沟或较大支沟的上中游，单坝集水面积在 1 km^2 以下。

②中型淤地坝。一般坝高 16～25 m，库容 1×10^5～5×10^5 m^3，淤地面积 2～7 hm^2，修在较大支沟下游或主沟上中游，单坝集水面积 1～3 km^2。

③大型淤地坝。一般坝高为 25 m 以上，库容 5×10^5～5×10^6 m，淤地面积 7 hm^2 以上，修在主沟的中下游或较大支沟的下游，单坝集水面积 3～5 km^2 或更多。

坝系规划应以完整的小流域为单元，从支沟到主沟，从上游到下游，根据不同的地形和比降，全面系统地布设大、中、小型淤地坝，除地形不良的沟道外尽可能将坝布满。

集水面积在 1 km^2 以下的小支沟，淤地坝的建设顺序为先从沟口或下游开始，修建第一座坝；淤平种地时，再修建第二座坝。在拦泥淤地的过程中，确保第一座坝安全生产；第二座坝淤平种地时再修其上游的第三座坝。依次向上推移直到将全沟修完。

集水面积在 1～5 km^2 或更大的支沟，淤地坝一般应从上游向中、下游依次修建，其坝高、库容等技术指标，应依次逐渐加大。也可在中游和下游同时各修一座中型以上的淤地坝，淤平以后逐步向上推移修坝。并在上、中游适当位置，选一坝址，作为治沟骨干工程，以保证坝地安全。

集水面积在 5 km^2 以上的主沟，淤地坝一般应在其上游和两岸支沟各坝建成后再建中下游的淤地坝(一般为大型)，以减轻洪水、泥沙负担，降低工程造价。要求单坝控制区的净面积在 6 km^2 以下，工程规模按大型淤地坝考虑，并于即将淤平前 1～2 年，在坝库上游的主沟或主要产洪支沟选择适当的位置，修治沟骨干工程，以保证坝地的安全生产。

4.5.4 电力工程规划

(1)电力工程规划原则

①供配电系统设计原则：在设计中应遵循的一般原则首先要保证安全要求。导线电缆截面的选择应符合允许载流量和允许电压降的要求(6 kV 以上线路)，且固定敷设年最大负荷利用在 3 000 h 以上的路线，其截面应先按经济电流密度选择电缆，并应以短路热稳定进行校验；要进行技术经济比较，择优确定。

②供电电压的确定：供电电压主要根据负荷大小、供电距离以及地区电网可能供电的电源电压等因素确定。

③配电方式：接线系统可分为无备用系统的接线和有备用系统的接线，其中无备用系统的接线有直接连接的干线式和串联型干线式，有备用系统的接线有双回路放射式、双回路干线式、环式和两端供电式。无备用系统的接线简单、运行方便，易于发现故障；缺点是供电可靠性差，主要用于三级负荷和部分次要的二级负荷供电。土地整理项目的电力配载主要用于农田灌排，可以选择这种连线方式。

④低压配电系统接地方式选择：对于 380 V/ 220 V 的低压配电系统，我国广泛采用中性点直接接地的运行方式，引出中性线 N 和保护线 PK。

(2)电力工程规划的主要内容

电力工程规划的内容主要包括合理布设变电站，确定主变容量和电压等级，确定馈线分布、负荷分配以及保护方式等。输、配电和低压线路布设，要与排灌、道路等工程相结合，按机井布局选定电力线走向及路径。规划中，要进行输、配电线输送容量、供电半径和导线截面积计算，其标准要满足电力系统安装与运行规程，保证电能质量和安全运行。井灌变压器要设在负荷中心及接近负荷处，供电半径要满足电压降规定值的要求。当一台变压器负担多口井时，变压器容量要适应送电综合距离的要求，保证电压降限值。

4.6 权属调整

4.6.1 权属调查

(1)准备工作

准备工作包括制订计划，确定范围，搜集资料，技术设计，准备表册和仪器，人员培训。

为了确保调查工作顺利进行，应在实地调查之前，提前向被调查对象发放指界通知书，以保证土地使用者(指界线有关各方)在调查时能到现场指界。

(2)实地调查

实地调查的最主要任务是在现场明确土地权属界线，明确土地权属的性质等权属调查的内容，填写地籍调查表，勘丈和绘制宗地草图，设置界标，为地籍测量做好准备。实地调查也是对土地登记申请的权属状况和权属来源的实地检核。

(3)调整

①土地权属调整方案编制：根据地籍测量与宗地权属调查、施工前土地质量评价、工程竣工后土地质量评价，编制土地权属调整方案。主要内容包括：项目区内土地权属状况，产权调整的范围，工程组织实施单位或部门与土地权利人签订的协议。在分配土地权益时，应保证项目区范围内原有土地权利人权益不减少。土地权属调整方案应征得 2/3 以上土地权利人的同意。

地界插花的，由产权双方协商，在插花地带以明确地物为标志划界区分，使插花地块面积大致相抵，多出地块作为调整用地，经双方签订换地协议，竣工后即以协议确认土地产权。对于飞地，可以通过协调和置换，将原飞地重新确权给飞地所属产权人。因涉及田块、道路、沟渠等变化而需要调整土地权属界限的,可根据工程规划先行测算分摊占地面积,经产权各方签订协议,采取差额面积就近调换的方法调整。

②方案公告和异议处理:土地权属调整方案应当在项目区内进行公告。对权属调整方案有异议的土地产权人,应于公告期内书面提出,经协商不能解决的,争议由当地人民政府调处。集体经济组织内农民对土地承包经营权调整有异议的,应在公告期内向村集体经济组织或乡(镇)人民政府提出,争议由村集体经济组织或乡(镇)人民政府调处。涉及他项权利者,应通知他项权利人参与调处。经调处后仍有不同意见者,由仲裁部门裁定或上诉当地法院。

③分配土地及地籍档案整理:按照经公告和异议处理后的土地权属调整方案分配土地。土地登记部门应及时进行土地变更调查和土地变更登记,建立新的地籍档案,并妥善保管有关土地登记资料。

4.6.2 调整方式

土地利用权属调整包括土地所有权调整、土地承包经营权调整、土地使用权调整及在其上设定的他项权利调整。土地权属调整的主要方式如下:

(1)国有土地与集体土地之间土地所有权调整方式

国有土地与集体土地之间的所有权调整类型:在田块合并、农田水利、道路建设等土地利用过程中,国有农场与农村集体土地之间边界不规则处,必须进行所有权调整,才能使整理后的田块连片规则,利于机械化操作;在国有宜农荒滩地,尤其是宜耕荒地、滩地开发,国有矿山废弃地、因地质灾害洪涝灾害造成的废弃国有土地复垦过程中,为使开发复垦后的田块连片规则,并进行农田水利建设、道路建设,需要与周边集体土地进行交换;土地开发、复垦、整理过程中,主干道路、主干渠道等建设需要将原集体土地调整为国有土地。具体调整方式如下:

①为使土地利用后的田块连片规则,必须在国有土地与集体所有土地之间边界不规则处,按等当量或等价,并使调整范围尽可能小的原则,经双方协商后进行土地所有权调整;

②土地利用过程中,主干道路、主干渠道建设用地需通过土地征用的方式将集体所有土地调整为国有土地。

(2)集体土地与集体土地之间土地所有权调整方式

集体土地与集体土地之间所有权调整类型:在成片土地利用过程中,一般要打破村界,在村界两侧部分土地就必须进行村与村之间的土地所有权调整。具体调整方式如下:

①村界两调。可按等当量或等价原则进行调整,若土地质量相同,也可按等数量原则调整村与村之间的土地所有权。

②相邻村间的插花地调整可按等当量原则进行调整。

③不相邻村间的插花地调整按等当量原则通过各自相邻的村依次调整。

④土地利用过程中,项目区内部分建筑物,包括农民住宅,按村镇规划及工程规划要求进行迁并。地上建筑物要进行补偿,补偿费用计入工程费用,土地利用过程中的青苗等

地上附着物的补偿费也计入工程总费用。

(3)土地利用过程中农户土地经营承包权的调整方式

土地承包经营权调整是指农民承包地之间的产权调整。在田块归并、农田水利建设、道路建设等土地利用过程中农民承包土地之间边界不规则处,必须进行调整才能使工程实施后的田块连片规则,利于机械化操作。具体调整方式如下:

①按等质等量模式调整土地使用权或土地承包经营权:在经济欠发达、土地流转很难实现的地区,土地利用只能在稳定经营承包权的基础上,按工程前后土地数量质量相当模式将竣工后的土地重新分配、认定,并签署土地权属界限认可书和土地经营承包权。由于竣工后地块面积变大,块数变少,可能出现同一地块几家共同经营的状况,可采取在地块中做一些象征性的区分标志来加以解决。

②按股份制模式调整土地使用权或土地承包经营权:在经济较发达的地区,农民已部分转入二、三产业,并有相对稳定的收入,土地利用后可按施工前评估地价或土地质量评估结果折股,自愿组建股份制土地经营组织统一经营土地,持股人按股份获取收益。

③按租赁模式调整土地使用权或土地承包经营权:在经济发达、大部分农业劳动力已稳定地转入二、三产业,并获得可靠的经济收入的地区,可按农民自愿的原则,将分户承包的土地适度集中,由农村集体经济组织进行工程实施,并将施工后的土地通过协议或招标的方式租赁给种田大户,签订租赁合同,土地租赁费用于养老保险或分配给农地承包权的出让者。

④按综合模式调整土地使用权或土地承包经营权:根据各地社会经济发展水平和农民意愿,按前述三种模式的不同组合方式调整土地使用权。

(4)新增耕地使用权调整方式

需要确定和调整的土地使用权有:新增耕地需要确定土地使用权、开发未确定使用权的国有未利用土地必须确定土地使用权、开发已确定使用权的国有未利用土地需要重新调整土地使用权、复垦废弃地需要重新调整土地使用权。具体调整方式如下:

①新增耕地及其折抵建设用地指标由土地整理工程投资者使用和拥有;也可将新增耕地使用权归当地村集体,由村集体统一经营使用,或由村集体租给种田大户,租金归集体所有,土地整理新增耕地的建设用地折抵指标由土地整理工程投资者拥有。

②开发未确定使用权的国有荒山、荒地、荒滩、废弃地,已从事种植业、林业、畜牧业、渔业生产的,经县级以上人民政府依法批准,可以确定给开发、复垦单位或个人长期使用。

③开发已确定使用权的国有荒山、荒地、荒滩等,已从事种植业、林业、畜牧业、渔业生产的,其土地使用权由土地使用权拥有者与土地开发单位协商决定。

④复垦废弃土地,其土地使用权由土地使用权拥有者与土地复垦单位协商决定。

(5)土地他项权利调整方式

在土地利用过程中,对有些已设定土地他项权利的建筑物和构筑物进行迁并,则随着建筑物和构筑物所有权的消失和原土地使用权的调整,土地他项权利应进行相应调整。

通过项目参与者公认的权属调整转换机制,按照工程参与者公认的原则和标准,合法地换回竣工后土地上的相应的权利。土地权属问题不仅关系到土地产权人的合法权益能否得到保障,而且关系到工程的成效。土地利用工程涉及土地所有权、土地使用权和土地经营权等众多权利主体。因此,做好土地权属调整工作对巩固土地利用成果,提高土地利用效益,避免土地产权纠纷有重要作用和意义。

4.6.3 土地权属调整方案公告及异议处理

土地利用权属管理工作应遵循国家的有关法律法规;应实行公告制度,广泛征求各有关权利人的意见。

首先,要抓好宣传发动,采用广播、闭路电视和召开镇、村、小组动员会等方式,使群众由被动接受土地利用,变为积极支持开发整理,主动参与开发整理,努力干好土地利用,使“我要干”“要干好”的观念在群众心中扎根。其次,广泛征求所涉及权利人的意见,应采取公告或召开会议等形式及时公布权属调整方案编制的有关情况。权属调整方案应在有关乡(镇)、村进行公告,公告期为 15 d。再次,做好异议处理工作。对土地利用工程权属调整方案有异议的土地所有权人、使用权人,应于公告期内书面提出,经协商不能解决的,争议由当地人民政府调处。集体经济组织内的农民对土地承包经营权调整有异议的,应在公告期内向村集体经济组织或乡人民政府提出,争议由村集体经济组织或乡人民政府调处。最后,土地利用权属调整方案应征得项目区内 2/3 以上,且其所有土地面积超过整理区总面积的 2/3 以上土地权利人的同意。土地利用权属调整经公告并征求意见后,应报县(市)人民政府批准。

土地利用权属调整方案经批准后,土地利用实施者与土地权利人应签订相关协议;涉及所有权者,土地所有权主体之间应签订调整协议书;涉及使用权或承包经营权者,由所有权主体与土地使用权或承包经营权主体签订调整协议书。

土地权属调整公告内容:①土地权属调整的原则。②土地权属调整的依据。③每个农户原有土地面积、位置、编号和土地质量分值;整理后分配到的土地面积、位置、编号和土地质量分值。④整理前土地权属分布图。⑤整理后土地权属调整图。⑥公告期限。⑦异议处理的程序。⑧解释及仲裁机构。

4.6.4 土地分配

在权属调整领导小组的组织下,依据双方签订的权属认可书和土地权调整协议对地块权属进行重新分配和调整。

具体操作时,按调整方案确定的地块进行测量,或按计算出的新地块界址点坐标实地放样,分割地块,将土地权属调整方案落实到地块上。

土地权属调整后,为确保所有权、使用权和他项权利的实现,要报人民政府批准,由国土部门进行“三权”的变更登记。

【本章复习思考题】

1. 土地利用工程项目规划的内容主要由哪几部分构成?
2. 土地平整规划、灌溉排水工程规划的基本原则是什么?

3. 土地利用工程规划中权属调整的程序是什么？

【本章自学内容】

1. 土地整治重大项目可行性研究报告编制规程 TD/T 1037—2013。
2. 土地整治权属调整规范 TD/T 1046—2016。

Chapter 5

第5章 土地利用工程项目设计

【本章学习任务】

1. 掌握土地利用工程项目设计的内容、程序；

2. 熟悉土地利用工程项目设计的标准；

3. 掌握土地平整工程、灌溉排水工程、田间道路工程、其他工程设计等设计内容与方法。

5.1 设计的内容、程序与标准

5.1.1 设计的内容

3 土地平整工程设计

土地平整工程设计包括土地工程布局、土地平整土方工程量计算和田间土方调配等内容。

(2)灌排工程设计

灌排工程设计包括水源工程设计、灌溉工程设计(渠道灌溉工程设计、低压管道输水灌溉工程设计和喷微灌灌溉工程设计)、排水工程设计和建筑物工程设计等内容。

(3)道路工程设计

道路工程设计包括道路的横纵断面设计。

(4)其他工程设计

其他工程设计包括农田防护林工程设计、水土保持工程设计、输配电线路设计、变电站设计等内容。

上述各项工程在土地利用工程项目的设计中是有机地联系在一起的，在设计时必须综合考虑，编制可行的设计方案。

5.1.2　设计的程序

(1)搜集资料

土地利用工程项目设计在工程规划的基础上，根据规划的工程类型与特点，有针对性地搜集资料。资料的可靠程度直接关系到项目设计成果的可靠性。因此，设计资料必须有高度的可信性和较长的时间序列。

(2)设计单体工程

①单体工程的类型、位置、数量及建设标准都是由项目规划确定的，据此可以进行具体的结构设计和计算。

②单体工程的细部构造尺寸及配筋计算，要遵循相关行业的技术规范(标准)，按照建筑物本身特征结合有关专业知识进行。

③绘制各单体工程设计图件及编制相应的设计说明书。

(3)成果汇总和提交

项目工程设计汇总与提交的成果主要是工程设计图纸和设计说明书以及设计资料、勘察报告等。

5.1.3　设计的标准

土地利用工程项目设计标准，是从工程项目建设的角度出发，提出对工程产品实现目标的规定要求。这种规定通常多以项目构成、结构参数规定等进行反映。建设标准的制定，应考察一定社会经济条件下，对这种标准的期望能力及对社会、经济的支持能力，即实现社会效益、经济效益等的最优化。土地利用工程项目涉及多个行业、多项建设工程，其建设标准主要是以单项工程为单元进行规定的，如土地平整、灌溉与排水、田间道路、其他工程等。

国土资源部于 2016 年 7 月发布的《土地整治项目规划设计规范》(TD/T 1012—2016)，以及 2013 年 10 月发布的《土地整治项目制图规范》(TD/T 1040—2013)已经成为当前土地利用工程项目设计的标准和依据。

5.2　土地平整工程设计

5.2.1　土地平整标准

土地平整工程作为土地利用工程项目的第一个环节，它的规划和实施应当与其他各项工程协调进行。要把耕地、道路、防护林、排灌渠道、机井、抽水站、输电线路和村庄等结合起来考虑，全面规划，合理安排。要以村镇定路，以地形定渠，渠路搭架，划块定方。以干、支路与干、支、斗渠分大方，生产路与分、引渠分小方，大方套小方，各个方田形成网格。要先修渠、路，搭好骨架，然后平整土地。平整后的田块应有利于作物的生长发育，有利于田间机械化作业，有利于水土保持，满足灌溉排水要求和防风要求，便于经营管理。

(1)田面坡降。平整后的田面坡度应满足灌水要求，不同的灌水技术要求的坡度不同，绝不能有倒坡的情况。顺灌水方向田面坡度为(1∶800)～(1∶400)，最小不应小于1∶1 000，最大不应大于1∶300。一般畦灌要求的地面坡度以(1∶500)～(1∶150)为宜，水稻格田要求的坡度更小，近于水平，纵向坡度不应大于(1∶2 000)～(1∶1 000)。

(2)挖、填土方量。平整田块应尽量使挖填土方量达到平衡，使总的平整土方量最小。在填土方时还应留有相当于填土厚度20%的虚高，保证虚土沉实后达到田面的标准要求。

(3)田块土壤。为保证耕作田块的土壤质量及当年增产，土地平整时需要保留一定厚度的表层熟土，旱作地区挖方部位，保留表土20～30 cm为宜，填方部位在填厚超过50 cm左右时，要保留20～30 cm熟土层。

5.2.2 土地平整工程量计算方法

土地平整的常用计算方法有方格网法、横断面法和散点法。方格网法适用于地形变化比较平缓、能够找到挖填分界线的地块；横断面法适用于地形起伏变化较大和挖填深度较大又不规则的地块；散点法适用于非均匀变化的凸凹不平的地块。

(1)方格网法

①划分方格网。把需要平整的区域划分为若干个方格网，方格网的一边与地形等高线或场地坐标网平行，大小根据地形变化的复杂程度和设计要求的精度确定，边长一般采用20 m×20 m或40 m×40 m(地形平坦、机械化施工时也可采用100 m×100 m)。

②田面平均高程计算。根据地形图上的测量高程，首先用插值法确定各方格顶点的高程，根据各顶点的实际高程，用公式5.1计算田块平均高程。

$$\overline{h}=\frac{1}{n}\left(\frac{\sum h_{角}}{4}+\frac{\sum h_{边}}{2}+\sum h_{中}\right) \tag{5.1}$$

式中：$\overline{h}$——田块平均高程，m；

n——田块中方格总数；

$\sum h_{角}$——各角点高程之和，m；

$\sum h_{边}$——各边点高程之和，m；

$\sum h_{中}$——各中点高程之和，m。

③计算零点位置。根据方格顶点自然高程与田面平均高程的关系，确定填方区与挖方区的分界线。在一个方格网内同时有填方或挖方时，要先计算出方格网边的零点(填、挖方的分界点)的位置，并标注于方格网上。连接零点就得零线，零线是施工时的挖填边界线。零点位置按公式5.2计算。

$$x_1=\frac{h_1}{h_1+h_2}a$$

$$x_2=\frac{h_2}{h_1+h_2}a \tag{5.2}$$

式中：x_1，x_2——相邻两角点至零点的距离，m；

h_1，h_2——相邻两角点的平均高程(均用绝对值)，m；

a——方格网的边长，m。

然后求出方格各个角点的自然标高、设计标高以及施工高程。计算零点位置，在每相邻的填方点和挖方点之间总存在一个零点，零点的确定方法如图 5.1 所示。

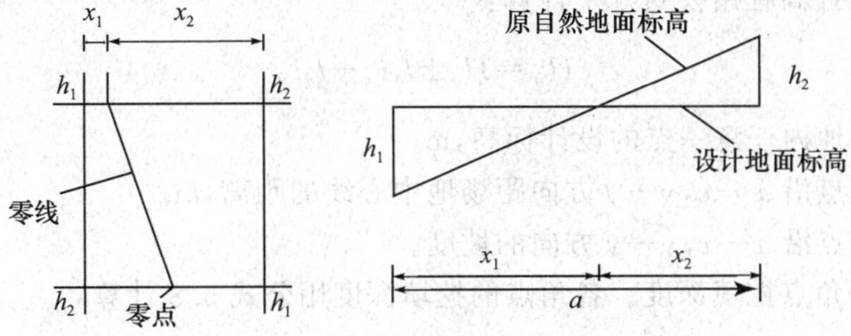

图 5.1　零点位置计算示意图

④计算平均高程时的土方量

$$V_{挖}=S_{方格}\left(\frac{\sum h_{角挖}}{4}+\frac{\sum h_{边挖}}{2}+\frac{\sum h_{中挖}}{4}\right) \tag{5.3}$$

式中：$V_{挖}$——挖土方量，m^3；

$S_{方格}$——方格网面积，m^2；

$\sum h_{角挖}$——角点挖深之和(角点自然标高与平均标高之差的和)，m；

$\sum h_{边挖}$——边点挖深之和(边点自然标高与平均标高之差的和)，m；

$\sum h_{中挖}$——中点挖深之和(中点自然标高与平均标高之差的和)，m。

⑤计算设计高程。计算设计高程时应考虑土壤可松性的影响。设 Δh 为土的可松性引起平均高程的增加值，按挖填土方量平衡的原则，其计算公式为

$$\Delta h=\frac{V_W(K's-1)}{F_T+F_W K's} \tag{5.4}$$

式中：V_W——按初定设计高程计算出的总挖方量，m^3；

F_T、F_W——按平均高程计算出的挖方区、填方区总面积，m^2；

$K's$——土的可松性系数。

调整后的平均高程为

$$H'_o=\bar{h}+\Delta h \tag{5.5}$$

对于没有纵坡的田块，调整后的田块高程即各桩点设计高程，对于有纵坡的田块，则以田块的平均高程作为田块中间断面的设计高程，按设计的地块纵坡计算沿地长各排桩点的设计高程。

田块设计为单向坡度时，设计高程是将已调整平均高程作为田块中心线的高程，田块

内任意一点的设计高程用公式 5.6 计算：

$$H_{ij}=H'_{o}\pm li \tag{5.6}$$

式中：H_{ij}——场地内任意一点的设计标高，m；

l——该点至中心线的距离，m；

i——坡度。

田块设计为双向坡度时，设计高程是将已调整平均高程作为田块中心线的高度，田块内任意一点的设计高程用公式 5.7 计算：

$$H_{ij}=H'_{o}\pm l_x i_x + l_y i_y \tag{5.7}$$

式中：H_{ij}——场地内任意一点的设计标高，m；

l_x、l_y——该点沿 $x—x$，$y—y$ 方向距场地中心线的距离，m；

i_x、i_y——该点沿 $x—x$，$y—y$ 方向的坡度。

⑥计算方格角点挖填深度。各角点的挖填深度用公式 5.8 计算：

$$h_{ij}=H_{ij}+H'_{ij} \tag{5.8}$$

式中：h_{ij}——角点挖、填深度，“+”为填方高度，“−”为挖方深度，m；

H'_{ij}——角点自然地面高程，m。

⑦计算土方工程量。田块挖填土方可用公式 5.9 和公式 5.10 近似计算

$$V_{填}=S_{方格}\left(\frac{\sum h_{角填}+2\sum h_{边填}+4\sum h_{中填}}{4}\right) \tag{5.9}$$

$$V_{挖}=S_{方格}\left(\frac{\sum h_{角挖}+2\sum h_{边挖}+4\sum h_{中挖}}{4}\right) \tag{5.10}$$

方格网法土方量计算公式见表 5.1。

表 5.1 方格网法土方量计算公式

工程类型	示意图	计算公式
四个角点全填方(或全挖方)	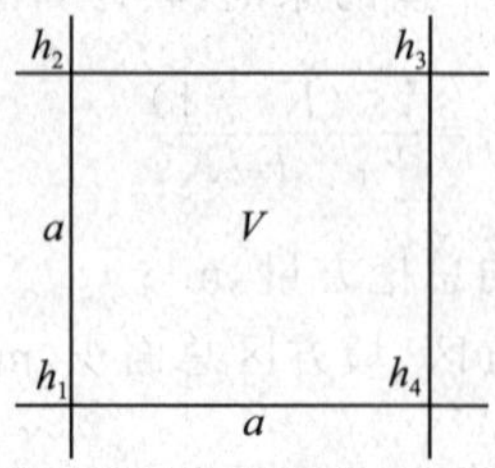	$V=\frac{a^2}{4}(h_1+h_2+h_3+h_4)$
一个角点填方(或挖方)，另外三个角点挖方(或填方)	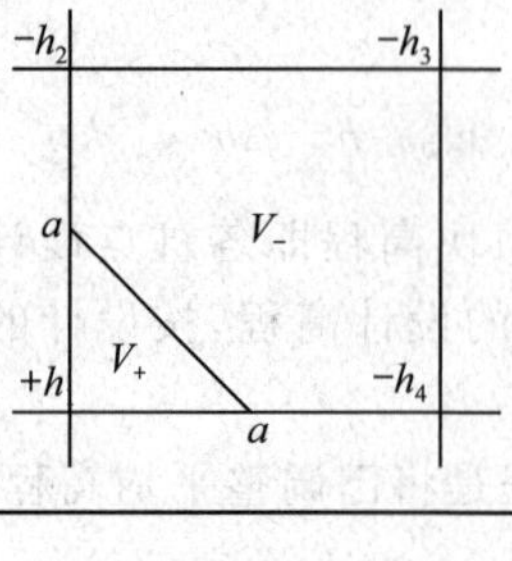	$V_+=\frac{a^2h_1^3}{6(h_1+h_4)(h_1+h_2)}$ $V_-=\frac{a^2}{6}(2h_2+2h_4+h_3-h_1)+V_+$

续表 5-1

工程类型	示意图	计算公式
一侧两个角点填方(或挖方),另一侧两个角点挖方(或填方)	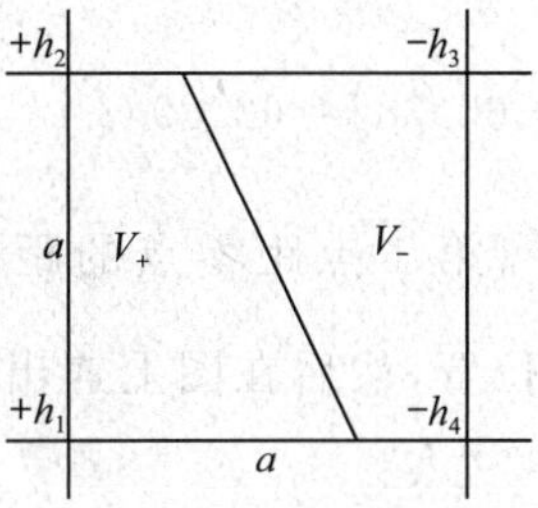	$V_+=\frac{a^2}{4}(\frac{h_1^2}{h_1+h_4}+\frac{h_2^2}{h_2+h_3})$ $V_-=\frac{a^2}{4}(\frac{h_4^2}{h_4+h_1}+\frac{h_3^2}{h_3+h_2})$
相对两个角点填方(或挖方),另外相对两个角点挖方(或填方)	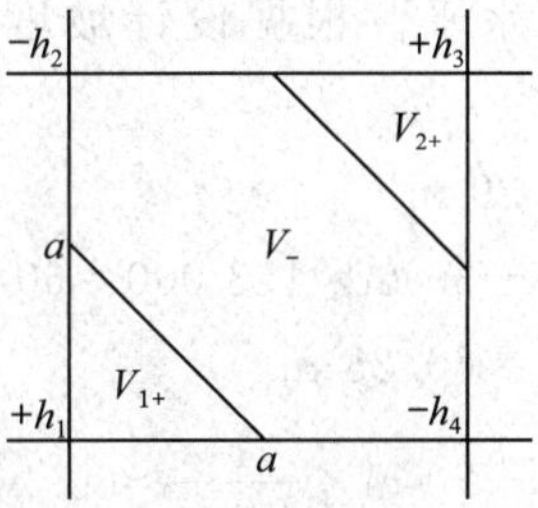	$V_{1+}=\frac{a^2h_2^3}{6(h_1+h_2)(h_1+h_4)}$ $V_{2+}=\frac{a^2h_3^3}{6(h_3+h_2)(h_3+h_4)}$ $V_+=V_1+V_{2+}$ $V_-=\frac{a^2}{6}(2h_2+2h_4-h_1-h_3)+V_{1+}+V_{2+}$

注:a——方格边长,m。h_1、h_2、h_3、h_4——方格网角点的施工高度,正值代表填方,负值代表挖方。V_+、V_-——填方、挖方的体积,m³。

实例计算

以某项目中的一个典型地块(60 m×60 m),方格大小采用 20 m×20 m 为例,介绍方格网法计算挖填土方量的简要过程(图 5.2)。

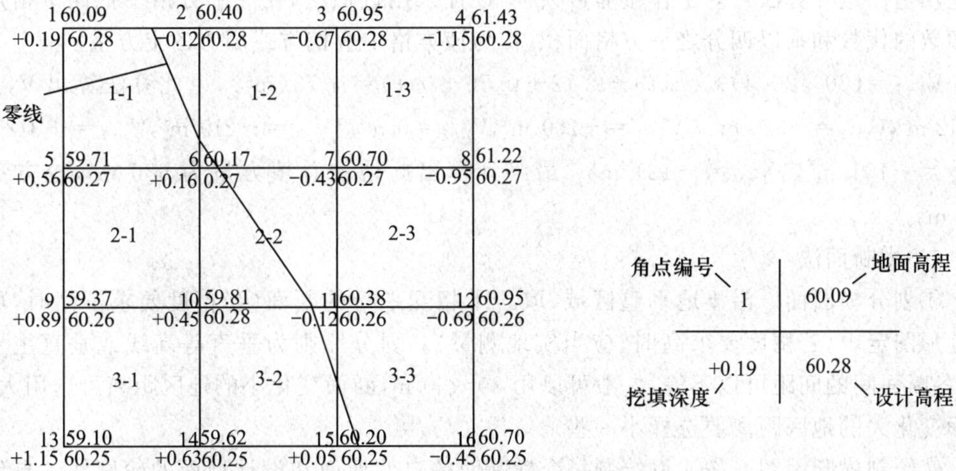

图 5.2　方格网法计算挖填土方量示意图

a. 计算田块平均高程。实地测量各方格网点高程,记录在网格右上角。根据各网点高程,用下式计算田块平均高程:

$$\bar{h}=\frac{1}{9}\Big(\frac{60.09+61.43+59.1+60.70}{4}$$
$$+\frac{59.71+59.37+59.62+60.20+61.22+60.95+60.40+60.95}{2}$$
$$+60.17+60.70+59.81+60.38\Big)=60.29$$

b. 计算零点位置。在方格 1-1 中，第 1 点距零点的距离 $X_1=\frac{0.19}{0.19+0.12}\times 20=12.26$ m，同理在其他方格中求出零点位置，然后在图上连出零线，在实地用白灰撒出零线，作为施工时的挖填边界。

c. 计算各方格点设计高程和挖填深度。为了地块排水需要，田块平整为北高南低的斜平面，纵向坡降 1/3 000，横向水平。根据设计坡度和方向计算各方格角点的设计高程：

田块平均高程 $H_0=60.29$ m

$H_1=H_0-30\ \text{m}\times 1/3\,000=60.28$ m

$H_2=H_1=60.28$ m

$H_5=H_1-20\ \text{m}\times\frac{1}{3\,000}\approx 60.27$ m

$H_6=H_5=60.27$ m

⋮

其他各角点设计高程算法同上，计算结果标于角点右下角，各角挖填深度标于左下角，“＋”表示填方，“－”表示挖方。

d. 计算挖、填土方量。根据零线位置和各方格点处的挖填数，即可分别算出各方格中的挖填量。这样算法计算工作量非常大，本设计采用近似法，在一个方格中把四个格点的挖填数的代数和乘以四分之一方格面积，作为该方格中应挖方或填方的土方量。

$V_{1-1}=(20\times 20/4)\times(0.19-0.12+0.56+0.1)=+73(\text{m}^3)$，以此算法算出 $V_{1-2}=-112\ \text{m}^3$，$V_{1-3}=-320\ \text{m}^3$　$V_{2-1}=+200\ \text{m}^3$，$V_{2-2}=0\ \text{m}^3$，$V_{2-3}=-219\ \text{m}^3$，$V_{3-1}=+312\ \text{m}^3$，$V_{3-2}=+101\ \text{m}^3$，$V_{3-3}=-121\ \text{m}^3$。最终计算出此地块总填方量为 686 m^3，挖方量为 772 m^3。

(2)横断面法

①划分横断面。沿土地平整区域，取若干相互平行的断面(当精度要求不高时，可利用地形图定出，若精度要求高时，应当实地测量)。划分原则为垂直等高线或垂直主要边长，各断面间的间距可以不等，一般可以用 20～50 m，断面变化小的地区距离可选用大些，断面变化大的地区距离要选择小一些。

②绘制横断面图。按比例绘制每个横断面的自然地面和设计地面的轮廓线。自然地面轮廓线与设计地面轮廓线之间的面积，即为挖方或填方的断面。

③计算横断面面积。将所取的每个断面划分为若干三角形和梯形。断面面积为该断面三角形和梯形面积之和，断面面积可用以下方法计算。

a. 积距法：积距法是单位横宽把横断面划分为若干个梯形和三角形条块，断面面积为该断面三角形和梯形面积之和。

b. 计算机法：利用计算机辅助设计软件（如 AutoCAD）绘制横断面图后，利用软件计算面积的功能求出横断面的面积，这是目前较快也是较精确的求横断面面积的方法。

（3）散点法

散点法适用于地形起伏不大，挖填深度不大，非均匀变化的凸凹不平地面和挖填分界不明的地块。这种地块的特点是测量不受限制，可以根据地形情况，布置测点。

①高程点的选择。根据实测的地形图，选择田块的角、边点高程点，田块的最高点、最低点、次高点、次低点以及代表不同高程的位置的高程点值分别为 H_1、H_2、H_3、H_4、…、H_n，共 n 个高程点。

②田面平均高程的计算。田面平均高程 H_a 可按公式 5.11 计算：

$$H_a=\frac{1}{n}(H_1+H_2+\cdots+H_n) \tag{5.11}$$

各测点高程大于平均高程 H_a 的是挖方，小于 H_a 的是填方。算出各点与 H_a 的差值作为施工时应掌握的挖填深度。

③挖填平均深度计算。

挖方区平均挖深

$$h_c=\frac{\sum H_f}{m}-H_a \tag{5.12}$$

填方区平均填高

$$h_f=H_a-\frac{\sum H_c}{L} \tag{5.13}$$

式中：m—— 高程点大于 H_a 的点数；

L—— 高程点小于 H_a 的点数；

$\sum H_c$—— 高程点小于 H_c 的各点高程和；

$\sum H_f$—— 高程点大于 H_a 的各点高程和。

④挖、填方面积计算。

挖方面积

$$A_c=\frac{A_a h_c}{h_c+h_f} \tag{5.14}$$

填方面积

$$A_f=\frac{A_a h_f}{h_c+h_f} \tag{5.15}$$

式中：A_a——平整地块面积。

⑤挖、填土方量计算。

挖方量

$$V_c=A_c h_c \tag{5.16}$$

填方量

$$V_f=A_f h_f \tag{5.17}$$

5.2.3 土方调配

在土方的施工标高、挖填区面积、挖填区土方量算出后，应考虑各种变更因素（如土的松散率、压缩率、沉降量等），对土方进行综合平衡调配。其目的是在土方运输量或土方运输成本最低的条件下，确定填、挖方区土方的调配方向和数量，从而达到缩短工期和提高经济效益的目的。

进行土方平衡调配，必须综合考虑工程的现场情况、有关技术资料、进度要求和土方施工方法以及分期分批施工工程的土方堆放和调运等问题，经过全面分析后，进行土方平衡调配工作。

(1)土方的平衡调配原则

①挖方与填方基本达到平衡，在挖方的同时进行填方，减少重复倒运。

②挖(填)方量与运距的乘积之和尽可能为最小，即运输路线和路程合理，运距最短，总土方运输量或运输费用最小。

③取土或弃土应尽量不占农田或少占农田。

④分区调配应与全场调配相协调、相结合，避免只顾局部平衡，任意挖填而破坏全局平衡。

⑤调配应与地下构筑物的施工相结合，有地下设施需要填土的，应留土后填。

⑥选择恰当的调配方向、运输路线，做到施工顺序合理，土方运输无对流和乱流现象，同时便于机械化施工。

(2)土方平衡调配方法与土方调配图的编制

①划分调配区。在平面图上先划出挖填区的分界线(零线)，并在挖方区和填方区适当划出若干调配区，确定调配区的大小和位置。划分时应注意：

a. 调配区的划分应与房屋和构筑物的平面位置相协调，并考虑它们的开工顺序、工程的分期施工顺序；

b. 调配区的大小应满足土方施工主导机械的行驶操作要求；

c. 调配区的范围应和土方工程量计算划分的方格网相协调，通常可由若干个方格组成一个调配区；

d. 当土方运距较大或场地范围内土方不平衡时，可考虑就近借土或弃土，此时一个借土区或一个弃土区可作为一个独立的调配区。

②计算各调配区的土方量并标明在图上。

③计算各挖、填方调配区之间的平均运距。挖填方调配区之间的平均运距就是挖方区土方重心至填方区土方重心的距离。取场地或方格网中的纵横两边为坐标轴，以一个角作为坐标原点(图5.3)，按下式求出各调配区土方重心位置：

$$X_o=\frac{\sum(x_iV_i)}{\sum V_i}\qquad Y_o=\frac{\sum(y_iV_i)}{\sum V_i}\tag{5.18}$$

式中：X_o，Y_o—— 挖方调配区或填方调配区重心坐标；

x_i，y_i——i 块方格重心坐标；

V_i——i 块方格土方量。

填挖区之间的平均运距 L_o：

$$L_o=\sqrt{(x_{0填}-x_{o挖})^2+(y_{o填}-y_{o挖})^2} \quad 5.19$$

式中：$x_{o填}$，$y_{o填}$——填方区的重心坐标；

$x_{o挖}$，$y_{o挖}$——挖方区的重心坐标。

一般情况下，可用作图法近似地求出调配区的几何中心（即形心位置）以代替重心位置。重心求出后，标于图上，用比例尺量出每对调配区的平均运输距离（L_1，L_2，L_3，…）。

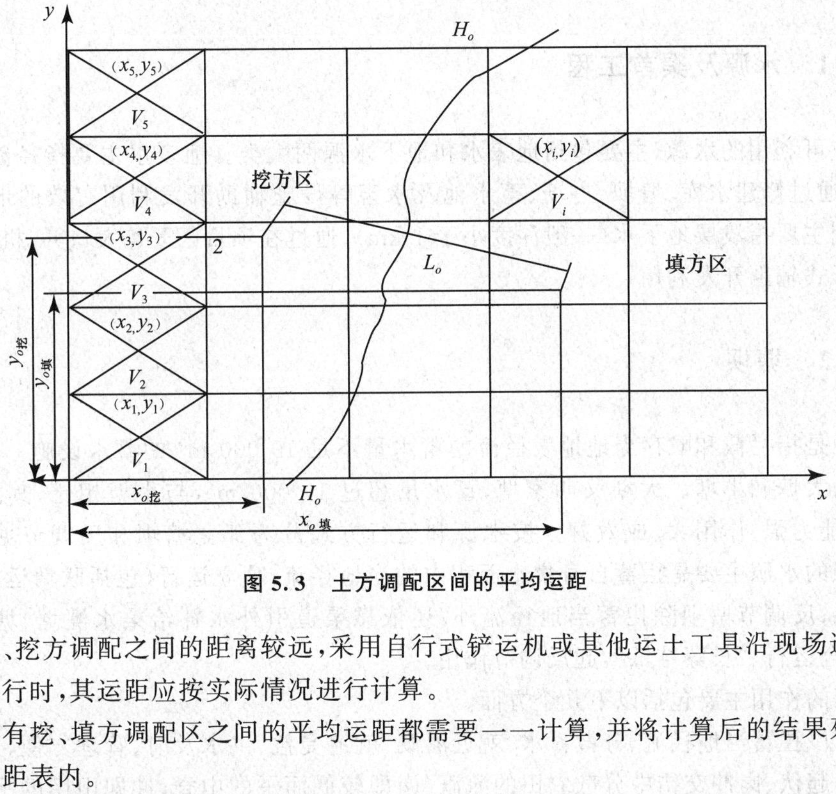

图 5.3　土方调配区间的平均运距

当填、挖方调配之间的距离较远，采用自行式铲运机或其他运土工具沿现场道路或规定路线运行时，其运距应按实际情况进行计算。

④所有挖、填方调配区之间的平均运距都需要一一计算，并将计算后的结果列于土方平衡与运距表内。

⑤确定土方最优调配方案。对于现行规划中的运输问题，可以用“表上作业法”来求解，使总土方运输量为最小值，即为最优调配方案。

$$V=\sum_{i=1}^{m}\sum_{j=1}^{n}L_{ij}V_{ij} \quad 5.20$$

⑥绘出土方调配图。根据以上计算，标出土方调配方向、土方数量及运距（平均运距再加施工机械前进、倒退和转弯必需的最短长度）。

5.3　灌溉与排水工程设计

土地开发整理主要是采取行政、经济、工程、技术、法律等手段，通过对土地利用结构进行调整，对土地资源进行重新分配，以达到协调人地关系，提高土地利用率和产出率，改善和保护生态环境，促进土地资源可持续利用与社会经济可持续发展的目的。在达到这一目标的过程中，农业生产的效率和效益是需要解决的一个关键问题。本节以一般土地开发整理中广泛应用的灌排建筑物为主，结合部分工程实例，通过科学的灌溉排水工程规划设计，有效地利用灌溉排水工程措施，降低水旱灾害，为发展农业生产服务。

本节主要包括水源工程设计及灌排工程设计，据调查一般项目区的主要水源包括方塘、水窖、水池、水闸、机井及大口井、泵站，灌排工程主要包括灌排渠道、渠首建筑物、小型渡槽、倒虹吸管、涵洞及陡坡、跌水等。

5.3.1 水源及渠首工程

农业可利用的水源，主要包括地表水和地下水源两大类。地表水主要指径流、天然湖泊，也可通过修建水库、塘坝、方塘、蓄水池及水窖等设施辅助开发利用有效的地表水；地下水源则主要指浅层地下水（一般深度小于 1 km），通过在项目区开挖大口井、机井及透水方塘等形式辅助开发利用。

5.3.2 塘坝

塘坝是指拦截和贮存当地地表径流的蓄水量不足 10 000 m^3 的蓄水设施。按蓄水量大小分为大塘和小塘。大塘又叫家塘，蓄水量超过 10 000 m^3，与小塘相比，其灌溉面积大、调蓄能力强、作用大、成效好。按水源和运行方式分为孤立塘坝和反调节塘坝两类。孤立塘坝的水源主要是拦蓄自身集水面积内的当地径流，独立运行（包括联塘运行），自成灌溉体系；反调节塘坝除拦蓄当地径流外，还依靠渠道引外水补给渠水灌塘、塘水灌田，渠、塘联合运行，“长藤结瓜”，起反调节作用。

塘坝的作用主要包括以下几个方面。

①可以拦蓄当地径流、分散蓄水、就近灌溉、就地受益、供水及时、管理方便，适应丘陵地区地形起伏、岗冲交错中分散农田的灌溉（岗即较低而平的山脊，冲即山区的平地）。同时还可以缩短输水距离与灌水时间，减少水量损失，提高灌水效率，并有利于节水灌溉措施的推广。

②利用塘坝蓄水灌溉，可以减小灌区提、引外水工程的规模，同时可减小渠首及各级渠道和配套建筑物的设计流量，相应减小渠道断面和建筑孔径，从而节省其工程量和投资。

③可以拦蓄一部分灌区废弃水和灌溉回归水，增加灌区供水量，缓解灌区水量不足的矛盾。同时还可调节水量，削减引用外水高峰，减少用水矛盾，提高灌溉保证率，扩大灌溉面积，并能节水节能，降低灌溉成本、减轻农民负担。

④塘坝蓄水浅，水温高，在低温季节引塘水灌田有利于农作物生长，如利用塘坝提高水温，促进水稻增产。而大、中型水库放水灌溉，由于库大水深，经底涵放出的水，水温较低，直接灌田会造成寒害，对水稻生产不利，影响产量。

⑤塘坝可以缓洪减峰，防治水土流失，减轻农田洪涝灾害损失。

⑥利用塘坝进行综合开发，解决人畜用水，发展“塘坝经济”，可以促进当地农、林、牧、副和渔业发展，增加农民收入，扩大农村就业门路，发展农村经济，改变农村面貌。

(1)塘坝的适用范围

塘坝的分布范围广、数量多、作用大，投工、投资少，可就地取材，施工技术简单，群众能够自建、自管、自用，一般能当年兴建、当年受益，是丘陵地区灌溉、抗旱、解决人畜用水和发展水产养殖的重要水利基础设施。在项目区浅层地下水源丰富，天然河流相对较多时，均可以考虑在合理的位置布置塘坝。一般考虑项目区的水源情况及未来规划的总体方案，结合项目区内的农用要求而定，尽可能地满足以下几个基本条件。

①地形条件好，位置高，塘容大，自流灌溉面积大；淹没占地少，有适宜修建溢洪道的位置；工程简单，土方和配套建筑物少；费用省，用工少。注意选择“两岗夹一洼，中间筑个坝”这种集水面积大、筑坝较容易的地方，多建一些大容量的塘坝。

②地质条件好，工程安全可靠，渗漏损失小，能蓄住水。

③水源条件好，集水面积大，来水量丰富，无严重污染源、淤积源。

④靠近灌区，“塘跟田走”，连接渠道短，输水损失小。

⑤施工、交通及管理方便，附近有合适的筑塘土料，取土运土方便，最好能利用挖塘土筑塘埂。

⑥行政区划单一，归属权界定清楚，尽量避免水源、用水和占地矛盾。

⑦综合利用效益大。

⑧有人畜用水要求的，尽量靠近村庄，或选择位置较高处，能自压给水。

(2)塘坝设计步骤

塘坝设计中，应结合项目区的水文地质条件，同时也应该结合农业灌溉的需要以及塘坝与其他配套建筑物的布置关系。在进行塘坝设计的过程中，应严格遵循以下步骤进行。

①调查项目区的降雨量、多年径流量及洪水频率等水文信息，初步判断塘坝工程的适用性及可行性。

②依据项目区现状图及实际地质踏勘情况，选择地形、地质条件好，水源情况优越，综合利用率高的坝址。

③计算塘坝的地表径流量、集水面积及塘坝来水量，拟定塘坝的防洪标准，确定塘坝的有效库容及兴利库容(可以参考小型水库的相关设计方法)；计算塘坝的灌溉面积。

④设计塘埂的形式及断面，可以参考本节相关内容进行设计。

⑤进行泄水建筑物的设计，可以考虑采用宽顶堰自流泄水，布设控制闸门。

⑥尾水渠道及挡土墙设计，降低塘坝泄水的冲刷危害。

(3)三个基本数据的确定

①地表径流的计算。丘陵地区每公顷地表径流量数值的分析计算比较复杂，年径流量列表查算法是一种计算方法。

②塘坝集水面积的计算。可按来水范围内水田、旱地及其他非耕地的田亩数量统计而得，有地形图时，可从图上量算得出。

③塘坝来水量的确定。塘坝的来水量包括旱地和非耕地的地表径流量、水田排水量

以及塘面降水量三部分。

新建的孤立塘坝选定塘址以后，首先应弄清塘址以上的集水面积；然后查算出塘的每平方千米多年平均年径流量；再按公式 5.21 计算塘的多年平均年来水量。

$$W = FR \tag{5.21}$$

式中：F——集水面积，hm^2；

R——每公顷多年平均年径流量，万 m^3/hm^2；

W——多年平均年来水量，m^3。

(4)塘坝有效容量 V 的确定

$$V = \frac{W}{n} \tag{5.22}$$

式中：V——塘坝有效容量，万 m^3；

W——塘坝多年平均年来水量，万 m^3；

n——系数，根据实际情况确定，一般用 1.5～2.0，相当于库容调节系数的倒数。

如果塘坝多年平均年来水量比计算的灌溉总用水量大很多时，则应用计算的灌溉总用水量来确定塘坝的有效容量。此时，塘坝有效容量可视具体情况按计算的灌溉总用水量的 40%～50%来确定。

(5)塘坝实际蓄水量的计算

当塘坝的容量确定以后，则应按塘的地形，计算不同蓄水位时的淹没面积及蓄水量。其计算方法是：在有地形图的地方，可按地形高程，由低到高逐一量出不同高程的淹没面积，进而计算出每年相邻高程之间的枯水量，并按设计蓄水量求出总的蓄水量；如无图可量时，也可以用简易方法测量若干断面进行计算，或通过实际丈量确定。

(6)塘坝灌溉面积的计算

$$A = \frac{S}{m} \tag{5.23}$$

式中：A——塘坝灌溉面积，hm^2；

S——塘坝有效利用水量，m^3；

m——灌溉定额，m^3/hm^2。

(7)塘埂形式与断面设计

塘埂形式与断面设计要根据塘埂高度、筑埂材料、塘址的地形和地基条件，以及当时的水文、气象、施工、劳动力等因素，因地制宜，进行综合分析，初选几种形式，拟订断面尺寸，进一步比较工程量、投资，最后选择技术上安全可靠，经济上合理可行，便于施工的塘埂形式与断面。

塘埂一般为土埂，通常设计成梯形断面，塘埂顶高程应高于塘内正常最高蓄水位 1.0～1.5 m。土质塘埂形式与断面设计必须满足以下要求：不会发生漫顶溢流；塘埂的迎、背水坡要稳定，不会发生滑坡、坍塌；埂基和埂身不会发生严重渗漏、管涌和流土；就地取材，因材设计；构造简单，适应塘址的地形、地基条件、方便人工或机械施工，工期短、质量好，省工、省料、省钱。

土质塘埂形式与断面主要有以下几种。

均匀土质塘埂，如图 5.4 所示。适用范围：塘址附近有足够的好土，最好是用黏粒含量 10%～30%的壤土,这种土最适宜建筑该种塘埂。这是一种最常用的塘埂形式,它结构简单,便于人工和机械施工,标准质量容易控制,对基础要求也低。

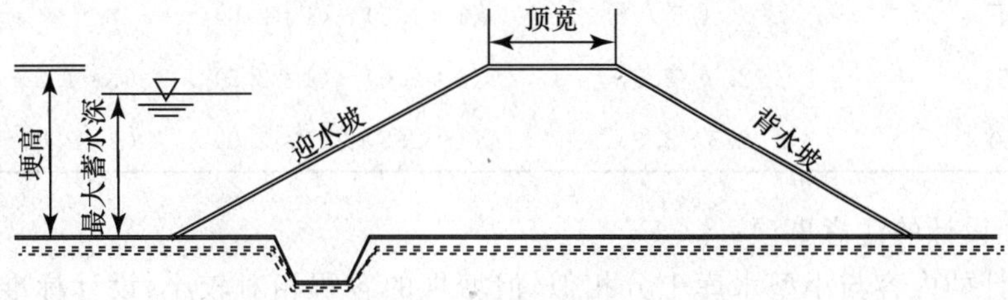

图 5.4　均匀土质塘埂

黏土心墙塘埂,如图 5.5 所示。适用范围:塘址附近如没有足够的好土,或好土在较远的地方,可考虑做这种塘埂,即在塘埂的中央用好土,最好是用黏粒含量为 20%～40%的壤土筑一道心墙防渗,心墙顶部厚度大于 0.8 m,底部厚度大于上游水深的 1/6～1/10,并不小于 2.0 m。靠心墙两侧用较细密的土料,离心墙远的土料可粗一点,并且用较容易透水的土料做背水坡。这种形式的塘埂多用于高度比较大的塘埂。

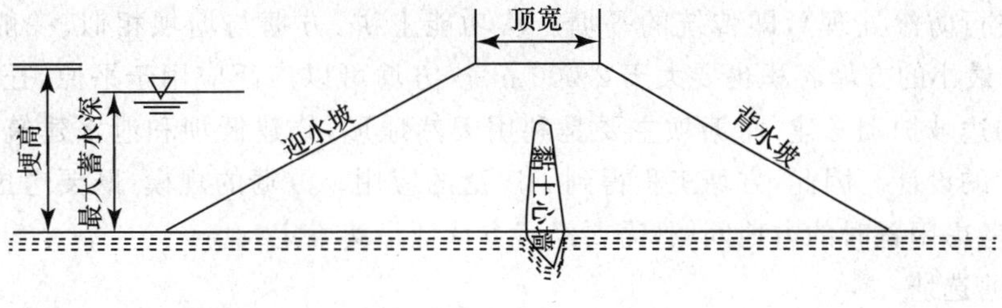

图 5.5　黏土心墙塘埂

黏土斜墙塘埂,如图 5.6 所示。适用范围:同黏土心墙塘埂,做法是在塘埂的迎水坡用微透水性的黏土或弱透水性的壤土做一道防渗斜墙,斜墙厚度(垂直于埂坡)顶部不小于 0.5 m,底部不小于上游水深的 1/6～1/8,并不小于 2 m。上铺保护层,斜墙下用透水性小的较细密的土,离斜墙越远土料粒可越大,并用较透水的土料做背水坡。这种形式的塘埂多用于老塘加高增厚,作防渗处理。

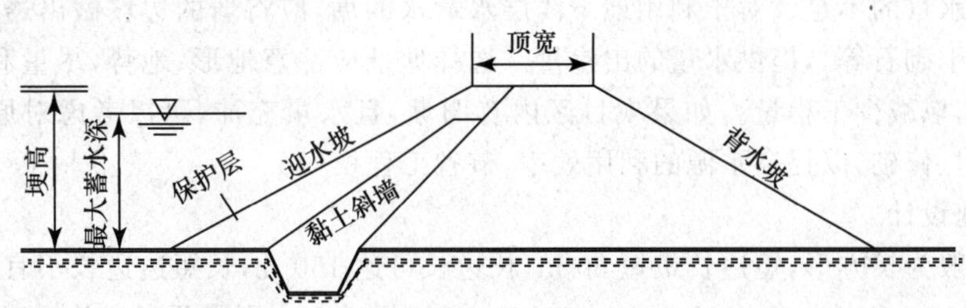

图 5.6　黏土斜墙塘埂

土质塘埂断面是随塘埂高度变化而变化的,并受填土土质及密实度影响。均匀土质塘埂的一般标准见表 5.2。

表 5.2　均匀土质塘埂一般标准

塘埂高/m	塘埂顶宽/m	迎水坡坡度	背水坡坡度
3 以下	1.5	(1∶1.5)～(1∶2.0)	1∶1.5
3～5	2.0～2.5	(1∶2.0)～(1∶2.5)	(1∶1.5)～(1∶2.0)
6～10	2.5～3.0	(1∶2.5)～(1∶3.0)	(1∶2.0)～(1∶2.5)

(8)塘坝设计的注意事项

塘坝设计的内容与小型水库十分相似,但塘坝的容积相对较小、设计标准比较低,很难承受高等级洪水,因此塘坝的设计,应结合项目区的实际用水情况和来水情况以及塘坝下游的承载洪水能力等因素。对塘坝的挡水结构进行设计,还需要根据塘坝所在地区的水文情况,合理设置泄水排水设施,如溢洪道等。

5.3.3　方塘

方塘大部分是以利用地下水渗透的形式修建的,少部分通过引流达到蓄水目的(一般需要专门进行防渗处理),即传统的平塘。从功能上讲,方塘与塘坝相似,一般容积小于50 000 m^3,最小的方塘容积也要大于2 000 m^3。方塘可以广泛应用于平原、丘陵区,主要通过开挖和边坡护砌修建;而塘坝主要是利用天然地形,修建低坝和泄水建筑物,更类似于小型水库的设计。因此,方塘工程得到了广泛的应用。方塘的规模,既要考虑灌水量的需要,又要考虑闲置时的占地问题,需要经多方认证最终确定。

(1)方塘选址

考虑方塘较多利用地面径流或地下径流,塘址应选在地下水源较多的地方,如山地丘陵沟谷地、颠簸地、山根、河道两侧、老河道等部位,但对所灌溉的对象尽量做到能够自流灌溉(低压管灌除外)。同时,还要注意排水及来水地区的水土保持工作,以防泥沙入塘降低蓄水作用。

方塘附近有河溪、渠道时,应尽量争取将非灌溉季节的余水引入塘中,扩大水源的利用效能。在缺水和自流渠道地区,可以利用提水设施将低处的水源、河水引入塘中,以补充灌溉季节水量的不足。对于利用地下浅层水蓄水的塘,应将塘的边坡做出透水结构(如粗砂、砾石、干砌石等),提供水量的出渗量。选择塘址应注意地形、地势,尽量利用有坡度的低洼低点,以减少工程量。如果项目区内有旧塘,且水量充沛,可以考虑对原有水塘进行清淤、扩建、修砌,以提高水源的利用效率,节省工程投资。

(2)方塘设计

方塘一般为长方形,短边长最短30 m,长边长可达150 m,长短边边长不宜相差太大;塘深不超过6 m,边坡一般取(1∶1)～(1∶2);深度超过6 m则需要考虑放缓边坡,或将方塘断面布置为复式断面。

①方塘边坡的坡度一般需要考虑土体饱和状态及非饱和状态下的稳定性,因此需要在开挖方塘前确定土体的干容重、浮容重、密度、内摩擦角、强度指标等参数,对土质边坡进行静力稳定计算(即采用圆弧法进行稳定计算),验证拟定边坡在正常状态下的稳定情

况。一般要求拟定的方塘边坡比静力稳定计算总应力法或有效应力法确定的临界边坡缓,即可满足边坡稳定要求。

②为防止透水方塘的边坡涌砂或流土等不利渗透变形现象的发生,需要在边坡上布设反滤层。一般可设置3～4层,每层厚度一般为20～30 cm,总厚度0.7～1.0 m。当含水层为粉细沙时,则可设4～5层,总厚度可达1.0～1.2 m;当含水层为粗沙、砾石时,可只设两层,总厚度可不超过0.6 m。与含水量相邻的第一层滤料粒径一般可按照公式5.24估算:

$$\frac{D}{d_i}\leqslant 7\sim 8 \qquad 5.24$$

式中:D——与含水层相邻的第一层滤料粒径,mm;

d_i——含水层颗粒的计算粒径,mm,细沙、粉沙,平均粒径为0.35～0.25 mm,中沙平均粒径为0.5～0.35 mm,粗沙平均粒径为0.5 mm以上。

相邻滤料之间的粒径比值,一般是上一层为下一层的3～5倍。为维持滤料稳定,需要在滤料上铺设干砌石护坡,并在护坡的顶部和底部分别设置浆砌石护脚。浆砌石护脚的断面应该通过挡土墙的主动土压力稳定验算确定。

③方塘的出水量估算可参考大口井出水量的计算方法。在《供水水文地质手册》第二册(水文地质计算)中详细介绍了大口井的完整井与非完整井的计算,考虑透水方塘的水量是地下水通过方塘侧面及地面渗透得到的,故可以按照非完整井的计算方法计算出水量:

$$Q=\pi KS\left[\frac{2h_o-S}{2.3\lg\dfrac{R}{r}}+\frac{2r}{\dfrac{\pi}{2}+\dfrac{r}{m}\left(1+1.185\lg\dfrac{R}{4m}\right)}\right] \qquad 5.25$$

式中:Q——来水量,m^3/h;

K——含水层渗透系数,m/d;

S——水位降落深度,一般等于稳定水位与初见水位的水位差,m;

h_o——静水位至井底的高度,m;

R——影响半径,$R=3\,000S\sqrt{K}$,m;

r——井的半径,在方塘的计算中可近似认为$r=\sqrt{\dfrac{l_1l_2}{\pi}}$,其中$l_1$和$l_2$是方塘底部的边长,m;

m——井底至含水层底板的高度,m。

④方塘的附属设施。方塘的顶部四周,需要修0.5～1.0 m的围墙,一般采用砖砌或浆砌石砌筑。墙的基础可以采用毛石混凝土或浆砌石,深度超过当地冻土层的深度。方塘附近应配有泵房或提水泵站,结合灌溉需要参考相关章节内容进行规划设计。另外要在方塘附近显著部位张贴安全警示标语,以防各种安全事故发生。

(3)设计步骤及注意事项

方塘在土地开发整理工程中应用较为广泛,主要作为灌溉水源用。部分地区修方塘的目的是养鱼,兼做抗旱时期的备用水源。在设计方塘的时候,应该严格依据以下步骤进行。

①收集项目区降雨资料、水文地质资料，分析项目区水源情况，结合地勘成果合理选择方塘的塘址。

②必须明确方塘的直接用途，尽量少占地，经多方论证最终确定方塘的规模（长、宽、深等）。

③结合项目区已有的方塘运行情况，拟定方塘边坡，验算边坡稳定系数。

④估算方塘的出水量，结合项目区作物种植特征及作物灌溉定额等资料，确定用水量与出水量的关系，通过制定合理的灌溉制度以保证农业灌溉需要。

⑤完成方塘边坡反滤层及护坡设计，确保方塘安全性及耐久性。

⑥完成方塘附近的交通设施、渠道及管道的衔接设计，以及方塘的附属设施（如前所述）设计。

在方塘设计的过程中应该注意以下几个问题：方塘的出水量应经过估算确定，以便更合理地制定项目区的灌溉制度；应根据项目区的地质条件有所不同，方塘边坡护坡石的粒径应该有严格的要求，一般粒径大有利于边坡稳定，抗滑抗冻胀性能较好；依靠短期径流蓄水的方塘，必须做好防渗设计，否则将降低方塘的利用率。

5.3.4 水闸

水闸是一种既能挡水又能泄水的低水头水工建筑物，通过启闭闸门来控制水位和流量。在土地开发整理工程中，水闸广泛应用于防洪、灌溉、排涝与水源调度等工作中。

(1)水闸类型

在平原地区或灌区，修建了很多水闸。按其所担负的任务不同，水闸分为以下几类。

①进水闸。进水闸通常建在河道、湖泊、水库的岸边，用以控制进入引水干渠的流量。又因进水闸位于渠首，所以也称渠首闸。位于次级渠道（支渠、斗渠等）的首部，则称为分水闸、斗门等。

②节制闸。为了灌溉、通航等需要，横跨河流或渠道上建闸，用以控制闸前水位和过闸流量，这类水闸称为节制闸。河道上的节制闸也称为拦河闸。渠道上的节制闸，常建在支、斗渠分水口的下游，用以抬高闸前水位，满足下一级渠道引水时对水位的要求。

③泄水闸。泄水闸一般建在渠道险工段或重要渠系建筑物上游渠侧，用以宣泄渠中超量水，保障下游渠段或重要建筑物的安全。位于多泥沙渠道上的泄水闸，还兼有冲沙的作用。

④排水闸。排水闸常建在圩区低洼地区排水渠道末端，用以排除低洼地区的积水。在外河水位高于内河水位时，关闸挡水，防止外水倒灌，在枯水期则关闸蓄水或引外河水灌溉。

⑤挡潮闸。滨海地区为了防止海潮倒灌入内河（排水河），常在海岸稳定的内河出口处修建挡潮闸。

⑥套闸。套闸是一种小型简易的船闸，水网圩区常把套闸布置在内河的出口段，既能起到防洪排涝、控制水位的作用，又可解决域内外交通运输问题。闸首因排涝常带水头开启，故套闸区别于一般小型船闸的是在闸首的下游设有防冲消能设备。

(2)水闸的组成与作用

水闸由闸室和上、下游连接段三部分组成。闸室是水闸的主体，起挡水和调节水流的作用。它包括底板、闸墩、闸门、胸墙、工作桥和交通桥等。上游连接段主要作用是将上游来水平顺地引入闸室，另外还有防渗、防冲作用。它包括上游翼墙、铺盖、护底及护坡等。下游连接段包括护坦、海漫和防冲槽、下游翼墙和护坡等。它的作用是引导出闸水流均匀扩散，消除水流多余的能量，防止对下游河床和河岸的冲刷。

(3)水闸布置

①进水闸。无坝取水的进水闸，应将其取水口设在弯道顶点以下水深最深、单宽流量大、环流强的地方，这样能引取表面清水，排走底沙。引水角(θ)应做成锐角，一般为$\theta=30°\sim60°$。

②分水闸。分水闸根据不同的配水需要，其布置方式有单股、双股等。当干渠流量大而分水流量较小时，常在干渠一侧设单股分水闸，分水角一般为60°～90°，而干渠中一般不设节制闸。当干渠两侧均需分水，且分水流量占干渠流量较大比例时，通常在干渠两侧各设一分水闸，并在分水口下游的干渠上设节制闸，用以控制闸前水位和调节下泄流量。

③节制闸。要求闸门全开启时，闸前壅水高度应尽量小些，以降低堤坝高程。因此设计时，闸孔宽度应与渠道底宽相等或稍大些。闸孔孔数以选用奇数较好，以防闸下出现不对称水流。节制闸常与分水闸或泄水闸等集中布置在一起。

④泄水闸。泄水闸结构与分水闸类似。带有节制闸的泄水闸，其布置形式与分水闸基本类似。

水闸水力计算和防渗设计的目的：①确定闸孔尺寸；②拟定必要的消能防冲设施；③确定闸基的防渗布置。

(4)闸孔尺寸的确定

闸孔尺寸是指边墩(或边墙)顶高程、闸底板顶面(堰顶)高程、闸孔净宽及孔数。边墙顶高程通常根据上、下游最高水位确定；堰顶一般与渠(河)底齐平或略高。闸孔净宽B_o与渠道的设计流量，闸的上、下游水位，闸孔形式，堰顶高程有关。渠道的设计流量和闸上、下游水位，由农田水利规划确定，然后用水力学有关公式计算闸孔净宽B_o。

①开敞式水闸。渠道上的中、小型水闸，通常采用宽顶堰式水平底板，堰顶高程一般与渠底齐平，因此按宽顶堰堰流公式计算。在计算时应首先判别流态，当下游堰上水深h_s与堰上水头H_o的比值$h_s/H_o<0.8$时，过闸水流为自由出流；当$h_s/H_o\geq0.8$时，则为淹没出流。

自由出流 $$B_o=\frac{Q}{\sigma\varepsilon m\sqrt{2g}H_o^{3/2}} \quad 5.26$$

淹没出流 $$B_o=\frac{Q}{\sigma\varepsilon\varphi_s h_s\sqrt{2gZ}} \quad 5.27$$

式中：Q——过闸的设计流量，m^3/s；

ε——侧向收缩系数，$\varepsilon=0.85\sim0.95$；

σ——侧面分水系数；

m——流量系数，与进口形式有关；

H_0——闸前堰上水深 H 与行近流速水头 $\frac{V_0^2}{2g}$ 之和，小闸可近似地采用 $H_0 \approx H$，m；

φ_s——流速系数，由《水力学计算手册》查得；

Z——过闸的水位落差，一般为 0.1～0.3 m。

②涵洞式水闸。涵洞式水闸与开敞式水闸相比，仅增加洞身段，其余部分基本相同。在很多工程中，涵洞与闸联合使用，既能满足过水要求，又能有效控制水道流量，因此在土地开发整理工程中得到广泛应用。

涵洞式水闸的闸门常设在进口处，以控制水流，因而形成闸室段。该段与上游翼墙、下游洞身段分别用沉降缝分开，缝内设止水。涵洞式水闸的胸墙位置，一般建在洞身进口的顶部，它具有挡水、挡土和缩短洞身长度的作用。当洞身较长、闸门局部开启时，为防止闸门后形成负压现象，常在胸墙后面设通气孔。洞身的断面形式和构造等，与放水设备中的坝下涵管管身相同。

灌区中涵洞式水闸，多用于斗、农渠上的斗门和农门。因引水流量和水位差均较小，所以涵洞洞身常用混凝土预制圆管筑成，且是水平的。斗、农渠上的涵管分水闸，相当于较深的渠道时，进、出口多被水淹没。因此，可按短管淹没出流公式计算。

$$Q = \mu\sigma A\sqrt{2gZ} \quad 5.28$$

式中：Q——通过涵管的设计流量，m^3/s；

A——涵管断面面积，m^2；

Z——上、下游水位差，m；

σ——侧面分水系数，其值与分水角有关，由《水力学计算手册》查得；

μ——流量系数，其值根据圆形、方形断面不同而异，由下列公式进行计算。

圆形断面：

$$\mu = \frac{1}{\sqrt{\frac{\lambda L}{d} + \sum\zeta}} \quad 5.29$$

方形断面：

$$\mu = \frac{1}{\sqrt{\frac{\lambda L}{4R} + \sum\zeta}} \quad 5.30$$

式中：L——管身长度，m；

d——管的内径，m；

R——矩形管的水力半径，m；

$\sum\zeta$——局部损失系数，为进口的损失系数 ζ_1、出口的损失系数 ζ_2 和转弯损失系数 ζ_3 之和；

λ——管的沿程阻力系数 $\lambda = 8g/C^2$，C 为谢才系数，$C = R^{1/6}/n$。

(5)消能防冲设施设计

出闸的水流具有较大的动能，会对下游河床产生有害的冲刷。因此，必须采取有效的消能防冲设施。水闸的消能方式一般多采用底流式，主要措施是在紧接闸室处设置消力池(也可在闸室内布置部分消力池),其作用是促进出闸水流在池中发生淹没式水跃进行消能。主要防冲设施有海漫、防冲槽和护坡等。

底流式消能布置,一般有消力池、带消力槛的护坦和综合式消力池等形式。用降低闸下游护坦高形式的消力池,也称为下降式消力池,是水闸经常采用的一种形式。

消力池水力计算主要是确定池深(或槛高)和池长,它可通过水力计算来解决,具体计算方法参阅相关文献。小型水闸工程一般采用池深 $d=0.3\sim0.5$ m,池长 $L=(3\sim5)H$ (H 为闸上游水深)的布置形式,具体尺寸需经计算确定。

消力池底板承受高速水流的冲刷、水流脉动压力和底部扬压力的作用,因此要求消力池应具有足够重量、强度和抗冲耐磨能力。消力池底板厚度可通过计算确定,小型的常采用 0.3～0.5 m;在消力池底板后面常布置孔径为 5～10 cm 排水孔、孔距 1.0～2.0 cm,排水孔底部应铺设反滤层,其作用是排水滤土。

消力池常采用 C15～C20 的混凝土或浆砌块石筑成。经过消力池内水跃消能后,还有部分剩余能量,流速仍较大,且分布不均匀,会冲刷下游河床和河岸。因此,在消力池后面应设置海漫和防冲槽,其作用是继续消除水流余能,调整流速分布,确保下游河床免受有害冲刷。海漫长度一般取上游水深 3～5 倍或通过水力计算确定。

海漫结构要求表面应是粗糙的,结构本身应是透水的,且具有一定柔性。海漫材料视流速情况而定,一般采用浆砌或干砌块石筑成,厚度 0.3～0.5 m,下铺设 1～2 层 10～15 cm 厚砂石垫层。

小型闸的防冲槽可筑成底宽 1.0 m,深 0.5～1.0 m 矩形断面,槽内填以块石。当海漫后面河床发生冲刷时,槽内块石自动坍落,防止冲刷坑向上游扩展。平原地区或灌区大多数小闸,泄流时其上、下游水位差和单宽流量均较小,且下游有一定的水深,其消能不一定是主要问题,所以消能防冲设施,均较简单。因此,常在下游筑一段砌护长度,以调整流速分布,在砌护体的末端,设置一个较深的齿墙。

(6)防渗设计

闸基渗流对水闸产生的有害影响主要有两方面:渗透对闸室底板产生铅直向上的渗透压力,减轻闸室有效重量,对闸室抗滑稳定不利;渗透流速可能将闸基特别是渗流出口处土粒(或土团)带走或浮起,使闸底淘空,这种现象称为渗透变形,严重时会造成整个水闸倒塌。

①防渗长度计算。渗流沿闸基不透水地下轮廓(如铺盖、板桩、齿墙和底板等)流动的长度 L,称为渗径长度,又称防渗长度。为防止地基产生渗透变形,所需要的防渗长度应满足下述条件,即

$$L \geqslant CH \tag{5.31}$$

式中:L ——闸基防渗长度,m;

H——上、下游水位差,m;

C——渗径系数。

②地下轮廓布置。地下轮廓布置的原则是上防下导,即在闸底板上游一侧布置不透水防渗铺盖、板桩,并设置齿墙等,用来延长渗径,减小闸底板下的渗透压力,降低闸基渗透坡降,称为滞渗;在底板下游一侧护坦底部,布置反滤层,使渗水尽快排出,并防止土粒

被渗流带走，称为导渗。排水起点就是防渗段的终点。不同性质的地质，地下轮廓布置方式又有所不同。

a. 铺盖。位于闸室上游一侧，紧靠底板，常采用黏土、混凝土或钢筋混凝土筑成。小型涵闸一般均用混凝土浇筑。铺盖长度可取(3～5)H，H 为上、下游水位差。渠系上小闸采用(1.0～2.5)H。混凝土铺盖通常采用 C15 混凝土浇筑，厚度 0.2～0.4 m，与闸底板连接处应设缝，缝内设止水。

b. 板桩。板桩只适用沙土地基，其作用主要是为了增加垂直渗径。板桩位置常设在铺盖或底板上游端。小型水闸因水头较小，一般只做铺盖，很少采用板桩。

c. 齿墙。闸底板和铺盖的上、下游端均设齿墙，深 0.5 m 左右。齿墙的作用不仅是增加渗径，还有利于闸室的抗滑稳定。

d. 反滤层。渗流出口处，往往渗透坡降较大，容易产生渗透变形，故常设反滤层，其作用是排水滤土，防止产生渗透变形。反滤层一般由 2～3 层粒径不同的砂砾石、小石子组成。黏性土地基，一般只设 1 或 2 层。

反滤层材料除了上述常用的沙砾料之外，20 世纪 80 年代开始在我国使用一种新型的工程材料，即土工织物(又称土工布)。这种土工织物是由合成纤维编织而成的网状物(即有纺土工织物)，或是针刺压成的毡状物(即无纺土工织物)。土工织物具有质量轻、强度高、耐腐蚀、施工简单、施工速度快、投资省、滤土透水效果好等优点。因此，土工织物已先后在交通、水利、建筑及其他工程领域中迅速应用。

由于土工织物很薄(4～5 mm)，在施工时要特别注意，需在土工织物下面及上面铺设砂层，以免土工织物与外界接触时被刺破。另外土工织物是用化纤原料做的，在太阳光照射下容易老化，因此使用时，土工织物上面应铺设砂料等保护层。

闸室两岸侧向防渗问题，也应给予足够的重视，其侧向防渗长度不应小于底板下渗径。

③渗透压力计算。小型水闸的渗透压力计算一般采用直线比例法。该法假定渗流沿地下轮廓线流动时，其渗压水头呈直线比例减小，即沿渗径的渗透坡降的渗压大小各处都是相同的。因此，只要知道闸的上、下游水位差 H 和渗径长度 L，即可按直线比例关系求出地下轮廓线各点的渗透压力。设距地下轮廓下游端的距离为 x 处的渗压水头为 h_x，则

$$h_x=\frac{x}{L}H \qquad 5.32$$

运用公式 5.32 求出地下轮廓线中闸底板范围内各角隅点 2、3、…、7 的渗压水头，并将各点求得的渗压水头的大小，按一定比例标在闸底板底面相应点铅直线上，然后将相邻两点水头端点用直线连接，即得到作用于底板底面渗压水头分布图和底板底面渗压水头分布图。

(7)闸室设计

闸室主要包括闸底板、闸墩、闸门、启闭设备、上部结构(工作桥及交通桥)、闸室的分缝与止水等几部分。

①闸底板。闸底板是闸室的基础，承受闸室及上部结构的全部荷载，并较均匀地传给地基，还有防冲、防渗等作用。

土地开发整理工程中常用的闸底板有平底板和钻孔灌注桩底板。结合项目区地质地貌特征，修建水闸可采用整体式平底板，沉陷缝设在闸墩中间；如果地基承载力很差，可考虑采用钻孔灌注桩底板，但其设计与施工相对复杂，因此中、小型水闸采用的较少。

底板长度应根据防渗设计及基本构造要求确定。底板顺水方向的长度，取决于地基条件和上部结构布置并应满足抗滑稳定和地基允许承载力的要求。底板长度可根据经验拟定；对于沙砾石地基，可取(1.5～2.5)H(H 为上、下游最大水位差)；对于沙土和沙土壤地基，取(2.0～3.5)H；对于粉质壤土和壤土地基，取(2.0～4.0)H；对于黏土地基，取(2.5～4.0)H。闸室结构沿垂直水流方向的分段长度，在岩基上不宜超过 20 m，在土基上不宜超过 35 m，若超过上述数值应做技术论证。

底板厚度必须满足强度和刚度的要求，大、中型水闸可取(1/6～1/8)l_0(l_0 为闸孔净宽)，一般为 1.0～2.0 m，最薄不宜小于 0.6 m，但小型水闸也有用到 0.3 m 的。底板内布置钢筋较多，但最大含钢率不得超过 0.3，底板混凝土应满足强度、抗渗、抗冲等要求，常用 C15 或 C20 混凝土。

②闸墩。闸墩的结构形式应根据闸室结构抗滑稳定性和闸墩纵向刚度要求确定，一般宜采用实体式，常用混凝土、少筋混凝土或浆砌块石建造。闸墩的外形轮廓设计应满足过闸流量平顺、侧向收缩小、过流能力大的要求。上游墩头可采用半圆形，以减小水流的进口损失；下游墩头宜采用流线型，以利于水流的扩散。

闸墩高程一般指闸室胸墙或挡水线上游闸墩和岸墙的顶部高程，应满足挡水和泄水两种运行情况的要求。挡水时，闸墩高程不低于水闸正常蓄水位加波浪计算高度与相应安全超高之和；泄水时，闸墩高程不低于设计洪水位与相应安全超高之和。此外，确定闸墩高程时，还应考虑闸室沉降、闸前河渠淤积、潮水位壅高等影响。

闸墩长度取决于上部结构布置和闸门形式，一般与底板等长或稍短于底板。闸墩上、下游面为铅直面；如上部结构布置厚闸墩有富余，两端可做成(10∶1)～(5∶1)的竖坡。如上部结构布置不下，顶部可做成向外挑出的牛腿。通常弧形闸门的闸墩长度比平面闸门的闸墩长。

闸墩厚度应满足稳定和强度要求，根据闸孔孔径、受力条件、结构构造要求、闸门形式和施工方法等确定。一般混凝土闸门闸墩厚 1.0～1.6 m，少筋混凝土闸墩厚 0.9～1.4 m，常规钢筋混凝土闸墩厚 0.7～1.2 m，浆砌石闸墩厚 0.8～1.5 m，平板闸门的闸墩厚受门槽深度控制，一般不小于 0.4 m。

平板闸门的门槽尺寸取决于闸门尺寸和支撑形式。中、小型水闸门槽一般为长 0.15～0.25 m，宽 0.15～0.30 m。为了满足闸门安装与检修的要求，方便启闭机的布置与运行，检修闸门槽与工作闸门槽之间的净距不宜小于 1.5 m。当设有两道检修闸门时，闸墩和底板必须满足检修期的结构强度要求。

③闸门。闸门形式的选择，应根据运用要求、闸孔跨度、启闭机容量、工程造价等条件比较确定。闸门在闸室中的位置与闸室稳定性、闸墩和地基应力，以及上部结构的布置有关。平面闸门一般设在靠近上游，有时为了充分利用水重，也可移向下游侧。

闸门顶应高出最高蓄水位。对胸墙式水闸，闸门高度根据构造要求稍高于孔口。胸墙常用钢筋混凝土结构做成板式或梁板式。当孔径小于或等于 6.0 m 时可采用板式，墙板也可以做成上薄下厚的楔形板，其顶部厚度一般不小于0.2 m。当孔径大于6.0 m时，宜采用梁板式，它由墙板、顶梁和底梁组成，其板厚一般不小于0.12 m。顶梁高一般为胸墙跨度的1/15～1/12，梁宽常取0.4～0.8 m。底梁由于与闸门顶接触，要求有较大的刚度，梁高为胸墙跨度的1/9～1/8，梁宽为0.6～1.2 m。当胸墙高度大于5.0 m，且跨度较大时，可设中梁及竖梁构成肋形结构。一般情况下，大、中型水闸的胸墙可设在闸门前，因门顶无水重，可减小启门力；小型水闸的胸墙设在闸门的下游侧，除便于止水外，还可以利用门顶上的水重增加闸室的稳定。

④启闭设备。启闭机可分为固定式和移动式两种，常用的固定式启闭机有卷扬式、螺杆式和油压式。卷扬式启闭机启闭能力较大，操作灵活，启闭速度快，但造价高。螺杆式启闭机简便、廉价，适用于小型工程、水压力较大、门重不足的情况等。油压式启闭机是利用油泵产生的液压传动，可用较小的动力获得很大的启闭力，但造价较高。在有防洪要求的水闸中，一般要求启闭机迅速可靠，能够多孔同步开启，可采用卷扬式启闭机，一门一机。

⑤上部结构。水闸上部结构主要指水闸工作桥、交通桥、检修桥。

a.工作桥是为了安装启闭机和便于工作人员操作而设的桥。若工作桥较高可在闸墩上部设排架支承。工作桥设置高程与闸门尺寸及形式有关。土地开发整理工程中常采用平面闸门，采用固定式卷扬启闭机或螺杆启闭机，闸门提升后不能影响泄放最大流量，并留有一定的富余度。根据工作需要和设计规范，工作桥设在闸门的正上方，用排架支承工作桥，桥上可设置启闭机机房。

b.交通桥的作用是连接两岸交通，供车辆和人通行。结合土地开发整理项目特点，交通桥的形式可采用板梁式。交通桥的位置应根据闸室稳定及两岸连接等条件确定，布置在下游。仅供人畜通行用的交通桥，其宽度为2～3 m；行驶汽车的交通桥，应按交通部门制定的规范进行设计，一般可取单车道宽为4.5 m左右。

c.修桥的作用为放置检修闸门，观测上游水流情况，设置在闸墩上游端。采用预制T形梁和活动盖板形式。

⑥闸室的分缝与止水。水闸沿轴线每隔一定距离必须设置沉降缝，兼做温度缝，以免闸室因不均匀沉降及温度变化产生裂缝，缝距一般为15～30 m，缝宽为0.02～0.05 m。整体式底板闸室沉降缝，一般设在闸墩中间，一孔、二孔或三孔一联为独立单元，其优点是保证在不均匀沉降时闸孔不变形，闸门仍然正常工作。

凡是有防渗要求的分缝，都应设置止水，包括铅直和水平两种，前者设在闸墩中间、边墩与翼墙间以及以上游翼墙本身；后者设在铺盖、消力池与底板连接部位，混凝土铺盖、消力池体的温度沉降缝内。传统的止水材料主要有沥青浸渍木板、铜片止水、橡胶止水带，可以根据工程规模大小以及当地经验选择。

(8)水闸设计步骤

水闸设计应严格遵守《水闸设计规范》，一般可以按照以下步骤进行设计。

①闸址选择。依据引水系统或排水系统的总体布置，结合道路、堤防规划，选择合理的位置，并保证水闸上下游较好的衔接。

②水闸形式的选择。依据水闸的作用及级别，选择合理的形式，如平板钢闸门、平板

铸铁闸门、翻板闸门、木闸门等，判断是否设置胸墙，是否需要同时设置工作闸门和检修闸门等。

③确定水闸的底板高程、过流流量、地基承载能力、下游渠道(河道)抗冲刷能力等基本数据，为水闸的水力计算及结构计算做好准备。

④水闸的水力计算。通过水闸的水力计算，确定闸孔的孔数及单孔闸门的尺寸，计算出水流的过闸流速，确定消力池内的水流速度，进而确定消力池长、池深等数据。

⑤结合水闸上下游的衔接情况，进行水闸上游铺盖、下游海漫及防冲槽的设计，进行防渗计算。

⑥进行水闸闸室的结构设计，主要包括闸墩、闸底板及上下游翼墙的结构计算及配筋计算。

⑦对闸室进行抗滑验算及地基承载力验算，如果不满足规范的要求，则需要调整闸室尺寸重新设计。

⑧进行工作桥、交通桥、启闭机梁、排架柱等的结构计算以及配筋计算。

(9)水闸设计中应注意的问题

水闸是比较典型的水工建筑物，在很多大型工程中都有应用，但结合土地利用工程实际调查情况，小型水闸较多，主要用于渠道及管道输水工程。水闸的设计应严格遵守《水闸设计规范》中的规定，拟定合理的工况组合，不能认为水闸规模小就简化设计过程；水闸的铺盖和海漫是提高闸室稳定和提高水道抗冲刷能力的有效设施，不能忽略相关的设计内容；结合项目区的气候特征，雨季降水比较集中且流量较大，可以适当提高水闸结构的设计标准，以便保证其行使正常功能。如果是渠道中的闸门，可以参考拦河闸的设计过程及经验成果，如果是为了解决供排水与交通工程的交叉，则往往与涵管、虹吸管、渡槽等其他建筑物联合应用，因此设计内容必须结合其他建筑物的基本数据进行。如过闸流量等于涵管过流量(或虹吸管、渡槽流量)，闸底板高程与其他建筑物的底面高程保持相同，宽度也应保持协调等，在一定程度上降低了水闸设计的难度。

5.3.5 机电井

机电井即管井，是在开采利用地下水中应用最广泛的取水建筑物，它不仅适用于开采深层承压水，也是开采浅层水的有效形式。由于水井结构主要是由一系列井管组成，故称为管井。当机电井穿透整个含水层时，称为完整井，穿透部分含水层时，称为非完整井。根据我国北方一些地区农田用水经验，井深在60 m以内，井径以在0.7～1 m为宜；60～150 m的中深井，井径可采用0.3～0.4 m；150 m以上的深井，井径可取0.2～0.3 m。由于机电井出水量较大，一般采用机械提水，故通常也称为机井。

(1)机电井的一般构造

机电井的一般结构如图5.7所示，把井壁管(也称实管)和滤水管(也称花管)连接起来，形成一个管柱，垂直安装在打成的井孔中，井壁管安装在隔水层处和不拟开采的含水层处，滤水管安装在开采的含水层处，机电井最下一段为沉淀管(4～8 m)，以沉淀流入井中的泥沙。在取水的含水层段，井管与开孔的环状间隙中，填入经过筛选的砾石(人工填砾),以起滤水阻砂的作用。在填砾顶部的隔水层或不开采的含水层段,用黏土球止水,以防止水质不好的水渗入含水层,破坏水源。此外在井管上端井口处,应用砖石砌筑或用混凝土浇筑,以便安装抽水机和保护井口。

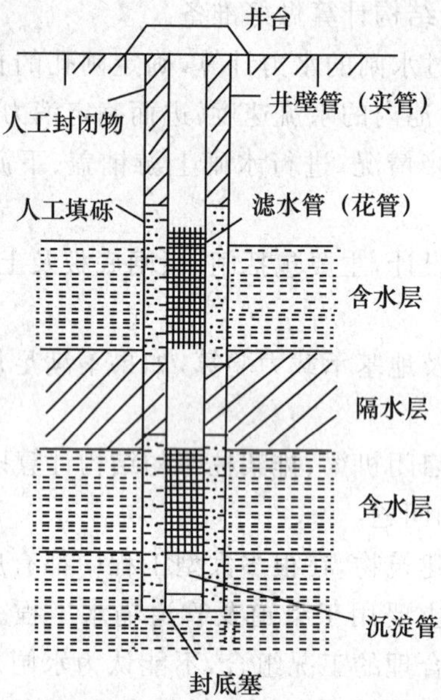

图 5.7　机电井结构示意图

井壁管和滤水管可以采用钢管、铸铁管、石棉水泥管、砾石水泥管和塑料管等。钢管和铸铁管的强度高,因而滤水管的孔隙率可以取用较大值,且可以用于深井(几百米以至千米以上),但造价较高,且耗费钢材。砾石水泥井壁管和滤水管造价较低,且能就地取材,便于群众自力更生,就地制造,目前我国广大灌区已普遍使用。各种含水沙层、砾石水泥滤水管的骨料粒径见表 5.3。

表 5.3　砾石水泥滤水管的骨料和滤料粒径

mm

含水层颗粒粒径	滤水管骨料粒径		滤料规格	
	管壁厚小于 50	管壁厚大于 50	规格滤料	混合滤料
粉沙 0.05～0.1			0.75～1.5	1.0～2.0
细沙 0.1～0.25	4～6		1.0～2.5	1.0～3.0
中沙 0.25～0.5	6～10		2.0～5.0	1.0～5.0
粗沙 0.5～1.0	10～16		4.0～7.0	1.0～7.0
砾砂 1.0～2.0		10～18		

在粗沙、砾石、卵石含水层中,由于砂、石粒径较粗,为了降低造价,可采用缠丝或包网滤水管,而不需要在井壁外围填砾料。缠丝滤水管是在井管上按一定规格打上或手留孔眼(孔眼多少视不同管材而定,一般孔隙率为 20%左右),然后缠丝而成。缠丝的材料有镀锌铅丝、铜丝或塑料丝等。包网滤水管是在花管上包网而成的。包网材料多采用铁丝网和棕皮,有条件者也可采用铜丝网。若含水层为中沙、细沙或粉沙含水层,仅有缠丝(或包

网)滤水管是不够的，为了阻止粉细沙通过，以保证水井正常工作，滤水管外尚应围填砾石滤水层。填砾层厚度一般要求为 75～100 mm，即钻孔直径应比滤水管外径大 150～200 mm。滤料粒径应为含水沙层粒径的 8～10 倍。不同沙层要求的滤料规格见表 5.3。

(2)机电井设计

机电井设计主要包括井深、开孔和终孔直径、井管及过滤器的种类和规格、安装的位置及止水、封井等。井深取决于开采含水层的埋藏深度和所用抽水设备的要求。开孔和终孔直径，根据安装抽水设备部位的井管直径、设计安装过滤器的直径及人工填料的厚度而定。井管和过滤器的种类、规格以及安装的位置，沉淀管的长度和井底类型，主要根据当地水文地质条件，并按照设计的出水量、水质等要求决定。井管直径须根据选用的抽水设备类型、规格而定。

①井深的计算。机电井深度由出水量、沙层厚度和沙层出水率而定。沙层出水率是指每米沙层在水位降低 1 m 时的出水量。参照取水沙层厚度和预留沉淀管长度(4～8 m)，即可根据地层情况确定井深。

②井径的确定。根据水文地质和施工技术条件选择井径。对于渗透性强的含水层，适当加大井径可以增加出水量，一般开采潜水的机电井经济合理井径不超过 300 mm，筒井的合理井径控制在 600 mm 以内。

将水井的设计出水量 Q 除以水井允许的抽水降深 s(一般采用 4～6 m)和沙层出水率 q 可以求得所需的取水沙层厚度 m，即 $m=Q/qs$。

③单井出水量计算。对均质各向同性土而言，当井的四周范围很大时，井的渗流具有轴对称性。对于完整普通井，根据杜比公式推导，井的出水量可用公式 5.33 推算。

$$Q=1.36\frac{k(H^2-h_o^2)}{\lg\dfrac{R}{r_o}} \tag{5.33}$$

式中：Q——井的出水量，m^3/s；

R——影响半径，根据经验，细粒土 $R=50\sim200$ m，中粒土 $R=100\sim500$ m，粗粒土 $R=400\sim1\,000$ m，或根据 $R=3\,000s\sqrt{k}$ 计算(s 为井内水位下降的高度；k 的单位为 m/s；s 和 R 的单位均为 m)；

k——土体的渗透系数，m/s；

H——原地下水深度，m；

h_o——井中的水深，m；

r_o——井的半径，m。

对于完整承压井(图 5.8)，根据杜比公式推导，井的出水量可用公式 5.34 推算。

$$Q=2.73\frac{kts}{\lg\dfrac{R}{r_o}} \tag{5.34}$$

式中：Q——井的出水量，m/s；

R——影响半径，根据经验，细粒土 $R=50\sim200$ m，中粒土 $R=100\sim500$ m，粗粒土 $R=400\sim1\,000$ m，或根据 $R=3\,000\,s\sqrt{k}$ 计算(s 为井内水位下降的高度；k 的单位为 m/s；s 和 R 的单位均为 m)；

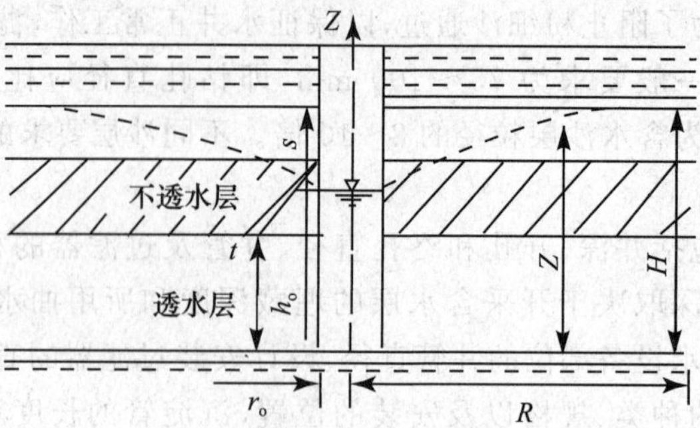

图 5.8 完整承压井地下水头线示意图

k——土体的渗透系数，m/s；

t——透水层厚度，m；

s——井内水位下降的高度，m；

r_o——井的半径，m。

(4)单井控制面积：单井灌溉面积计算公式为

$$F_o=\frac{Qt_3T_2\eta(1-\eta_1)}{m_2} \qquad 5.35$$

式中：F_o——单井控制灌溉面积，亩；

Q——单井出水量，m³/h；

t_3——灌溉期间每天开机时间，h/d；

T_2——每次轮灌期的天数，d；

η——灌溉水利用系数；

η_1——干扰抽水的水量削减系数；

m_2——每亩次综合平均灌水定额，m³/亩。

⑤井距的确定。确定井的合理间距可减少干扰，增加井的出水量。它的确定主要依据当地的水文地质条件(含水层的组成、补给、排泄状况等)，还应结合提水机具的性能、机耕方式、作物构成、渠系分布等因素初选井距。计算公式如下：

方形排列布井时

$$I=25.8\sqrt{F_o} \qquad 5.36$$

梅花形网状布井时

$$I=27.8\sqrt{F_o} \qquad 5.37$$

式中：I——井距，m；

F_o——单井控制灌溉面积，亩。

⑥井数的确定。当需水量小于或等于可开采量时，采用单井控制灌溉面积法计算，井数公式为

$$N=\frac{F_4}{F_o} \qquad 5.38$$

式中：N——规划区需打井数，眼；

F_4——规划区内的灌溉面积,亩;

F_o——单井控制面积,亩。

当需水量大于可开采量时,采用开采模数法计算井数:

$$N=\frac{MF_5}{QT_a} \qquad 5.39$$

式中:M——规划区需打井数,眼;

F_5——规划区内的灌溉面积,亩;

T_a——单井控制面积,亩;

Q——单井出水量,m^3/h。

井管直径适宜出水量见表5.4,各种管材适宜深度见表5.5。

表5.4 井管直径适宜出水量

井管直径/mm	适宜出水量/(m^3/h)	井管直径/mm	适宜出水量/(m^3/h)
150	20	350	150～200
200	40～80	400	200～300
250	80～100	500	300～400
300	100～150	600	400～500

表5.5 各种管材适宜深度

管材类型	钢管	铸铁管	钢筋混凝土管	塑料管	混凝土管	无砂混凝土管
适宜深度/m	>400	200～400	150～200	<15	<100	<100

(3)机电井设计步骤

机电井的设计,主要包括井位确定、井深确定、出水量计算、井壁填充物、井泵及井房设计等内容。

①进行水文地质勘查,确定地下水位及含水层的基本情况及水源分布特征,确定地下水储量及可开采量,选定井的位置。

②初步拟定井径 r_0,依据前述公式计算单井出水量。

③依据单井出水量,计算单井控制面积。

④结合项目区种植作物的灌溉定额,确定井数及井的间距,尽量避免井群干扰效应。

⑤结合井的井径、深度、施工方法的差异,设计井壁四周的过滤器及人工填料。

⑥依据灌溉区的灌溉管道长度及井内水位波动特征,计算水泵扬程,选择水泵及输水管路。

⑦设计机电井外的泵房及井口设施。

在机电井设计过程中经常出现这样的问题,即以往的设计经常缺少项目区的水文地质资料,也未进行地勘调查,而只进行当地走访调查,导致施工后井的水量有限甚至无水,这在人力、财力、物力上都造成了较大的浪费。因此,机电井的规划设计,应首先做好勘察工作,尽量避免类似情况的发生。此外,由于人们对地下水源的超采,很多机电井的出水量受到很大影响,因此在出水量估算中,应充分考虑到地下水位下降及补给缓慢的隐患,防止地下水进一步超采带来的危害。

5.3.6 大口井工程

大口井是一种大口径的取水建筑物,因其口径大而得名。由于其形似圆筒,又常称为筒井。在浅层地下水源丰富,含水层厚度基本超过 3 m 的地区,有修建大口井较好的自然条件,加之近年来大口井施工工艺的改进和施工方法的简化,使大口井在农业灌溉中得到广泛应用。

(1)大口井的分类

大口井按建筑材料分,有砖、石、混凝土、多孔混凝土、钢筋混凝土、钢筋混凝土与多孔混凝土相结合等井型。当井径大于 5 m,深度大于 14 m,或位于沙地层,下沉中易于倾斜时,宜采用整体性较强的钢筋混凝土建造。井径一般为 6 m 左右,深度小于 10 m 的大口井,一般采用砖、石砌筑。按进水的滤水结构不同分为井壁进水、井底进水和井壁、井底同时进水等三种。井壁进水按滤水结构不同可分为直孔、斜孔、V 形孔等三种。孔内填滤料或多孔混凝土管,井底进水时,井底设有反滤料。按断面形式分为圆筒形、截头圆锥形、阶梯圆筒形和缩径形(倒阶梯圆筒形)等四种。按水文地质条件可分为潜水含水层大口井和承压含水层大口井,以及完整井和非完整井。

(2)大口井的组成

大口井由井台(井室)、井筒和进水部分等三部分组成。

①井台(井室)。井台是大口井的地上部分,起保护井身、安放提水机械和生产管理的作用。

②井筒。其作用是加固井壁、防止井壁坍塌及隔离水质不良的含水层。井筒常指含水层以上的部分,多用钢筋混凝土、砖和条石砌成。

③进水部分。埋藏在含水层之中的部分,是大口井主要的组成部分。地下水自含水层通过井壁(非完整井还可能通过井底)进入井中,如大口井采用砖石结构,则进水部分的井壁要用水泥砂浆砌筑,并在适当位置留有专门的进水孔,如采用预制的混凝土管作井筒,其进水部分则是预制多孔混凝土管,骨料粒径和填砾规格可根据含水层颗粒组成选定。

(3)大口井的适用范围

大口井适用于地下水深埋藏较浅,含水层较薄及不宜打机电井的底层取水。它具有就地取材、施工方便和机泵配套适应性强等优点。大口井的适用条件应遵守以下规定。

①地下水埋藏浅、含水层渗透性强、有丰富补给水源的山前洪积扇、河漫滩及一级阶地干枯河床和古河道地段。

②基岩风化裂隙层较厚、地下水埋藏浅、有丰富补给水源的地段。但应该注意避免浅层地下水铁、锰和侵蚀性二氧化碳含量较高对井管腐蚀大的地区。

(4)大口井设计

大口井一般由井台(或井盖)、井筒、进水结构、刃脚(或大开槽法施工的地盘)等部分组成。

①大口井的出水量。大口井出水量的理论公式及经验公式很多，可根据水文地质条件、井的构造形式和静水位埋深选用相应的公式计算。更多的计算公式请参见《供水水文地质手册第二册（水文地质计算）》中的详细介绍。

无论理论公式还是经验公式计算得出的出水量，均为近似值，不可能与实际出水量完全一致，故计算后都必须根据实际经验和调查验算同类工程的实际出水量，对设计计算出水量进行验算。除采用下面列出的计算公式外，尚可利用大口井抽水试验水位恢复曲线近似计算大口井出水量。

a.井壁进水完整井。

• 承压含水层大口井，计算公式为

当 $h>M$ 时

$$Q=2.73\times\frac{kMs}{\lg R-\lg r} \tag{5.40}$$

当 $h<M$ 时

$$Q=1.336\times\frac{2MH-M^2-h^2}{\lg R-\lg r} \tag{5.41}$$

式中：h——井内水深，m；

M——承压水含水层厚度，m；

k——渗透系数，m/s；

R——影响半径，同机电井的影响半径，m；

s——井中水面比原来水面下降的距离（也称水位降深），m；

H——潜水含水层厚度，m；

Q——大口井出水量，m^3/d；

r——井的半径，m。

• 潜水含水层大口井，计算公式为

$$Q=1.37K\times\frac{(2-S)S}{\lg R-\lg r} \tag{5.42}$$

其中 $S<(0.5\sim0.8)H$，远离河流，其他符号意义同前；如果大口井在河道附近，则可以采用公式5.43计算：

$$Q=1.37K\times\frac{(2H-S)S}{\lg 2l-\lg r} \tag{5.43}$$

其中 $l<0.5R$，l 表示井口到河道边缘的距离，单位m，其他符号意义同前。

b.井壁井底同时进水非完整井。

• 承压含水层大口井，计算公式为

当 $C<0.3$ m 时

$$Q=2.37\times\frac{KCS}{\lg 1.6C-\lg r}+4KSr \tag{5.44}$$

当时 $C>0.3$ m 时

$$Q=\frac{2.37KMS}{-\frac{1}{2\alpha}(2\lg\frac{4M}{r}-A)-\lg\frac{4M}{R}}+\frac{4\pi KMS}{\pi(\frac{N}{r}-1)+2\ln\sqrt{1.5\frac{R}{r}}} \tag{5.45}$$

式中：C ——大口井井底至含水层顶板高度，m；

α ——参数，$\alpha=\frac{C}{M}$；

A ——参数，可从表 5.6 查取（或内插求得）；其他符号意义同前。

表 5.6 计算参数

α	0.05	0.10	0.20	0.30	0.40	0.50	0.60	0.70	0.80	0.90	1.00
A	3.52	2.80	2.20	1.80	1.60	1.30	1.10	0.80	0.60	0.40	0.00

• 潜水含水层大口井，计算公式为

当含水层较厚，M 很大时

$$Q=1.37\times\frac{K(2h_0-S)S}{\lg R-\lg r}+4KSr \quad 5.46$$

当含水层较薄（10～15 m），M 较小时

$$Q=\pi KS\left[\frac{2h_0-S}{2.3\lg\frac{R}{r}}+\frac{2r}{\frac{\pi}{2}+\frac{r}{M}(1+1.185\lg\frac{R}{4M})}\right] \quad 5.47$$

式中符号意义同前。

②大口井的井径。大口井的直径和井的出水量有一定的关系，根据非完整井的出水量计算公式，井径与出水量成正比。但井径超过一定范围，出水量不可能无限增加，需对井径与出水量、施工方法和造价等因素综合进行技术经济比较后方可确定。一般平原浅层砂层大口井，最小井径可定 2～3 m，河川地区砂砾石大口井，一般井径 4～6 m。

③大口井的深度。大口井的深度主要取决于含水层埋深、水位变化幅度、设计水位降、吸水管底阙下水深和施工条件等因素。第四纪砂砾浅层水的大口井，透水性好，砂砾卵石深度大于 3～4 m，井深一般为 6～10 m。浅层基岩裂隙及岩溶地下水区的大口井深，应依据溶洞水及裂隙水的富水性而定。

④大口井进水结构设计。大口井进水结构设计应包括井底进水、井壁进水和井底井壁同时进水设计。

a. 井底进水结构设计应符合下列规定。

• 井底反滤层除卵石含水层不设外，一般设 2～5 层。每层厚 200～300 mm，总厚度为 0.6～1.5 m。靠刃脚处加厚 20%～30%。

• 与含水层相邻的第一层滤料的粒径，可按公式 5.48 计算：

$$D_1=(7\sim8)d_b \quad 5.48$$

式中：D_1 ——与含水层相邻的第一层反滤层滤料的粒径，mm；

d_b ——含水层砂样过筛累计重量分别为 10%、15%、20%、30%、40%时的颗粒直径，mm；

其他相邻反滤层的粒径，可按上层为下层滤料粒径的 3～5 倍选定。

• 设计渗透流速的校核，应满足公式 5.49 和公式 5.50 要求：

$$v_a\leqslant v_2 \quad 5.49$$

$$v_2=\alpha_1K_d \quad 5.50$$

式中：v_a——上层滤料的设计渗透流速，m/s；

v_2——上层滤料的允许渗透流速，m/s；

α_1——安全系数，一般取 0.5～0.7；

K_d——上层滤料的渗透系数，无实验资料时可按表 5.7 的规定取值。

表 5.7　各种人工滤料粒径和渗透系数参考值

滤料粒径/mm	0.5～1	1～2	2～3	3～5	5～7	7～10
渗透系数/(m/s)	0.002	0.008	0.02	0.03	0.039	0.062

b. 井壁进水结构设计，其中干砌砖石井筒可利用砌缝进水；浆砌砖石井筒利用插入的短管进水；钢筋混凝土井筒，应预留不同形式和规格的进水孔。含水层为中、粗砂且厚度较大时，可采用水平孔或斜孔；含水层为卵砾石层时，可采用 ϕ25～50 mm 的不填滤料的水平圆形或圆锥形(里大外小)的进水孔。

c. 井底井壁同时进水的结构设计，应参考前面 a. b. 中的内容进行设计。

d. 设计滤水面积应满足

$$F_6=\frac{Q_o}{v_3} \qquad 5.51$$

式中：F_6——井壁进水面积，m^2；

Q_o——大口井设计出水量(如为井底井壁同时进水，则为井壁分摊水量)，m^3/h；

v_3——含水层允许渗透流速，m/h。

对于不填滤料的进水孔，其允许入管流速可按规定取值；对于填滤料的进水孔，可按式 5.52 计算

$$v_3\leqslant\alpha_1\beta_3K_d \qquad 5.52$$

式中：β_3——井壁进水孔方向与井壁的交角系数(当交角为 45°时，$\beta_3=0.53$；交角为 60°时，$\beta_3=0.38$；交角为 90°时，$\beta_3=0.2$)；

K_d——滤料的渗透系数，m/h。

e. 滤料设计应符合以下规定：

• 进水孔内填充的滤料为两层，总厚度与井壁厚度相同。

• 井筒外围填充滤料，其高度应高出井筒顶部进水孔 0.5 m；厚度为 200～300 mm；滤料规格按机电井的有关规定执行。

(5)大口井的设计步骤

进行大口井设计，可参考以下步骤进行。

①收集项目区水文地质资料，明确项目区地下水源储量及可开采量。

②结合项目区的位置及种植结构、灌溉定额等，选择地下水源丰富的地区布置大口井，一般尽量选在低洼处、河滩处、古河道处。

③确定大口井的井径及井深。

④计算大口井的出水量，结合蓄水量与供水量平衡分析，拟定作物灌溉制度。

⑤进行大口井进水结构设计，确定井壁及井底的形式、材料以及必要的人工填料等。

⑥依据灌溉区的灌溉管道长度及井内水位波动特征，计算水泵扬程，选择水泵及输水管路。

⑦设计大口井的管理房(泵房)及井口设施。

5.3.7 小型提水泵站

提水泵站工程可以结合前面提到的塘坝、蓄水池、机电井、大口井等水源工程共同发挥作用,将水送到灌溉渠道、管道中,是目前节水灌溉工程中被广泛采用的取水工程之一。本部分内容将详细介绍小型提水水源工程——泵站的设计。

(1)泵房的结构形式及其适用范围

泵房的主要结构形式分为分基式泵房、干室型泵房、湿室型泵房和块基型泵房四类,下面简要介绍泵房的适用情况。

①分基式泵房适用范围如下:

中小型卧式离心泵或混流泵机组;

水源或进水池水位变幅小于水泵的有效吸上高度;

建站处地基的地质条件较好,地下水位低于泵房基础。

②干室型泵房适用范围如下:

卧式或立式离心泵,混流泵机组;

进水池水位或水源水位变幅大于水泵的有效吸上高度;

泵房地基承载力较低或地下水位较高。

③湿室型泵房适用范围如下:

中小型立式或卧式轴流泵;

进水池或水源水位变幅较大;

地下水位较高。

④块基型泵房适用范围如下:

水泵口径大于1 200 mm的大型立式轴流泵、混流泵、贯流泵;

需要泵房直接挡水;

可在各种地基条件下建站。

(2)站址选择

①由河流、湖泊、渠道取水的泵站,其站址应选择在有利于控制灌区,使输水系统布置比较经济的地点。泵站取水口应选择在主流稳定靠岸,能保证引水的河段(直流段或弯道的凹岸)。当引水口位于凹岸时,应特别注意其稳定性,如果河岸不够稳定,又无适当的地方选择取水口,则应采取相应的措施,确保取水口位置的稳定和能引入足够的流量供应泵站。

②直接从水库取水的泵站,站址应根据灌溉区与水库的相对位置和水库水位变化情况,选择在岸坡稳定、靠近灌区、取水方便的地点。至于是从库区内取水还是坝后取水,应根据技术可靠性和经济合理性等方面情况,经分析论证后确定。

(3)泵站布置形式

①由河流取水的泵站,当河岸边坡较缓时,宜采用引水式布置,并应在引渠渠首设置进水闸;当河岸边坡较陡时,宜采用岸边式布置,其进水建筑物前缘宜与岸边齐平或稍向水源凸出。

②由渠道取水的泵站,宜在取水口下游侧的渠道上设节制闸。

③由湖泊取水的泵站，应根据湖岸边地形、水位变化幅度等，采用引水式或岸边式布置。一般说来，湖岸坡度较缓或湖水位变化幅度较大时，宜采用引水式；当湖岸坡度较陡且湖水位变化幅度较小时，可采用岸边式。

④由水库内取水的泵站，可根据水库岸边地形、水位变化幅度及农作物对水温的要求等确定泵房形式。当库岸坡度较缓、水位变化幅度较大时，可采用引水式固定泵房；当库岸坡度较陡、水位变化幅度不大时，可建岸边式固定泵房或竖井式泵房；当水库水位变化较大时，可采用浮船式泵房；当水位变化幅度很大时，可采用缆车式泵房或潜没式固定泵房。

⑤从多泥沙河流上取水的泵站，当具备自流引水沉沙、冲沙条件时，应在引渠上布置沉沙、冲沙或清淤设施；当不具备自流引水沉沙、冲沙条件时，可在岸边设低扬程泵站，布置沉沙、冲沙及其他排沙设施。

⑥紧靠山坡、溪沟修建的泵站，应设置排泄山洪和防止局部滑坡、滚石等的工程措施。

(4)水泵的选择

①水泵流量。水泵的出水量应满足田间系统最大需水量的要求。

②水泵扬程。水泵扬程是指用“m 水柱”表示的水泵出口压力和入口压力之差。

a. 总扬程。

$$H=h_w+P+Z \tag{5.53}$$

式中：H——总扬程，m 水柱；

h_w——总水头损失，它包括沿程损失和局部损失之和，m 水柱；

P——灌水器要求的工作水头，m 水柱；

Z——处于最不利条件下的灌水器与进水池水位的高差，m 水柱。

所选水泵的扬程应不小于由式 5.53 给出的扬程。

b. 水泵安装高程。水泵允许吸程应不小于实际吸程。离心泵的有效吸上高度按式 5.54 计算，即

$$H_{吸}=H_s-10+\frac{P_o}{\gamma}-\frac{v_1^2}{2g}-h_w-\frac{P_{汽}}{\gamma} \tag{5.54}$$

式中：$H_{吸}$——有效吸上高度，m；

H_s——水泵允许吸上真空高度，m，由生产企业提供或由水泵样本中查得；

$\frac{P_o}{\gamma}$——装置水泵处的大气压力水头，m 水柱，见表 5.8；

$\frac{v_1^2}{2g}$——水泵进口处流速水头，m；

h_w——吸水管路中的水头损失，m；

$\frac{P_{汽}}{\gamma}$——在工作水温下的水蒸气压力水头，m 水柱，见表 5.9。

表 5.8　视海拔而定的大气压力水头

海拔/m	−600	0	100	200	300	400	500	600	700
P_o/γ/m 水柱	11.3	10.3	10.2	10.1	10.0	9.8	9.7	9.6	9.5
海拔/m	800	900	1 000	1 500	2 000	3 000	4 000	5 000	
P_o/γ/m 水柱	9.4	9.3	9.2	8.6	8.1	7.2	6.3	5.5	

表 5.9　依温度而定的饱和水蒸气压力水头

水温/℃	5	10	20	30	40	50	60	70	80	90	100
P_o/γ/m 水柱	0.09	0.12	0.24	0.43	0.75	1.25	2.02	3.17	4.82	7.14	10.88

c.卧式离心泵的安装高程用式 5.55 计算：

$$\nabla = \nabla_{集} + H_{吸} \qquad 5.55$$

式中：∇ ——卧式离心泵安装高程，m；

$\nabla_{集}$——集水池最低设计水位，m。

(5)泵房设计

①泵房设计应满足的基本要求。

• 在保证设备安装、运行、检修等工作方便与可靠的原则下，泵房尺寸最小。

• 在承受各种可能遇到的外力作用下，满足整体稳定要求。

• 结构有足够的强度和寿命。

• 符合防火，照明，通风，防潮，防噪声的要求。

• 施工、安装简便，布置合理，造型美观。

• 满足内外交通运输的要求。

②泵房形式的选择。

a.分基型。分基型泵房的特点是进水池修建在泵房外边，进水池三边护砌，一边(临引水渠边)开敞。其砌护工程主要是保护泵房基础的稳固，防止四周土坡的塌方。而靠近泵房一侧的护砌工程，有的做成挡土墙式，如图 5.9 所示；有的做成护坡式，如图 5.10 所示。前者工程量较大，但引水条件较好。

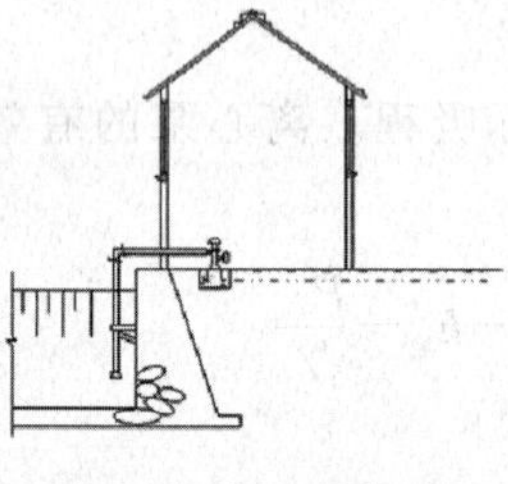

图 5.9　挡土墙式泵房

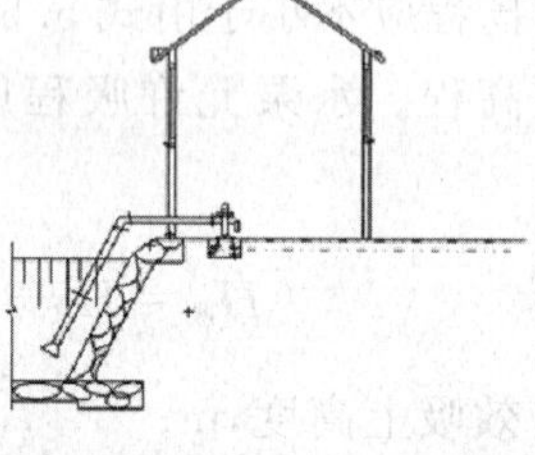

图 5.10　护坡式泵房

分基型泵房只有在水源水位变化幅度小于所选水泵的有效吸上高度时才可选用。采用分基型泵房时，水泵的安装高程总是高于水源水位的。

分基型泵房的优点是设备基础与泵房基础分开，可以避免相互影响。它主要适用于安装卧式水泵。当水源水位变幅较大时，也可采用这种泵房形式，条件是开挖引水渠将泵房设在挖方中，在引水渠首采用闸门控制水位。

b.干室型。当水源水位变幅较大，超过水泵的有效吸上高度时，不宜采用分基型泵房，可以采用干室型泵房。它的结构特点是，为了避免在洪水时外水渗透入泵房，它的四周墙壁和底板用混凝土或钢筋混凝土建成一个不透水的整体，形成一个干燥的地下室，而机组则安装在地下室内，如图 5.11 所示。

图 5.11　干室型泵房(长方形)

干室型泵房内可以安装卧式水泵机组,也可安装立式水泵机组。为了检修方便,在水泵的出水管或进水管上均需装闸阀,管路穿墙处要妥善处理。

在泵房高度较大的情况下,为了充分利用空间,往往修筑上层楼板,而将立式电动机或者配电设备安装在楼板上,有利于电气设备的防潮。由于设有地下室,泵房的通风和防潮问题在设计时需要注意。在自然通风不能满足散热要求时,应该采用机械通风。泵房的墙壁和底板要满足防渗要求。室内要设置排水沟和集水井,以便将废水排到室外。

③泵房布置与尺寸确定。

a. 机组的布置。机组的布置关系到泵房尺寸的确定问题,因此既要考虑安装管理和检修设备的方便,又要考虑合乎经济的要求,一般有以下几种布置形式。

一列式布置。使各机组轴线位于同一直线上呈单行排列。这种布置的优点是简单方便,泵房跨度小,既适用于卧式机组,也适用于立式机组,如图 5.12(a)所示。一列式布置适用于机组不多的情况,若水泵较大,机组数目仅两台,又遇到进水池是深挖的时,可以考虑将水泵放在中间,电动机放在两边,如图 5.12(b)所示,以减少进水池的宽度

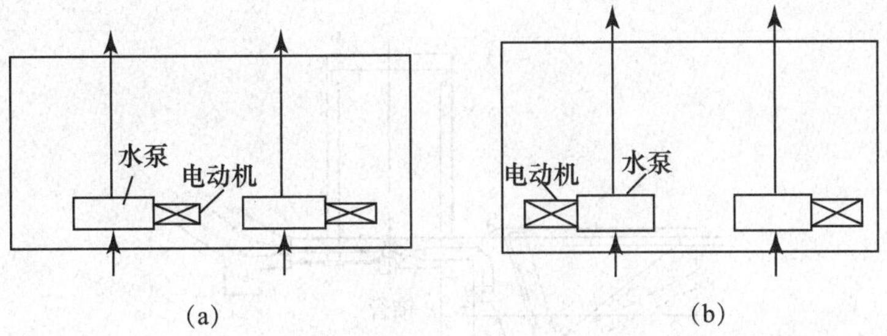

图 5.12　一列式布置

从水泵样本上可知,SH 型(或 S 型)双吸卧式离心泵从传动方向看,水泵是逆时针方向旋转的。从水泵进水口向出水口方向看,联轴器在水泵的右边。因此如图 5.12(a)所示的布置情况是合适的。但为了满足交错排列布置的要求,如图 5.12(b)所示的布置情况时,则一部分水泵的旋转方向和联轴器的位置与样本要求的一样。而另一部分水泵,从进水口向出水口方向看,联轴器却在左边;从传动方向看,水泵又是顺时针方向旋转,恰与样本要求的相反。这一点在水泵订货时必须加以说明,才能满足交错排列布置的要求。

各机组轴线互相平行的单行布置。当采用悬臂式 IS 型(或 IB 型)水泵时,可采用这种布置,如图 5.13 所示。

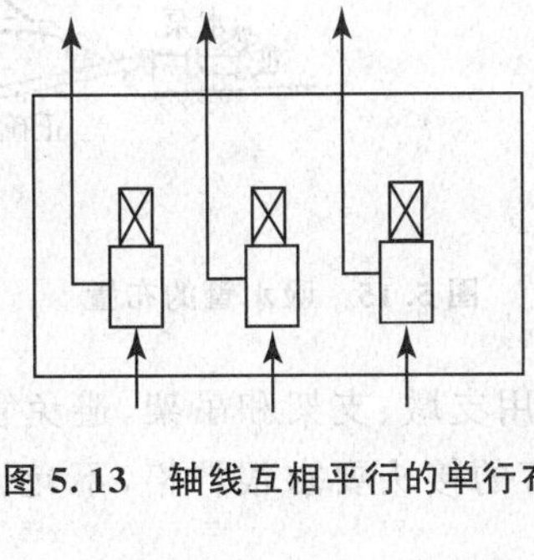

图 5.13　轴线互相平行的单行布置

b.管路的布置。管路布置得合理与否,也是排灌站设计中的一个重要问题。它不仅影响到工程投资,而且还会影响到建成后运行费用和管理方便等问题。

• 吸水管路的布置。吸水管的口径应大于或等于水泵进口,绝不能小于水泵进口,否则会增大水头损失。一般以进水管流速来设计管径的大小,吸水管进口流速可控制在 0.8～1.0 m/s,而管内流速可控制在 1.0～1.4 m/s 范围内为宜。水泵进口应尽可能避免直接安装弯管,否则水流进入叶轮时,流速分布不均匀,影响水泵效率和气蚀性能,对于双面进水的叶轮还会增大轴向推力,使轴承发热。为了避免上述缺点,最好在水泵进口及弯管之间安装一节偏心异径管,以调整管中流速(直管也有一定的作用)。它的长度可以是水泵进口直径的 3～5 倍。吸水管的进口如能做成圆锥形(不同于一般的喇叭口)而不是圆柱形(没有喇叭口),可以大大减少水头损失。试验证明,圆柱形吸水管的阻力系数要比圆锥形的大 4 倍多,同时悬空高度也要大些。这种圆锥形吸水管的圆锥中心角为 8°～16°,长度为$(4\sim7)\dfrac{D}{d}$。其中 d 为吸水管管径,D 为吸水管进口直径,一般采用 $D=(1.2\sim1.5)d$,如图 5.14 所示。

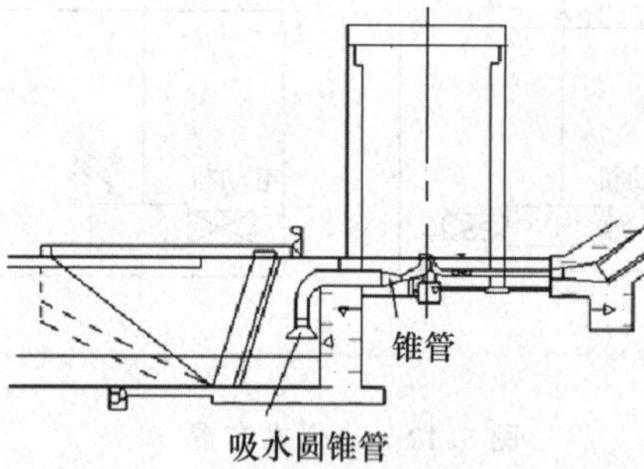

图 5.14　吸水管的安装

吸水管路尽量要短,其长度以不大于 25 m 为宜,弯头越少越好,以减少管路阻力损失。吸水管应当有不小于 0.5%的坡度向着水泵稍微上升,使吸水管内水中逸出的空气能够随水自由地流向水泵,避免造成水泵的振动和减小流量,如图 5.15 所示。图 5.16 所示为吸水管连接的形式。

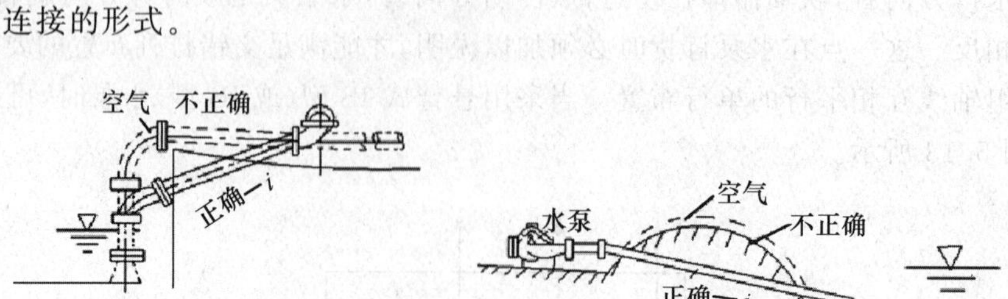

图 5.15　吸水管的布置

吸水管要有牢固的支承,可用支墩、支架和吊架,避免管子的重量及外力传给水泵而造成法兰和泵轴的损坏。吸水管的接头要求很严格,不允许漏气。吸水管的进口应安装

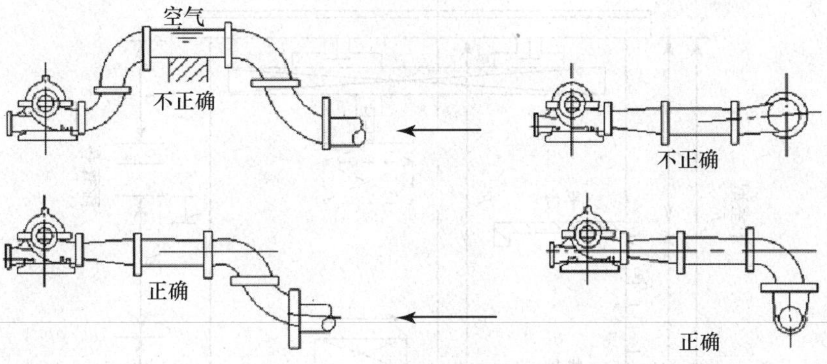

图 5.16　吸水管的连接

如上所述的圆锥管或喇叭口，如图 5.14 所示。对于小型水泵，在吸水高度不大的情况下，采用底阀装置可便于引水，在底阀下端应附有滤网，以防杂物进入。其进水面积应比进水管截面积大 4～5 倍，底阀应时常清理，并便于装拆。对于超过 300 mm 直径的吸水管路，可不要采用底阀装置。

• 压力水管的布置。压力水管的连接，要求不漏水，对于抽真空引水的水泵还要求不漏气，支承点要牢固。铺设在斜坡上的压力水管，其最大坡度最好不超过天然土壤的摩擦角。在平面或立面上转弯处要设置镇墩。在选用钢管与铸铁管时，需要设置支墩。支墩基础要牢固，最好设置在老土上，而不宜建在填土上；在选用钢管时，两个镇墩之间要设置伸缩接头，以减小管中温度应力和便于管路拆装；压力水管力求短而直，尽量避免转弯，管径不应小于水泵出口直径。压力水管内流速控制在 1.5～2.5 m/s，并用渐扩管与水泵出口相连接，锥度以 8°～10°，长度 $L=(6\sim7)(D_1/D_2)$ 为宜，其中 D_1 为压力水管直径，D_1 为水泵出口直径。离心泵压力水管中一般需装置闸阀，以便启动、调节及检修设备之用。

c. 泵房尺寸的确定

• 泵房宽度和长度。主要根据机电设备的布置来确定。泵房宽度应当由水泵进、出水侧阀门和管路配件的尺寸，穿墙套管的安装间隙，走道和配电盘的位置来确定。最小宽度不应小于 4.5 m。泵房的长度应考虑机组的长度(沿泵房长度方向)，它们之间的距离由检修间的位置等因素来决定。同时还要考虑水泵吸水管与进水池宽度的要求，使它们互相适应。为了减少工程量，进水池宽度也可小于泵房长度。对于安装立式水泵的湿室型泵房的平面尺寸，务使水泵层与电机层的布置相适应，如不相适应时(一般电机层比水泵层要宽)，则在结构上进行处理(如增加悬臂)。表 5.10 分别列出了机电设备的间距，可供确定泵房尺寸时参考。

• 泵房高度。指进口处地坪或平台至室内屋顶梁底的距离。在没有吊车起重设备的情况下，以不小于 4.0 m 为宜，辅助机房高度不小于 3.0 m，配电间高度为 4.2～4.4 m。在有吊车设备时，应通过计算确定。

下面分别介绍各类型泵房高度的计算。分基型泵房立面尺寸如图 5.17 右半部所示。

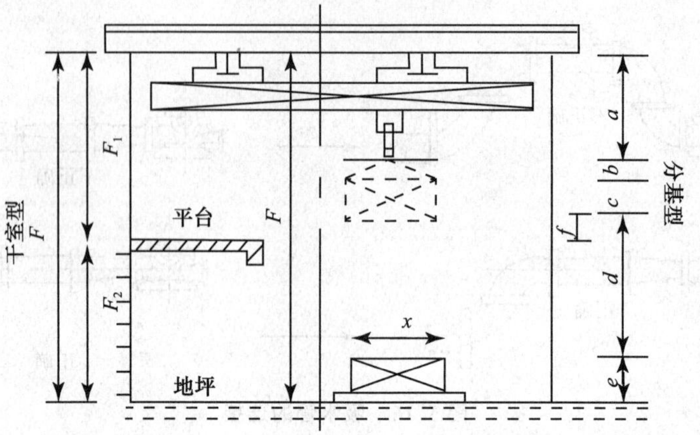

图 5.17　泵房立面尺寸示意图

表 5.10　泵房内部设备间间距

项目	机组流量/(L/s)		
	<500	500～1 500	>1 500
设备顶端与墙间间距/m	70	100	120
设备与设备顶端间间距/m	80～100	100～120	120～150
设备与墙间间距/m	100	125	150
平行设备之间间距/m	100～120	120～150	150～200
高压或立式发电机组间间距/m	150	150～175	200

注：1. 当机组流量在 500 L/s 以下，而功率大于 50 kW 时，机组间的过道应不小于 1 m。

2. 机组与配电盘之间的过道不应小于 1.2 m，一般取 1.5 m。

3. 当机组台数较多，并需装设排水泵或真空泵时，可在泵房的一端另外增加 2.0～2.5 m 的空间。如泵房较宽，也可布置在主机组之间靠墙的空地上。

4. 当卧式水泵采用皮带传动时，机组间距主要取决于水泵和动力机的外侧主传动皮带的距离，以及操作人员的走道和部件的检修范围(取 0.8～1.0 m)。

分基型机房高度的计算公式为

$$F=a+b+c+d+e \qquad 5.56$$

式中：F——机房高度，m；

a——屋面梁底到起重钩中心的距离，即起重设备与屋面梁之间的距离(包括起重吊车轨道的高度，起重设备在绳索绕紧状态下的高度)，m；

b——起重绳的垂直长度(对于水泵为 $0.85x$，对于电动机为 $1.2x$，x 为起重部件宽度)，m；

c——最大一台水泵或电动机的高度，m；

d——吊起部件底部和最高一台机组顶部的距离，一般不小于 0.5 m；

e——最高一台水泵或电动机顶端至室内地坪的高度(当汽车可以进入机房，利用吊车装卸设备时，e 也可为汽车车厢底板到室内地坪的高度，m，设计时应选用其中的大者)。

干室型泵房立面尺寸如图5.17左半部所示：

$$F=F_1+F_2 \tag{5.57}$$

$$F_1=a+b+c+f \tag{5.58}$$

式中：F_1——机房地面以上的高度，m；

F_2——机房地下室部分的高度，其值由设计洪水位决定，m；

f——吊起物底部与机房进口处室内地坪或平台的距离，一般不小于0.2 m；其余符号意义同前。

(6)进水建筑物的设计

①前池。前池是引水渠与进水池或机房之间连接的建筑物，它具有平顺扩散水流的作用。前池主要有两种形式：一种是侧面进水的前池，即引渠中水流方向和进水池中的水流方向呈垂直或呈一定的角度，采用这种侧面进水的前池，如果机房过分靠近引水渠并且缩窄过甚，往往会造成很大的水面降坡，增加水头损失，降低水泵效率。引水渠的流速一般控制在0.5～0.6 m/s为宜，最大不要超过1 m/s，并且在引渠与前池连接处加设流线型的导流墩，以便改善进水条件。另一种是正面进水的前池，即引水渠中的水流方向与进水池中的水流方向一致，采用这种形式的前池与引水渠衔接要有一个渐变的梯形扩散段，使前池有一个良好的进水条件。应当考虑到当地的地形、地质及施工技术等要求来确定前池的形式和尺寸。

a.前池扩散角α的确定。根据泵站前池中水流一般为缓流的特点，前池扩散角按下列情况确定：当引水渠中水流平均流速为0.5～0.7 m/s时，$\alpha=45°\sim40°$；当引水渠中水流平均流速为0.7～1.0 m/s时，$\alpha=20°\sim40°$；在特殊情况下，为了缩短前池的长度，α值也可以增大到60°。

b.池长度L的确定。当引水渠渠底宽度b和进水池宽度B已定后，可根据已经选定的前池扩散角α，求出前池的长度为L为

$$L=\frac{\frac{1}{2}(B-b)}{\tan\frac{\alpha}{2}} \tag{5.59}$$

在$B/b<4$的情况下，前池内有可能避免死水和回流的出现，此时前池的长度将较为经济合理。

c.前池底坡坡度i的确定。当引水渠末端的渠底高程高于进水池底的高程ΔH时，前池的池底往往做成斜坡形式，它的坡度i为

$$i=\frac{\Delta H}{L} \tag{5.60}$$

试验证明，i也会影响池中流态和工程量的大小，一般认为：$i=0.2\sim0.3$是比较合适的。有时也可做成复式底坡。同时在底坡坡脚与吸水管中心线之间至少保持$4D$的距离（D为吸水管进口直径），以便使水流平顺地进入管口。

d.边坡系数m和岸墩翼墙形式的确定。边坡系数m和引水渠的边坡系数一样和土质、挖深等因素有关。前池的翼墙可以做成直立的，也可以做成倾斜的或做成弧形的。试验结果表明，岸墩翼墙的内壁与主流方向的夹角$\beta=45°$的直立翼墙，可为进水池提供较好

的水流条件。

②进水池。流入进水池中的水流应力求通畅，速度小而均匀，不允许有漩涡产生。因为漩涡是影响水泵吸水性能的主要因素。为了避免在水泵吸水管周围产生漩涡以防空气进入水泵和减小水流进入吸水管的损失，对进水池的形状、大小、吸水管口至池底的最小距离，吸水管的淹没深度，进水池的宽度，吸水管间的距离及其与进水池墙壁的距离和吸水管在进水池中的位置和形式等都有合理的布置与相适应的尺寸。

a.进水池最小宽度的确定。当吸水管的进水口以下至池底间所形成的圆柱表面积等于进水口面积时，如果将其展开，使进水高为$\frac{\pi}{4}D$时，则进水宽度应为πD。实际上采用进水池宽度$B=(2\sim3)D$（D为吸水管进口直径），以池中流速控制在0.3 m/s左右来确定，如图5.18所示。

b.进水池长度的确定。进水池的长度，一般应当满足从管口中心至进水池进口的距离不小于$4D$（D为进口直径）的要求。

c.吸水管进口至池底的最小距离——悬空高（h_1）的确定。为了保证水流进入吸水管时流速和压力的分布均匀，一般采用$h_1=(0.5\sim0.7)D$（D为进水口直径）。对于小管径可采用较大的倍数，对大管径可采用较小的倍数，如图5.19所示。

d.吸水管的最小淹没深度h_2的确定。为了防止水泵吸水时在吸水管周围形成漩涡，使空气进入水泵，一般选用$h_2=(0.5\sim1.0)D$（D为进口直径），但其最小淹没深度在任何情况下不应小于0.4 m。

如果由于某种原因不能满足吸水管最小淹没深度的要求，当管径较小时，可在管口装置防止产生漩涡的隔板，如图5.20所示。当管径较大时，则在管子周围漂放木板来消除漩涡。

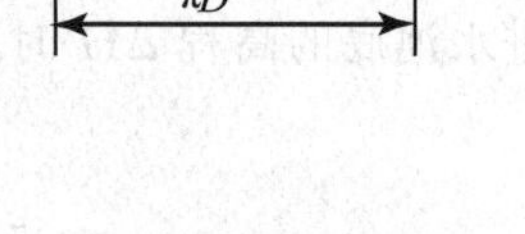

图5.18　吸水管展开图

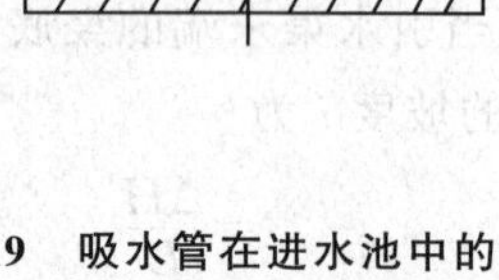

图5.19　吸水管在进水池中的位置

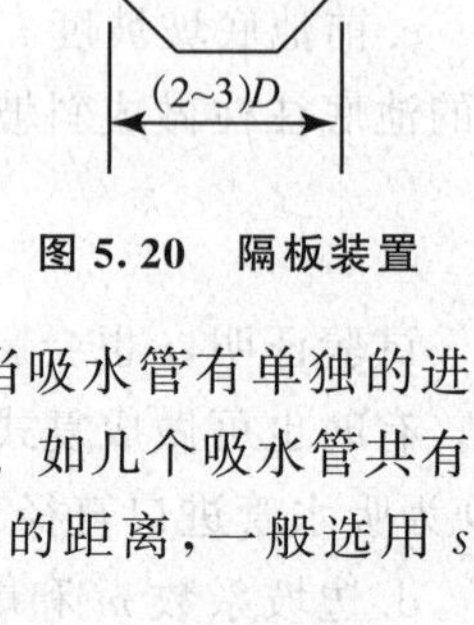

图5.20　隔板装置

e.进水池中吸水管之间和吸水管至进水池壁间距离的确定。当吸水管有单独的进水池时，不论其管径大小，则其进水口管壁与池壁间的距离采用$l=D$。如几个吸水管共有一个进水池时，当小管径时仍采用$l=D$。而两根吸水管进口边缘间的距离，一般选用$s=(1.0\sim1.5)D$（D为进口直径）。

f.水池后墙形式及管口至后墙距离的确定。进水池水下部分的后墙形式及管口至后墙距离的大小对水泵的工作都有一定的影响。从图5.21可以看出，矩形后墙如图5.21

(a)所示的水力阻力系数 ζ 最大，非对称涡形如图 5.21(d)所示的水力阻力系数 ζ 最小，但施工不方便。为了改善图 5.21(a)的水流条件，可以在进水池中加设隔板，如图 5.22 所示。图 5.22(a)、(c)比图 5.22(b)、(d)效果更好些。至于管口中心至后墙的距离 T 的大小，一般以靠近后墙(即 $T=0.5D$ 时)为好，可以保证机组运行时有较高的效率。

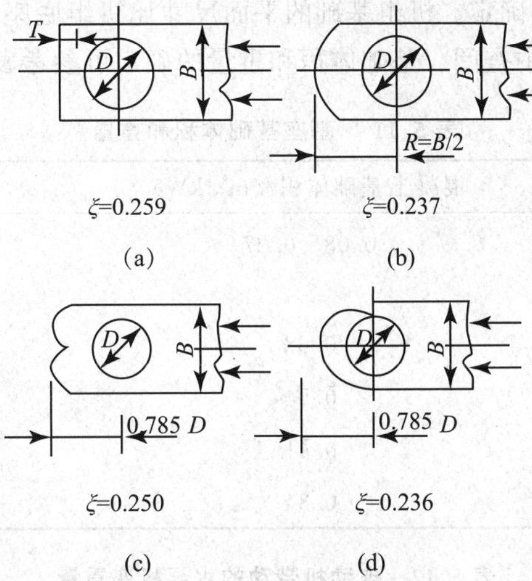

图 5.21　进水池后墙形式

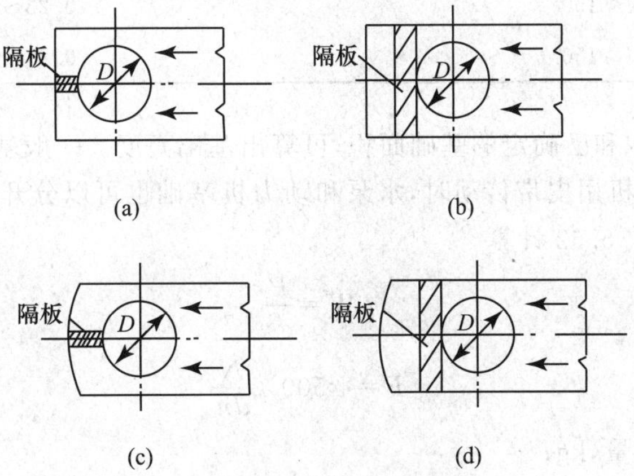

图 5.22　进水池中的隔板位置

(7)地基与基础设计

①地基稳定。泵房因地基问题而遭受破坏，有以下几种情况：

• 地基发生过大沉陷或较大的不均匀沉陷，使泵房产生裂缝以致倾塌。

• 外荷载超过地基最大承载能力，使地基发生深层局部滑动或深层整体滑动(稳定问题)。

• 由于外荷载作用使建筑物沿基底接触面滑动或绕基脚倾覆。

泵站中，在天然地基不能满足建筑物的要求时，应采取一定的工程措施对天然地基进行处理。进行地基处理的目的是增大地基的稳定性，减小地基的沉陷，防止渗流对地基的破坏。

②机组基础设计。机组基础是为了固定机组的相对位置，避免不均匀沉陷，同时承受机组的重量和运转中的振动力，保证机组安全运行。因此机组基础要坚实牢固，并具备一定的基础面积以及足够的重量和刚性。

a. 机组基础的重量。机组基础一般用 C10 混凝土浇筑而成，基础尺寸通常由水泵厂或柴油机厂提供，也可通过计算确定。机组基础的平面尺寸比机组底座四周大 8～10 cm，底座尺寸可在水泵或柴油机样本中查阅。基础体积和重量的确定可参考表 5.11 和表 5.12。

表 5.11　基座基础体积和重量

机械形式	混凝土基础体积/(m^3/kW)	基础重量/(kg/kW)
电动机和离心泵功率不大的立式汽缸发动机	0.08～0.27	163～540
单缸的立式柴油机	0.68	1 360
双缸的立式柴油机	0.54	1 100
三缸的立式柴油机	0.41	815
四缸的立式柴油机	0.34	680

表 5.12　电动机带动的水泵机座重量

电动机功率 N/kW	机座块体重量/(t/kW)
$N<150$	0.23～0.75
$N>150$	0.23～0.50

已知基础的体积和已确定的基础面积，可算出基础高度。一般基础面要比地面高 5～10 cm。水泵和动力机用皮带传动时，水泵和动力机基础也可以分开。确定基础重量和体积，可按式 5.61 和式 5.62 计算

$$W=\frac{P}{f} \tag{5.61}$$

$$P=4\,500\times\frac{N}{dn} \tag{5.62}$$

式中：W ——基础重量，kg；

P ——皮带拉力，kg；

N ——水泵所需最大功率，kW；

n ——水泵转速，r/min；

d ——水泵皮带轮直径，m；

f ——基础与土壤间的摩擦系数。

寒冷地区基础深度应大于土壤冰冻层深度。机组和基础的全部重量对土壤的压力不允许超过土壤的安全载重量。

b. 机组基础的稳定。作用于机座上的力如图 5.23 所示，G_1 为机座自重，G_2 为机组重量，R 为电机的扰力（惯性力），其计算式为

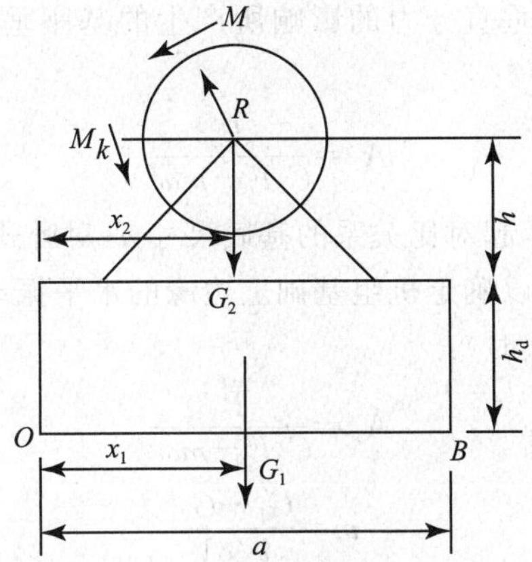

图 5.23　机座受力简图

$$R=\frac{4q}{g}e(2\pi n)^2 \tag{5.63}$$

$$e=\frac{60}{20+n^2} \tag{5.64}$$

式中：q ——电机转子重，$q=0.4\times$电机自重，kg；

g ——重力加速度，$g=9.18$ m/s^2；

n ——转子转速，r/s；

e ——旋转轴的偏心距，mm。

图 5.23 中，M 是电机的扰力矩，其计算公式为

$$M=Rh \tag{5.65}$$

因短路扭矩产生的水平推力 P_H 为

$$P_H=\frac{M_k}{h} \tag{5.66}$$

式中：M_k——电机短路时的扭矩。

阻止绕 O 点转动的抗倾安全系数 K_q 为

$$K_q=\frac{G_1x_1+G_2x_2}{M+M_k}\geqslant 1.2\sim 1.3 \tag{5.67}$$

阻止绕 OB 线滑动的抗滑安全系数 K_h 为：

$$K_h=\frac{(G_1+G_2)f}{R+P_H}\geqslant 1.2\sim 1.3 \tag{5.68}$$

式中：f——基础与土壤间的摩擦系数。

③机组基础的振动。当设计机组基础时，基础和机组的总重心与基底面积的形心必须力求位于同一垂直线上。位于基础上为不同类型的结构时，基础及机组的总重心按传至基础上结构的重量求算。如土的计算强度等于或小于 0.15 MPa 时，则偏心值不得大于上重心偏差方向一面基底边长的 3%，而当土的计算强度大于 0.15 MPa 时，则不得大于 5%。

对于转速不大于 1 000 r/min 的动力机基础，需要进行机组基础的振动计算，振动计算的内容包括以下几点：

a. 考虑到动力机扰力的垂直分力的影响所产生的基座垂直振动的振幅(A_z)，可按式5.69计算：

$$A_z = \frac{P_z}{C_z F - m\omega^2} \quad 5.69$$

b. 考虑到与基础高度 h_d 起对比关系的基底尺寸 a(对卧式机组取活塞滑动方向，对立式机组取垂直于主轴方向)，以确定机组基础上边缘的水平振动振幅(A_x)，可按式5.70至式5.72计算(适用于 $a > 3h_d$ 时)：

$$A_x = \frac{P_x}{C_x F - m\omega^2} \quad 5.70$$

$$m = \frac{G_1 + G_2}{9.81} \quad 5.71$$

$$C_x = (0.5 - 0.7) C_z \quad 5.72$$

式5.69至式5.72中：

P_x、P_z——动力机的扰力($P_x = P_z = R$)，t；

F——基础面积，m^2；

m——动力机、水泵及其基座的质量，$t \cdot s^2/m$；

ω——动力机回转角频率($\omega = 0.105\ n$)，s^{-1}；

C_z——天然地基弹性均匀压缩系数，一般由土工试验确定，当无试验资料时，可参考表5.13；

C_x——天然地基弹性均匀剪切系数。

动力基础振动振幅的计算值，不应超过表5.14的规定。

表5.13 天然地基弹性均匀压缩系数

土的计算强度/(kg/cm²)	C_z/(t/m³)	土的计算强度/(kg/cm²)	C_z(t/m³)
1	2 000	4	6 000
2	4 000	5	7 000
3	5 000		

表5.14 动力基础振动振幅的允许值

转速 n/(r/min)	>750	500～750	200～500	<200
最大振动振幅值/mm	0.10	0.15	0.20	0.25

(8)泵站设计步骤

泵站的设计内容较多，对于大型泵站，需要严格按照相关规范及行业标准进行设计；对于改造泵站工程(如盘锦地区)，则需详细核实输水系统、水力机械、电气设备、厂房结构等基本情况，针对问题明显部位进行设计。对于土地利用工程中的常用泵站，规模一般较小，可以参考以下设计步骤进行。

①收集泵站设计所需的基本资料，如渠道设计(校核)流量、设计(校核)水位、设计扬程、进水出水渠道的断面尺寸及高程、地质资料、项目区水文气候特征等。

②依据灌溉排水系统的高程特征及引用流量，选择水泵型号及台数，进而确定泵房的基本形式，完成泵站的布置设计任务(即泵房的位置选择、泵房平面尺寸、引水排水管道的

平立面布置、水力机械的平立面布置、是否设置吊车、泵站检修及交通等内容)。

③辅助系统设计,包括技术供水系统设计、排水系统设计、供油供气系统设计(即设备选型和布置、连接的问题)。

④泵房基础的承载计算及水泵机组基础设计。

⑤泵站前池的设计及尾水出口消能设施的设计。

⑥泵房结构设计,包括厂房内部的板梁柱结构内力计算、配筋计算、吊车梁牛腿设计等。

⑦泵站输配电设计,包括电气设备接线设计、电气设备继电保护设计、变电设施布置及设计等。

5.3.8　渠道灌排工程

灌排渠道按其使用寿命分为固定渠道和临时渠道两种。按控制面积大小和水量分配层次可以把灌溉渠道分为若干等级,一般为干、支、斗、农四级固定渠道。

明渠灌溉系统的一般设计程序为:灌溉方式及灌溉制度的确定→需水量计算→各级渠道设计流量的计算→确定渠道横断面尺寸→渠道纵断面设计(渠系建筑物设计、田间灌溉要求的水位推求)→绘制渠道纵断面图→渠首设计和其他建筑物设计→计算工程量。

(1)灌溉渠道流量

渠道流量在一定范围内是变化的,在不同运行条件下用三种特征流量代表,分别为设计流量、最小流量和加大流量。

设计流量是在涉及典型年内灌水期间需要通过的最大流量,或者说是渠道在正常工作条件下需要通过的流量,因而又叫正常流量,常用 $Q_{设}$ 或 $Q_{正常设}$ 表示。设计流量通常是根据设计灌水模数(设计灌水率)和灌溉面积进行计算的。在渠道输水过程中,有水面蒸发、渠床渗漏、闸门漏水、渠尾退水等水量损失。需要渠道提供的灌溉流量称为渠道的净流量,计入水量损失后的流量称为渠道的毛流量,设计流量是指渠道的毛流量。它是设计渠道断面和渠系建筑物尺寸的主要依据。

最小流量是指在设计典型年内渠道需要通过的最小灌溉流量,常用 $Q_{最小}$ 表示。用修正灌水模数图上的最小灌水模数值和灌溉面积进行计算。应用渠道最小流量可以校核对下一级渠道的水位控制条件和确定修建节制闸的位置等。

加大流量是考虑到在灌溉工程运行过程中可能出现一些难以准确估计的附加流量,是把设计流量适当放大后所得到的安全流量,常用 $Q_{加大}$ 表示。加大流量是设计渠堤堤顶高程的依据。在灌溉工程运行过程中,可能出现一些和设计情况不一致的变化,如改变作物种植计划、扩大灌溉面积等,要求增加供水量;或在工程事故排除之后,需要增加引水量,以弥补因事故影响而少引的水量;或在暴雨期间因降雨而增大渠道的输水流量。这些情况都要求在设计渠道和建筑物时留有余地,按加大流量校核其输水能力。加大流量的计算是以设计流量为基础,以设计流量乘以"加大系数"即得。按下列公式计算。

$$Q_{加大} = JQ_{设} \quad 5.73$$

式中:$Q_{加大}$ ——渠道加大流量,m^3/s;

J ——渠道流量加大系数,取值参见表5.15;

$Q_{设}$ ——渠道设计流量,m^3/s。

表 5.15　渠道流量加大系数

设计流量/(m^3/s)	<1	1～5	5～20	20～50	50～100	100～300	>300
加大系数	1.35～1.30	1.30～1.25	1.25～1.20	1.20～1.15	1.15～1.10	1.10～1.05	<1.05

(2)灌溉渠道流量损失

灌溉渠道的流量损失使用以下两种方法计算。

①经验公式法。渠道输水损失流量可以按下式计算:

$$Q_{损} = \sigma L Q_{净} \tag{5.74}$$

$$\sigma = \frac{A}{100\, Q_{净}^{m}} \tag{5.75}$$

式中:$Q_{损}$ ——渠道的渗水损失流量,m^3/s;

σ ——渠道每千米长度输水损失流量占净流量的百分数;

$Q_{净}$ ——渠道的净流量,m^3/s;

L ——渠道工作长度,km;

A ——土壤透水性系数,可从表 5.16 查得;

m ——土壤透水性系数,可从表 5.16 查得。

表 5.16　土壤透水性系数

渠床土壤	透水性	A	m
重黏土及黏土	弱	0.7	0.3
重黏壤土	中下	1.3	0.35
中黏壤土	中等	1.9	0.4
轻黏壤土	中土	2.65	0.45
沙壤土及轻沙壤土	强	3.4	0.5

如果渠道受地下水位顶托和防渗透措施的影响,渠道输水量损失要做一些修正。

受地下水影响可采用下式:

$$Q'_{损} = \gamma Q_{损} \tag{5.76}$$

式中:$Q'_{损}$ ——受地下水位顶托情况下每千米渠长渗水损失流量,m^3/s;

$Q_{损}$ ——自由渗透情况下每千米渠长渗水损失流量,m^3/s;

γ ——地下水位顶托时渗水损失修正系数,可从表 5.17 中查得。

表 5.17　地下水位顶托渗水损失修正系数(γ)

渠道流量/(m^3/s)	地下水埋深度/m					
	<3	3	5	7.5	10	15
0.3	0.82	—	—	—	—	—
1.0	0.63	0.79	—	—	—	—
3.0	0.50	0.63	0.82	—	—	—

续表 5-17

渠道流量/(m^3/s)	地下水埋深度/m					
	<3	3	5	7.5	10	15
10.0	0.41	0.50	0.65	0.79	0.91	—
20.0	0.36	0.45	0.57	0.71	0.82	—
30.0	0.35	0.42	0.54	0.66	0.77	0.94
50.0	0.32	0.37	0.49	0.6	0.69	0.84
100.0	0.28	0.33	0.42	0.52	0.58	0.73

采取防渗漏措施。可采用下式修正：

$$Q''_{损} = \beta Q_{损} \quad 5.77$$

式中：$Q''_{损}$——衬砌渠道每千米渠长渗水损失流量，m^3/s；

$Q_{损}$——自由渗透情况下每千米渠长渗水损失流量，m^3/s；

β——衬砌渠道渗水损失流量修正系数，可从表 5.18 中查得。

表 5.18　衬砌渠道渗水损失流量修正系数

防渗措施	修正系数(β)	备注
渠槽翻松夯实(厚度大于 0.5 m)	0.3~0.2	透水性很强的土壤，挂淤和夯实能使渗水量显著减少，可采取较小的值
渠槽原状土夯实(影响厚度 0.4 m)	0.7~0.5	
灰土夯实、三合土夯实	0.15~0.1	
混凝土护面	0.15~0.05	
黏土护面	0.4~0.2	
人工夯填	0.7~0.5	
浆砌石	0.2~0.1	
塑料薄膜	0.1~0.05	

②经验系数法。a. 田间水利系数 $\eta_{田间}$。指实际灌入田间的有效水量(对旱作农田，指蓄存在计划湿润层中的灌溉水量；对水稻田，指蓄存在格田内的灌溉水量)与末级固定渠道(农渠)净流量的比值。

$$\eta_{田间} = \frac{A_{农} m_{净}}{W_{农净}} \quad 5.78$$

式中：$A_{农}$——农渠的灌溉面积，亩；

$m_{净}$——净灌水定额，m^3/亩；

$W_{农净}$——农渠供给田间的水量，m^3。

b. 渠道水利用系数 $\eta_{渠道}$。指某渠道净流量 $Q_{净}$ 与毛流量 $Q_{毛}$ 比值，用下式计算：

$$\eta_{渠道} = \frac{Q_{净}}{Q_{毛}} \quad 5.79$$

c. 渠系水利用系数 $\eta_{渠系}$。指某渠道系统中所有末级固定渠道放入田间的净流量与该渠道系统中最上一级渠道引水口处的毛流量的比值，其公式为：

$$\eta_{渠系}=\eta_{干}\eta_{支}\eta_{斗}\eta_{农} \tag{5.80}$$

我国自罐区渠系水利用系数见表 5.19。

表 5.19　我国自罐区渠系水利用系数

灌溉面积/万亩	<1.0	1.0～10	10～30	30～100	>100
渠系水利用系数($\eta_{渠系}$)	0.85～0.75	0.75～0.7	0.70～0.65	0.60	0.55

d.灌溉水利用系数 $\eta_{灌溉}$。指灌入田间可被作物利用的水量(田间净流入量)与干渠渠首引水总流入量的比值,可用下式表示:

$$\eta_{灌溉}=\frac{A m_{净}}{W_{引}} \tag{5.81}$$

式中:A——全灌区的面积,亩;

$W_{引}$——渠首引入总水量,m^3。

(3)灌溉渠道输水方式

渠道的输水方式一般分为续灌和轮灌两种,输水方式不同其设计流量的计算方法也不同。

①续灌。在一次灌水延续时间内,自始至终连续灌水的渠道称为续灌渠道,这种输水方式称为续灌。一般干、支渠多采用续灌。

②轮灌。同一级渠道在一次灌水延续时间内轮流输水的工作方式叫作轮灌。实行轮灌时,缩短了各条渠道的输水时间,加大了输水流量,同时工作的渠道长度较短,从而减少了输水损失水量,有利于农业耕作和灌输工作的配合,有利于提高灌水工作的效率。但是,因为轮灌加大了渠道的设计流量,也就增加了渠道的土方量和渠道建筑物的工程量。一般较大的罐区,只在斗渠以下实行轮灌。

轮灌方式有集中编组和插花编组两种形式:集中编组,将邻近的几条渠道编为一组,上级渠道按组轮流供水。采用这种编组方式,上级渠道工作长度最短,输水损失最小,但可能引起灌水时劳力紧张。插花编组,将同级渠道按编号的奇数或偶数分别编组,上级渠道按组轮流供水。这种编组方式的优缺点恰好和集中编组的优缺点相反。

实行轮灌时,无论采用哪种编组方式,轮灌组的数目都不宜太多,以免造成劳动力紧张,一般以 2～3 组为宜。划分轮灌组时,应使各组灌溉面积相近,以利于配水。

(4)灌溉渠道设计流量推算

①轮灌渠道设计流量的推算。a.自上而下分配末级渠道的田间净流量。假设支渠为末级单个定续灌渠道,斗、农渠道中编组轮灌,同时工作的斗渠有 n 条,每条斗渠同时工作的农渠为 k 条。

• 计算支渠的设计田间净流量:

$$Q_{支田净}=A_{支}q_{设} \tag{5.82}$$

式中:$Q_{支田净}$——支渠的田间净流量,m^3/s;

$A_{支}$——支渠的灌溉面积,万亩;

$q_{设}$——设计灌水模数,$m^3/(s·万亩)$。

• 计算斗渠的田间净流量:

$$Q_{斗田净}=\frac{Q_{支田净}}{n} \quad 5.83$$

式中：$Q_{斗田净}$ —— 斗渠的田间净流量，m^3/s；

n ——同时工作的斗渠条数。

• 计算农渠田间净流量：

$$Q_{农田净}=\frac{Q_{斗田净}}{k}=\frac{Q_{支田净}}{nk} \quad 5.84$$

式中：$Q_{农田净}$ ——农渠的田间净流量，m^3/s；

k——农渠轮灌组内的农渠数目。

b. 自下而上推算渠道设计流量。

• 计算农渠的净流量：

$$Q_{农净}=\frac{Q_{农田净}}{\eta_{田}} \quad 5.85$$

• 计算各级渠道的设计流量：

根据农渠的净流量自下而上逐级计入渠道输水损失，得到各级渠道的毛流量，即设计流量。由于有两种估算渠道输水损失水量的方法，由净流量推算毛流量也就有两种方法。

经验公式法：

$$Q_{毛}=Q_{净}(1+\sigma L) \quad 5.86$$

式中：$Q_{毛}$ ——渠道的毛流量，m^3/s；

$Q_{净}$ ——渠道的净流量，m^3/s；

σ ——每千米渠道损失流量与净流量的比值；

L——最下游一个轮灌组灌水时渠道的平均工作长度，km。

计算农渠毛流量时，可取渠道长度的一半计算。

经验系数法：

根据渠道的净流量和渠道水利系数计算渠道的毛流量。

$$Q_{毛}=\frac{Q_{净}}{\eta_{渠道}} \quad 5.87$$

为简化计算，通常选取一条有代表性的典型支渠（作物种植、土壤性质、灌溉面积等影响渠道流量的主要因素具有代表性）进行计算，以此作为扩大指标，计算其余支渠的设计流量。再以典型支渠范围内各级渠道水利用系数作为扩大指标，计算出其他支渠控制范围内的斗、农渠的设计流量。

②续灌渠道设计流量的计算。续灌渠道一般分为干、支渠道，上、下游流量相差较大，要求分段计算。各级渠道的输水时间等于罐区灌水延续时间，可以直接由下级渠道的毛流量推算上级渠道的毛流量，逐级自下而上分段进行推算。

由于渠道水利用系数的经验值是根据渠道全部长度的输水损失情况统计出来的，它反映不同流量在不同渠段上运行时输水损失的综合情况，而不能代表某个具体渠段的水量损失情况。所以，在分段推算续灌渠道设计流量时，一般不用经验系数估算输水损失水量，而用经验公式估算。

假设渠系有一条干渠，支渠取水口把干渠分成三段，支渠取水口流量分别为 Q_1，Q_2，Q_3，Q_4，各段长度分别为 L_1，L_2，L_3，各段的设计流量分别为 Q_{OA}，Q_{AB}，Q_{BC}，计算公式如下：

$$Q_{BC}=(Q_3+Q_4)(1+\sigma_3 L_3)$$
$$Q_{AB}=(Q_{BC}+Q_2)(1+\sigma_2 L_2)$$
$$Q_{OA}=(Q_{AB}+Q_1)(1+\sigma_1 L_1) \tag{5.88}$$

(5)灌溉渠道设计流量的简化计算

在某些情况下，灌渠并不具备灌溉模数图表，可通过调查了解典型年(干旱年或中等干旱年)用水高峰期的作物需水强度，或一次最大灌水定额和相应灌水延续时间以及渠系水利用系数，直接推算渠道设计流量。

①续灌渠道流量推算。

水稻区可按下式计算：

$$Q_{续,稻}=\frac{0.667\alpha Ae}{3\ 600\ t\eta} \tag{5.89}$$

式中：$Q_{续,稻}$——水稻田续灌渠道流量，m^3/s；

α——主要作物种植比例(占控制灌溉面积的比例)；

A——该渠道控制的灌溉面积，亩；

e——典型年主要作物用水高峰期的日耗水量，mm，根据调查确定，一般黏壤土地区水稻日耗水量 8～11 mm，最大 13 mm；

t——每天灌水时间，h，一般自流罐区 24 h，提水罐区 20～22 h；

η——渠系水利用系数。

旱作区可按下式计算：

$$Q_{续,旱}=\frac{\alpha mA}{3\ 600\ Tt\eta} \tag{5.90}$$

式中：$Q_{续,旱}$——旱作区续灌渠道流量，m^3/s；

m——作物需水量紧张时期的灌水定额，m^3/亩；

T——该次灌水延续时间，d。

②轮灌渠道流量推算。若某渠道为轮灌渠道，且与其同级的渠道被划分为 N 个轮灌组，则该渠道的设计流量可按下式计算：

$$Q_{轮}=\frac{\alpha mAN}{3\ 600\ Tt\eta} \tag{5.91}$$

式中：$Q_{轮}$——轮灌渠道流量，m^3/s。

(6)灌溉渠道横断面设计

灌溉渠道中的水流可以认为是明渠均匀流，基本公式是：

$$v=C\sqrt{Ri} \tag{5.92}$$
$$Q=\omega C\sqrt{Ri} \tag{5.93}$$
$$C=\frac{1}{n}R^{1/6} \tag{5.94}$$

式中：v——渠道平均流速，m^3/s；

C——谢才系数，$m^{0.5}/s$

R——水力半径，m；

i——水力比降，均匀流中与渠道比降相同；

Q——渠道的设计流量，m^3/s；

ω——渠道的过水断面面积，m^2；

n——渠床糙率系数。

①梯形渠道横断面设计。设计渠道断面的时候，要求在设计流量、比降、糙率系数相同的条件下使过水断面最小，或在过水断面面积、比降、糙率系数相同的条件下使通过的流量最大，符合这些条件的断面称为水力最佳断面。横断面设计主要考虑如下几个因素。

a.渠底比降。在坡度均匀的渠段内，两端渠底高差和渠段长度的比值称为渠底比降。渠底比降的选择关系到输水能力、工程造价和控制面积，应根据渠道沿线的地面坡度、下级渠道的进水口的水位要求，渠床土质，水源含沙情况，渠道设计流量等因素综合考虑来确定。一般清水渠道容易产生冲刷，比降宜缓；浑水渠道易产生淤积，比降宜加大。在设计过程中，可参考地面坡度和下级渠道的水位初步选定一个比降，计算渠道的过水断面尺寸，再按不冲不淤流速进行校核。

b.渠床糙率系数。渠床糙率系数 n 是反映渠床糙率程度的一个指标。该值选择是否切合实际，直接影响到水力计算的结果。如果 n 值选择得太大，设计的渠道断面就偏大，不仅增加了工程量，而且会因实际水位低于设计水位而影响下级渠道的进水；如果 n 值选择得过小，设计的渠道断面就偏小，输水能力不足，影响灌溉用水。设计时可参考表5.20、表5.21选择。

表5.20　渠床糙率系数

	流量范围/(m^3/s)	渠床特性	渠床糙率系数 n	
			灌溉渠道	退泄水渠道
土渠	>25	平整顺直，养护良好	0.020	0.022 5
		平整顺直，养护一般	0.022 5	0.025
		渠床多石，杂草丛生，养护较差	0.025	0.027 5
	1～25	平整顺直，养护良好	0.022 5	0.025
		平整顺直，养护一般	0.025	0.027 5
		渠床多石，杂草丛生，养护较差	0.027 5	0.030
	<1	平整顺直，养护良好	0.025	0.027 5
		平整顺直，养护一般	0.027 5	
		渠床多石，杂草丛生，养护较差	0.030	

表 5.21　渠床表面特征与糙率系数

	渠床表面的特征及护面类型	糙率系数 n
岩石渠	经过良好修整	0.025
	经过中等修整、无凸出部分	0.030
	经过中等修整、有凸出部分	0.033
	未经修整、有凸出部分	0.035～0.045
	抹光的水泥抹面	0.012
	不抹光的水泥抹面	0.014
	光滑的混凝土护面	0.015
	平整的喷浆护面	0.015
	砌砖护面	0.015
	一般喷浆护面	0.017
	浆砌块石护面	0.025
	干砌块石护面	0.033

c. 渠道的边坡系数。渠道的边坡系数 m 是反映渠道边坡倾斜程度的指标，等于边坡在水平方向的投影长度和在垂直方向投影的比值。其值大小关系到渠坡的稳定，要根据渠床土壤质地和渠道深度等条件选择适宜的数值。大型渠道的边坡系数应通过土工实验和稳定分析确定；中、小型渠道的边坡系数根据经验来选择，可参考表 5.22 和表 5.23。

表 5.22　挖方渠道最小边坡系数

渠床条件	水深/m			渠床条件	水深/m		
	<1	1～2	2～3		<1	1～2	2～3
稍胶结的卵石	1.00	1.00	1.00	轻壤土	1.00	1.25	1.50
夹沙的乱石	1.25	1.50	1.50	沙壤土	1.50	1.50	1.75
黏土、重壤土、中壤土	1.00	1.25	1.50	沙土	1.75	2.00	2.25

表 5.23　填方渠道最小边坡系数

渠床条件	流量/(m^3/s)							
	>10		10～2		2～0.5		<0.5	
	内坡	外坡	内坡	外坡	内坡	外坡	内坡	外坡
黏土、重壤土、中壤土	1.25	1.00	1.00	1.00	1.00	1.00	1.00	1.00
轻壤土	1.50	1.25	1.00	1.00	1.00	1.00	1.00	1.00
沙壤土	1.75	1.50	1.50	1.25	1.50	1.25	1.25	1.25
沙土	2.25	2.00	2.00	1.75	1.75	1.50	1.50	1.50

d. 渠道断面的宽深比。渠道断面的宽深比是渠道底宽与水深的比值，其对渠道工程量和渠床稳定有较大的影响。在 i 和 n 一定的条件下，通过设计流量所需要的最小过水断面称为水力最优断面。梯形渠道水力最优断面的宽深比采用下式确定：

$$a_0 = 2(\sqrt{1+m^2} - m) \quad 5.95$$

式中：a_0 ——梯形渠道水力最优断面的宽深比；

m ——梯形渠道的边坡系数。

采用式 5.95 可以算出不同边坡系数相应的水力最优断面宽深比，见表 5.24。

表 5.24　m-a_0 关系

边坡系数 m	0	0.25	0.50	0.75	1.00	1.25	1.50	1.75	2.00	3.00
a_0	2.0	1.56	1.24	1.00	0.83	0.70	0.61	0.53	0.47	0.32

渠道断面过于窄深，容易产生冲刷；过于宽浅，又容易淤积，都会使渠床变形。因此，稳定断面的宽深比应满足渠道不冲、不淤要求。比降小的渠道应选较小的宽深比，以增大水力半径，加快水流速度；比降大的渠道应选较大的宽深比，以减小流速，防止渠床冲刷。

e. 渠道的不冲、不淤流速。为了使灌溉渠道不冲、不淤，满足渠道稳定性要求，设计中多以临界不冲条件为依据，而以临界不淤流速作为校验。渠道的不冲流速和渠床土质、水流情况和渠道断面的水利要素有关，具体要通过试验研究或总结已成渠道的运用经验而定，设计时可以参考表 5.25 中数值。有衬砌护面的渠道的不冲流速比土渠大得多，但从渠床稳定性考虑，仍应选择较小的数值。

表 5.25　土质渠床的不冲流速

土质	轻壤土	中壤土	重壤土	黏土
不冲流速/(m/s)	0.60～0.80	0.65～0.85	0.70～1.00	0.75～0.95

渠道不淤流速主要取决于渠道含沙情况和断面水力要素，也应通过试验研究或总结实践经验而定。通常大型渠道的平均流速不小于 0.5 m/s，小型渠道的平均流速不小于 0.4 m/s。

f. 渠道的水力计算。根据公式 $Q=\omega C\sqrt{Ri}$，用试算法求解渠道断面尺寸，具体步骤如下。首先假设底宽和水深值，计算过水断面的水力要素，公式如下：

$$\omega = (b+mb)h \quad 5.96$$

$$X = b + 2h\sqrt{1+m^2} \quad 5.97$$

$$R = \omega / X \quad 5.98$$

$$C = \frac{1}{n} R^{1/6} \quad 5.99$$

式中：ω ——过水断面面积，m^2；

b ——渠道底宽，m；

m——边坡系数；

h——水深，m；

X——湿周长度，m；

R——水力半径，m；

C——谢才系数；

n ——渠床糙率系数。

然后计算渠道流量。这个渠道流量($Q_{计算}$)是假设的 b、h 值相应的输水能力,一般不等于渠道的设计流量(Q)。通过计算,反复修改 b、h 值,直至渠道计算流量等于或接近渠道设计流量为止,误差不超过 5%,设计渠道断面应满足的校核条件是:

$$\left|\frac{Q-Q_{计算}}{Q}\right| \leqslant 0.05 \tag{5.100}$$

最后进行渠道流速校核,渠道的设计流量应满足如下校核条件:

$$v_{不淤} < v < v_{不冲} \tag{5.101}$$

如不满足流速校核条件,就要改变渠道的底宽 b 值和渠道断面的宽深比,重复以上计算步骤,直到既满足流量校核条件又满足流速校核条件为止。

g. 安全超高的堤坝宽度。为了防止风浪引起渠水漫溢,保证渠道安全运行,挖方渠道的渠岸和填方渠道的堤坝应高于渠道的加大水位,要求高出的数值称为渠道的安全超高,通常用经验公式计算。《灌溉排水渠系设计规范》建议按下式计算渠道的安全超高 Δh。

$$\Delta h = \frac{1}{4} h_{加} + 0.2 \tag{5.102}$$

式中:$h_{加}$ ——渠道的加大深度,m。

为了便于管理和保证渠道的安全运行,挖方渠道的渠岸和填方渠道的堤坝应有一定的宽度,以满足交通和渠道稳定的需要。渠岸和堤坝的宽度可按下式计算:

$$D = h_{加} + 0.3 \tag{5.103}$$

式中:D——渠岸或堤坝宽度,m。

如果渠堤与主要交通道路结合,渠岸或堤顶宽度应根据交通要求确定。

②U 形渠道横断面设计。

U 形渠道横断面接近水力最佳断面,具有较大的输水输沙能力,占地较少,省工省料,而且由于整体性好,抵抗基土冻胀破坏的能力较强。U 形渠道的缺点是施工难度较大,要求较高,工程质量不易控制,多采用混凝土现场浇筑或混凝土预制拼装。

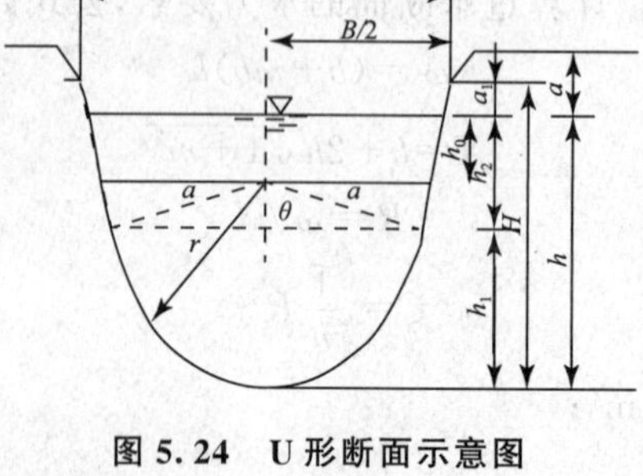

图 5.24 U 形断面示意图

U 形断面如图 5.24 所示,下部为半圆形,上部为稍向外倾斜的直线段。直线段下切于半圆,外倾角 α =50°~200°,随渠槽加深而增大。较大的 U 形渠道采用较宽的断面。深宽比 H/B=0.65~0.75;较小的 U 形渠道则宜窄深一点,深宽比可增大到 H/B=1.0。

U 形渠道的衬砌超高 a_1 和渠堤超高 a(堤顶或岸边到加大水位的垂直距离)可参考表 5.26 确定。

表 5.26　U形渠衬砌超高a_1和渠堤超高 a 值

加大流量/(m^3/s)	<0.5	0.5～1.0	1.0～10	10～30
a_1 /m	0.1～0.15	0.15～0.2	0.2～0.35	0.35～0.5
a /m	0.2～0.3	0.3～0.4	0.4～0.6	0.6～0.8

注：衬砌体顶端以上土堤高度一般用 0.2～0.3 m。

U形断面水力计算的任务是根据已知的渠道设计流量 $Q_{设}$、渠床糙率系数 n 和渠道比降 i 求圆弧半径 r 和水深 h。由于断面各部分尺寸间的关系复杂，设计步骤如下。

a. 确定圆弧以上的水深 h_2 和圆弧半径 r，有以下经验关系：

$$h_2 = N_\alpha r \tag{5.104}$$

式中：N_α ——直线段外倾角为 α 时的系数。$\alpha = 0$ 时的系数用 N_0 表示。

直线段的外倾角 α 和 N_α 值都是随圆弧半径而变化，见表 5.27。

表 5.27　U形渠道断面尺寸的经验关系

r /cm	α /(°)	N_α	r /cm	α /(°)	N_α
15～30	5～6	0.65～0.35	30～60	6～8	0.35～0.30
60～100	8～12	0.30～0.25	100～150	12～15	0.25～0.20
150～200	15～18	0.20～0.15	200～250	18～20	0.15～0.10

为了保持圆心以上的水深与 $\alpha = 0$ 时相同，则应遵守以下关系：

$$N_\alpha = N_0 + \sin\alpha \tag{5.105}$$

b. 求圆弧的半径 r 。将已知的有关数值代入明渠均匀流的基本公式，就可以得到圆弧半径的计算式：

$$r=\frac{[\pi\left(1-\frac{\alpha}{90^\circ}\right)+\frac{2N_\alpha}{\cos\alpha}]^{1/3}[\frac{nQ}{\sqrt{i}}]^{3/8}}{[\frac{\pi}{2}\left(1-\frac{\alpha}{90^\circ}\right)+(2N_{\alpha-\sin\alpha})\cos\alpha+N_\alpha^2\tan\alpha]^{5/8}}$$

或

$$r=\frac{\left[\theta+\frac{2N_\alpha}{\cos\alpha}\right]^{1/4}\left[\frac{nQ}{\sqrt{I}}\right]^{3/8}}{\left[\frac{\theta}{2}+(2N_\alpha-\sin\alpha)\cos\alpha+N_\alpha^2\tan\alpha\right]^{5/8}} \tag{5.106}$$

式中：θ——圆弧的圆心角，rad；

Q——渠道的设计流量，m^3/s；

r——圆弧半径，m；

α——直线段的倾斜角，(°)。

c. 求渠道水深 h。

$$h= h_1 + h_2 = h_2 + r(1-\sin\alpha) = r(N_\alpha + 1 - \sin\alpha) \tag{5.107}$$

d. 校核渠道流速。

计算过水断面面积：

$$\omega = \frac{r^2}{2}\left[\pi\left(1-\frac{\alpha}{90^\circ}\right) - \sin\alpha\right] + h_2(2r\cos\alpha + h_2\tan\alpha) \tag{5.108}$$

计算断面平均流速：

$$v=\frac{Q}{\omega} \tag{5.109}$$

该断面平均流速应满足不冲不淤要求。

(7)灌溉渠道纵断面设计

纵断面设计的任务是根据灌溉水位要求确定渠道的空间位置，先确定不同桩号处的设计水位高程，再根据设计水位确定渠底高程、堤顶高程、最小水位等。

①灌溉渠道水位推算。为了满足自流灌溉的要求，各级渠道入口处都应具有足够的水位。

$$H_{进}=A_0+\Delta h+\sum Li+\sum \xi \tag{5.110}$$

式中：$H_{进}$ ——渠道进水口处的设计水位，m；

A_0 ——渠道控制面积内比较难灌的地面参考点高程，m，应根据地形坡度情况选择：沿渠地面坡度大于渠底比降，则离分水口较近处不易控制，反之，渠末难灌，即参考点地面高程 A_0 选择渠末处；

Δh ——控制点地面与附近末级固定渠道设计水位的高差，一般为 0.1～0.2 m；

$\sum Li$ ——沿程水头损失之和；

$\sum \xi$ ——渠道局部水头损失之和。

②渠道纵断面图的绘制。渠道纵断面图包括：沿渠地面高程线、渠道设计水位线、渠道最低水位线、渠底高程线、堤顶高程线、分水口位置、渠道建筑物位置等，如图 5.25 所示。

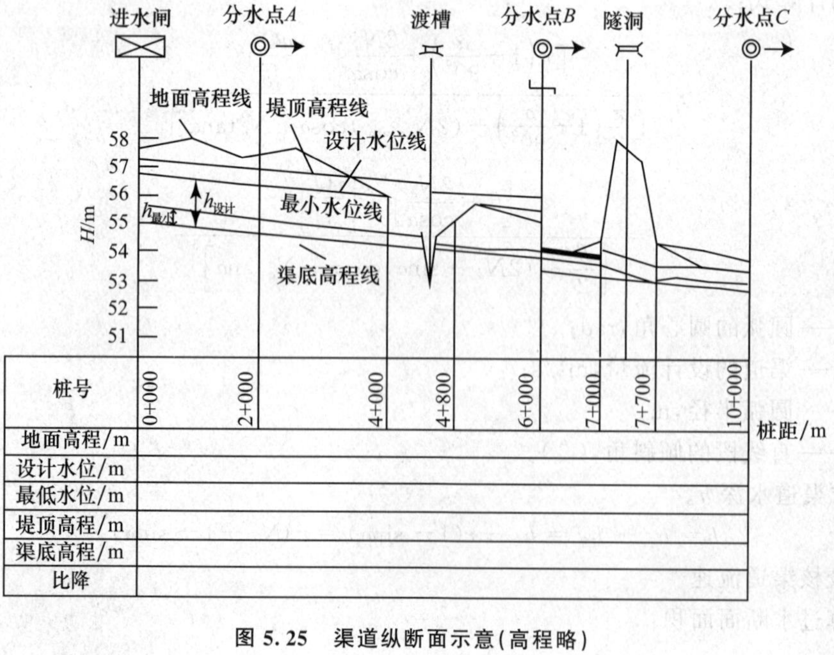

图 5.25　渠道纵断面示意(高程略)

绘制步骤：选择比例尺→绘地面高程线→绘渠道设计水位线→绘渠底高程线、渠道最小水位线、堤顶高程线→标注建筑物位置、形式及有关断面要素。

5.3.9 低压管道灌排工程

低压管道输水灌溉系统是指以管道代替明渠将低压水流输配到田间灌水沟、畦的灌溉系统。与传统的渠道灌溉系统比较，管灌系统具有占耕地少（7%～13%）、降低输水损失、满足多种灌水方法的优点。

(1)低压管道系统的组成

灌溉管道系统是从水源取水，经过处理后有压或无压管网输送到田间进行灌溉的全部工程，一般由首部枢纽、输配水管网、田间灌水系统等部分组成。

①首部枢纽。管道输水灌溉系统的水源有井、泉、沟、渠道、塘坝、河湖和水库等。水质应符合农田灌溉用水标准，且不含有大量杂草、泥沙等杂物。井灌区取水部分除选择适宜机泵外，还应安装压力表及水表，并建有管理房。而在自压灌区或大中型提水灌区的取水工程还应设置进水闸、分水闸、拦污栅、沉淀池和杂质净化处理设施及量水建筑物。

②输配水管网。输配水管网系统是指管道输水灌溉系统中的各级管道、分水设施、保护装置和其他附属设施。根据灌区的大小及地形条件，管网一般分成干管、支管、毛管等几级，有时分成总干管、干管、分干管、支管、毛管五级。

③田间灌水系统。田间灌水系统指分水口以下的田间部分。作为整个管道输水灌溉系统，田间灌水系统是节水灌溉的重要组成部分。田间灌水解决不好，灌水浪费现象将依然存在。灌溉田块应进行平整，畦田长宽适应。为达到灌水均匀、减小灌水定额的目的，通常将长畦改为短畦或给水栓接移动软管。其中闸管系统是解决向畦中灌水水量损失较好的措施之一。

(2)低压管道设计流量的确定

管道设计流量是指管道需要通过的最大流量，应根据水源情况、作物灌溉制度、管道工作制度、灌溉面积、作物种植比例等条件计算确定。

①计算灌水定额和灌水周期。设计灌水定额可用下式计算：

$$m=10\gamma H\beta(\beta_1-\beta_2)/\eta \quad 5.111$$

式中：m——灌水定额，mm；

H——作物土壤计划湿润层的厚度，对于大田作物，一般采用40～60 cm；

γ——土壤干容重，g/cm³；

β——田间持水量，%；

β_1——适宜土壤含水量上限占田间持水量的比值，取田间持水量的85%～95%；

β_2——适宜土壤含水量下限占田间持水量的比值，取田间持水量的60%～65%；

η——田间水利用系数，%。

②设计灌水周期。在低压管道设计中，主要是要确定作物耗水最旺时期的允许最大间隔时间（两次灌水的间隔时间），即设计灌水周期（以天计），它可用下式计算：

$$T=m_{设}/e \tag{5.112}$$

式中：T——设计灌水周期，d；

$m_{设}$——设计灌水定额，mm；

e——设计作物耗水强度，mm/d。

③确定管道设计流量 Q。用下列公式计算：

$$Q=0.667\frac{mAA}{Tt\eta} \tag{5.113}$$

式中：m——灌水定额，mm；

A——灌溉面积，亩；

T——灌水周期，d；

t——每天灌水时数，一般取 12～16 h；

η——管道系统水利用系数，一般取 0.95～0.98。

(3)低压管道系统水力计算

①管径选择。一般按经济流速选择管径。一般给水管道，经济流速 0.6～1.0 m/s，d=100～200 mm；经济流速 1.0～1.4 m/s，最大一般不超过 2.5～3.0 m/s，d=200～400 mm。

经济流速确定后，即可根据公式计算管道直径：

$$d=\sqrt{\frac{4Q}{\pi v}} \tag{5.114}$$

式中：Q——设计流量，m^3/s；

v——管道流速，m/s。

根据经济流速确定管径的方法概念清晰，但需要分析计算多种管径的年投资和年运行费来进行比较，对于规模不大的灌溉工程可以采用下列经验公式来估算：

当 $Q<120\ m^3/h$ 时，$d=13\sqrt{Q}$；

当 $Q\geqslant120\ m^3/h$ 时，$d=11.5\sqrt{Q}$，但管中流速应控制在 2.5～3.0 m/s 以下。

②沿程水头损失计算。在灌溉管路设计中常用的是树状管网，环状管网不多见。树状管网沿程水头损失计算公式：

$$h_{沿}=\frac{fL\,Q^m}{d^b} \tag{5.115}$$

式中：$h_{沿}$——沿程水头损失，m；

f——摩擦系数，见表 5.28；

L——管道长度，m；

Q——流量，m^3/h；

d——管道直径，mm；

m——流量指数，见表 5.28；

b——管径指数，见表 5.28。

表 5.28　f,m,b 数值

管材	f	m	b
混凝土管、钢筋			
$n=0.013$	1.312×10^6	2	5.33
$n=0.014$	1.516×10^6	2	5.33
$n=0.016$	1.749×10^6	2	5.33
旧钢管、旧铸铁管	6.25×10^6	1.9	5.33
石棉水泥管	1.455×10^6	1.85	4.86
硬塑料管	0.948×10^6	1.77	4.77
铝管、铝合金管	0.861×10^6	1.74	4.74

③局部水头损失计算。计算公式为：

$$h_{局} = \frac{\xi v^2}{2g} \tag{5.116}$$

式中：$h_{局}$ ——局部水头损失，m；

ξ——局部阻力系数；

g——重力加速度，m/s^2；

v——管道内水流的速度，m/s。

在实际工程设计中，为简化局部水头损失计算，通常取沿程水头损失的10%～15%。管道总水头损失为：

$$h_{损} = \sum h_{沿} + \sum h_{局} \tag{5.117}$$

④水泵设计扬程的推算。首先要在灌区内选择一个或几个能代表整个灌区的典型点，然后按下式计算出各自的工作压力，取其最大或次大者为设计工作压力。

$$H_{设} = H_0 + \sum h_{沿} + \sum h_{局} + \triangle H \tag{5.118}$$

式中：$H_{设}$ ——水泵设计扬程，m；

H_0 ——灌水器工作龙头，m；

ΔH ——典型点高程与水源水面的高差，m。

5.3.10　农田排水工程

农田排水工程一般设计程序为：确定排涝标准→计算各级沟道的排涝流量及排渍流量→确定沟道横断面尺寸→计算确定末级排水沟道深度和间距→沟道纵断面设计（渠系建筑物设计）→绘制渠道纵断面图→其他建筑物设计（泵站等）→计算工程量。当然，这个程序不是绝对单向的，需要各项综合考虑，有时需要交叉进行。排涝标准前面已经做过介绍，这里不再重复。

(1)明沟排水设计

①排水流量计算。排水流量是确定各级排水沟道断面、沟道上建筑物规模以及分析

现有排水设施排水能力的主要依据。设计排水流量分排涝设计流量和排渍设计流量两种。前者用以确定排水沟道的断面尺寸；后者作为满足控制地下水位要求的地下水排水流量，又称日常排水量，以此确定排水沟的沟底高程和排渍水位。

a. 排水设计流量的计算。

排涝模数经验公式法。该法适用于大型涝区，需求出最大排涝流量的情况下使用，其计算公式为：

$$q=KR^{m}F^{n} \tag{5.119}$$

式中：q ——设计排涝模数，$m^3/(s \cdot m^2)$；

K——综合系数；

R——设计径流深，mm；

F——排水沟设计断面控制的排涝面积，km^2；

m——峰量指数；

n——递减指数。

参数取值见表 5.29。

表 5.29　各地排涝模数经验公式参数取值

地区			适用范围/km^2	K	m	n	设计暴雨历时/d
辽宁省中部平原地区			>50	0.012 7	0.93	−0.176	3
河北省	平原区		30～11 300	0.040 0	0.92	−0.330	3
河北省	黑龙港地区		200～500	0.032 0	0.92	−0.250	3
			>1 500	0.058 0	0.92	−0.330	3
山西省太原地区				0.031 0	0.82	−0.250	
山东省	鲁北地区			0.034 0	1.00	−0.250	
	沂沭泗地区	邳苍地区	100～500	0.031 0	1.00	−0.250	1
		湖西地区	2 000～7 000	0.031 0	1.00	−0.250	3
河南省豫东、沙颍河平原区				0.030 0	1.00	−0.250	1
安徽省淮北平原区			500～5 000	0.026 0	1.00	−0.250	3
江苏省苏北平原区			10～100	0.025 6	1.00	−0.180	3
			100～600	0.033 5	1.00	−0.240	3
			600～6 000	0.049 0	1.00	−0.300	3
湖北省平原湖区			≤500	0.013 5	1.00	−0.200	3
			>500	0.017 0	1.00	−0.238	3

注：数据引自《土地开发整理》(TD/T 1011—1013)。

排涝模数平均排除法。该法是以排水面积上的设计径流深在规定的排水时间内平均排除的虚拟方式来计算设计排涝量或排涝模数，其公式为：

$$Q=\frac{RF}{3.6Tt} \tag{5.120}$$

或
$$q=\frac{R}{3.6Tt} \tag{5.121}$$

水田：
$$R=P-h_{田蓄}-E \tag{5.122}$$

旱田：
$$R=\alpha P \tag{5.123}$$

式中：Q——设计排涝流量，m^3/s；

R——设计径流深，mm；

q——设计排涝模数，$m^3/(s \cdot m^2)$；

F——排涝面积，km^2；

T——排水历时，d；

t——每天的排水时间，自流排水 $t=24$ h，抽水排水 $t=20 \sim 22$ h；

α——径流指数；

P——设计暴雨量，mm；

E——历时为 t 的水田田间蒸发量，mm；

$h_{田蓄}$——水田滞蓄水深，mm。

当排水区域内既有水田又有旱田时，由于水田和旱田地的径流深不同，应先分别计算水田和旱地的排涝模数，然后按水田和旱地所占面积的比加权平均，求得整个排水区域的排涝模数和排涝量。

此法对于有一定沟道调蓄能力的地区，不论排水面积大小，都是适用的，计算简便。

b. 排渍设计流量的计算。对于排渍模数，难以进行理论的分析，给出计算公式，一般是根据实测资料分析确定。设计时无资料，可参照表5.30取值。

表5.30　各种土质的设计排渍模数

土质	设计排渍模数/[$m^3/(s \cdot km^2)$]
轻沙壤土	0.03～0.04
中壤	0.02～0.03
重壤、黏土	0.01～0.02

排渍设计流量公式为：
$$Q_{渍}=q_{渍} \cdot F \tag{5.124}$$

式中：$Q_{渍}$——排渍设计流量，m^3/s；

$q_{渍}$——排渍模数，$m^3/(s \cdot km^2)$；

F——排渍面积，km^2。

②排水沟间距和深度。

a. 田间排水沟间距。田间排水沟间距除了满足除涝排水要求以外，还应根据机耕及其他方面的要求进行综合确定。我国北方地区的农沟间距一般在150～400 m，毛沟间距在30～50 m，南方地区末级排水沟间距多为100～200 m。

b. 控制地下水位的排水系统。在地下水位较高或有盐碱威胁的地区，必须修建控制地下水位的田间排水沟，设计排水农沟时要根据作物要求的地下水深埋、排水沟边坡条件及施工难易程度初步确定农沟的深度和间距。表5.31列出了不同土质、不同沟深时满足旱作物控制地下水位要求的排水沟间距大致范围。

表 5.31　控制各种土壤地下水位的田间排水沟间距　m

沟深	轻壤或沙壤	中壤	重壤或黏土
0.8～1.3	50～70	35～50	15～30
1.3～1.5	70～100	50～70	30～50
1.5～1.8	100～150	70～100	50～70
1.8～2.3		100～150	70～100

当作物允许的地下水埋深 ΔH 一定时，农沟深度可用下式表示：

$$D=\Delta H+\Delta h+S \tag{5.125}$$

式中：D——排水农沟的深度，m；

ΔH——作物要求的地下水埋深，m；

Δh——地下水位与沟水位之差，一般不小于 0.2～0.3 m；

S——排水农沟的水深，m，一般取 0.1～0.2 m。

③排水沟设计水位。

a. 日常设计水位。日常设计水位又称排渍设计水位，它是排水沟道经常保持的水位，该水位通常根据控制地下水位的要求兼顾通航等其他方面要求而定。

排水农沟的日常水位应低于允许的地下水埋藏深度 0.2～0.3 m。斗、支、干沟的日常水位可由控制点地面高程逐级推求，计算公式为：

$$Z_{排渍}=A_0-D_{农}-\sum Li-\sum \Delta Z \tag{5.126}$$

式中：$Z_{排渍}$——排水干沟沟口的排渍水位，m；

A_0——最远处低洼地面高程，m；

$D_{农}$——农沟排渍水位距地面距离，m；

L——干、支、斗各级沟道长度，m；

i——干、支、斗各级沟道的水面比降（沟底比降）；

ΔZ——各级沟道局部水头损失。

b. 排涝设计水位。排涝设计水位又称最高水位，是排水沟排涝设计流量时的水位。当排水沟有滞涝任务时，则满足滞涝要求的沟中水位也可作为排涝水位。

$$Z_{排涝}=A_0-\Delta h-\sum Li-\sum \Delta Z \tag{5.127}$$

式中：$Z_{排涝}$——排水干沟沟口的水位，m；

A_0——离干沟沟口最远处低洼地面高程，m；

Δh——离干沟沟口最远处低洼地面和农沟排涝水位的高差，m，一般取 0.2～0.3 m；

L——干、支、斗各级沟道长度，m；

i——干、支、斗各级沟道的水面比降（沟底比降）；

ΔZ——各级沟道局部水头损失。

④排水沟断面设计。

a. 当自流排水时，横断面设计可应用均匀流公式计算，即：

$$Q=\omega C\sqrt{Ri} \tag{5.128}$$

$$C=\frac{1}{n}R^{1/6} \tag{5.129}$$

式中：Q ——设计排水流量，m^3/s；

ω ——排水沟过水断面面积，m^2；

R ——水力半径，m；

i ——沟道比降，可参照表5.32；

C ——谢才系数，$m^{0.5}/s$；

n ——沟道糙率（新挖沟道 $n=0.02\sim0.03$，易长草沟道 $n=0.03\sim0.035$）。

表5.32　各级沟道的比降

干沟	支沟	斗沟
1/10 000～1/30 000	1/5 000～1/10 000	1/2 000～1/5 000

设计的排水沟边坡系数可参照表5.33。

表5.33　土质排水沟最小边坡系数

土质	排水沟开挖深度/m			
	<1.5	1.5～3.0	3.0～4.0	>4.0～5.0
黏土、重壤土	1.0	1.25～1.5	1.5～2.0	>2.0
中壤土	1.5	2.0～2.5	2.5～3.0	>3.0
轻壤土、沙壤土	2.0	2.5～3.0	3.0～4.0	>4.0
沙土	2.5	3.0～4.0	4.0～5.0	>5.0

b. 当非自流排水时（即在外河水位顶托发生壅水现象的情况下），需按稳定非均匀流速公式推算沟道水面线，由此确定沟道断面及两岸堤顶高程等。

c. 排水沟纵断面画图绘制。主要是解决水位衔接问题，一般要求各级沟道之间在排地下水时不发生壅水现象。通过排涝流量时，沟道允许产生短期壅水现象，但沟道的最高水位要低于地面0.2～0.3 m。绘制纵断面的步骤是：首先根据沟道的平面布置绘出地面高程线，然后根据沟道控制地下水位的要求和选定的比降，绘出日常水位线，再定出沟底高程线、最高水位线。纵断面的要素有桩号、地面高程、日常水位、沟底高程、最高水位、比降及挖深数据。

（2）暗管排水设计

暗管排水为地下排水工程，由吸水管、集水管（输水明沟）、集水井和出水口（提水站）组成，主要有暗管式和暗洞式。

目前采用的暗管材料有陶土管、混凝土管、塑料管、灰土管、三合土管、水泥土管等。暗洞式主要有暗沟和鼠道两种形式，暗沟一般在地面以下0.7～1.0 m，断面有矩形、马蹄形；鼠道是用引鼠道犁在地面以下0.4～0.7 m处打的孔洞，断面为圆形和椭圆形。

①埋深与间距。吸水管的埋深和间距可采用公式计算或根据地区实验资料确定，也可根据经验数据确定，表 5.34 至表 5.36 是一些地区的经验数据，可供设计时参考。

表 5.34　吸水管埋深　　m

作物	无盐渍化威胁区	有盐渍化威胁区
浅根类旱作物	0.9～1.2	1.6～2.2
深根类旱作物	1.2～1.6	1.8～2.5
牧草	0.8～1.1	1.5～1.8
果树	1.6～2.0	2.2～2.6

表 5.35　吸水管间距　　m

土质	干旱地区	湿润多雨地区
沙土	35～50	28～33
沙壤土	30～35	24～28
壤土	25～30	20～24
黏壤土	20～25	16～20
黏土	15～20	9～16

表 5.36　暗管内径与最小比降

暗管内径/m	≤50	65～80	>80
最小比降	3/1 000	2/1 000	1/1 000

暗管管径按水力计算确定，但为保证排水顺畅、不被堵塞，吸水管管径不宜小于 50 mm，集水管管径不宜小于 200 mm。

暗管的长度 l 可按下式确定。

$$l=\frac{\omega v}{qL} \tag{5.130}$$

式中：ω ——暗管的过水断面面积，m^2；

L ——暗管间距，m；

v ——管内水流速，m/s；

q ——排水模数。

②进水条件与滤层。排水暗管利用接头缝隙或管壁开孔进水，瓦管、混凝土缝隙在黏性土中不超过 6 mm，在非黏性土中不超过 3 mm；塑料管由管壁孔进水，波纹管和光壁管的孔径不同，但塑料管的孔径应与周围的土壤和滤层相协调。

管外常设滤层，以改善排水管周围的水流条件，增大排水管进水量。对于管壁进水的暗管，整个管周围都要做滤层。对于接头缝隙进水的暗管，仅在接头处做滤层。滤料可采用秸料、锯末、稻壳、煤渣、粗沙、砾石，厚度一般为 10～20 cm。在有结构的土层内、黏土层内、沙砾层内可以不用滤层。

5.4 田间道路工程设计

田间道和生产路同农业生产作业过程直接相联系，一般在农用地利用的田块规划后进行布设。田间道和生产路规划应根据有利于灌排、机耕、运输和田间管理，少占耕地，交叉建筑物少，沟渠边坡稳定等原则来确定。其最大纵坡宜取6%～8%，最小纵坡一般取0.3%～0.4%，在多雨区宜取0.4%～0.5%。平原区和缓丘区弯道半径不小于20 m，山区最小半径宜为15 m，地形复杂地区回头转弯半径一般可采用12 m，梯田田间道的转弯半径应大于8 m。

5.4.1 线路规划设计

(1)田间道

田间道是由居民点通往田间作业的主要道路。除用于运输外，还起到田间作业供应线的作用，应能通行农业机械，一般路基宽为3～6 m。田间道又可分为主要田间道和横向田间道。

主要田间道是由农村居民点到各耕作田区的道路。它服务于一个或几个耕作田区，如有可能应尽量结合干、支道布置，在其旁设偏道或直接利用干、支道；如需另行配置时，应尽量设计成直线，并考虑使其能为大多数田区服务。当同其他田间道相交时，应采用正交，以方便畜力车转弯。

横向田间道亦可称为下地拖拉机道，供拖拉机等农业机械作业之用，一般应沿田块的短边布设。在旱作地区，横向田间道也可布设在作业区的中间，沿田块的长边布设，使拖拉机两边均可进入工作小区以减少空行。在有渠系的地区，要结合渠系布置。常用方案如下(图5.26)：

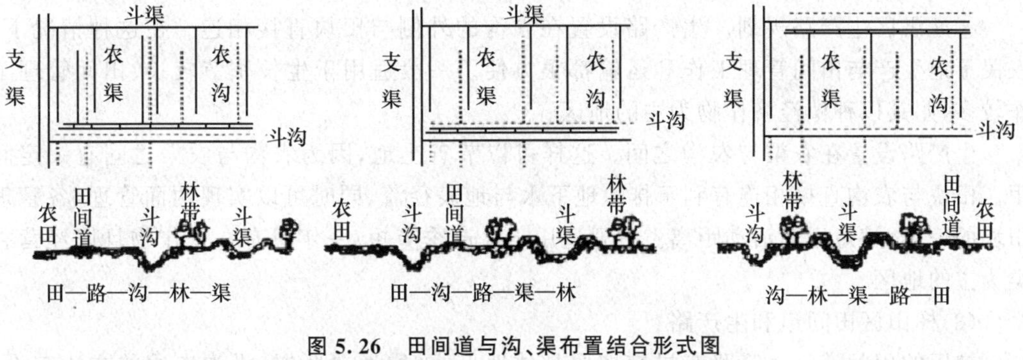

图5.26　田间道与沟、渠布置结合形式图

①田—路—沟—林—渠：这种布置形式可利用挖排水斗沟的土方填筑路基，节省土方量，并且拖拉机机组可以直接下地作业，道路以后也有拓宽的余地。如果横向田间道要穿越农沟，须在农沟与斗沟连接处埋设涵管或修建桥梁、涵洞等建筑物。埋设涵管时，如果

孔径不足，势必影响排水，在雨季田块易积水受淹。并且在这种情况下，道路位置较低，为避免被淹，必须在路旁修筑良好的截水路沟。如果居民点靠斗沟一侧，可用该形式。

②田—沟—路—渠—林：这种布置形式便于渠沟的维修管理，道路与末级固定沟渠都不相交。但今后拓展有困难。拖拉机机组进入田间必须跨越排水斗沟，需要修建较多的交叉建筑物。在降水较多的地区，排水斗沟断面较大，若采用这种形式基建投资大。在降雨量较小的北方地区，可以采用这种形式。

③沟—林—渠—路—田：这样布置形式对于农业机械的田间作业比较有利，而且拓宽比较容易，但田间路要跨过所有的农渠，必须修建较多的交叉建筑物。同时，还要在渠路之间植树两三行或开挖路沟，以便截排渠边渗水，保证路面干燥。

(2)生产路

生产路的规划应根据生产与田间管理工作的实际需要确定。生产路一般设在田块的长边，其主要作用是为下地生产与田间管理工作服务。一般路基宽为 2～4 m。

①旱田生产路规划。平原区旱地田块宽度一般为 400～600 m，宽的可达 1 000 m。在这种情况下，每块田块可设一条生产路。如果田块宽度较小，为 200～300 m，可考虑每两块田块设一条生产路，以节约用地，如图 5.27 所示。

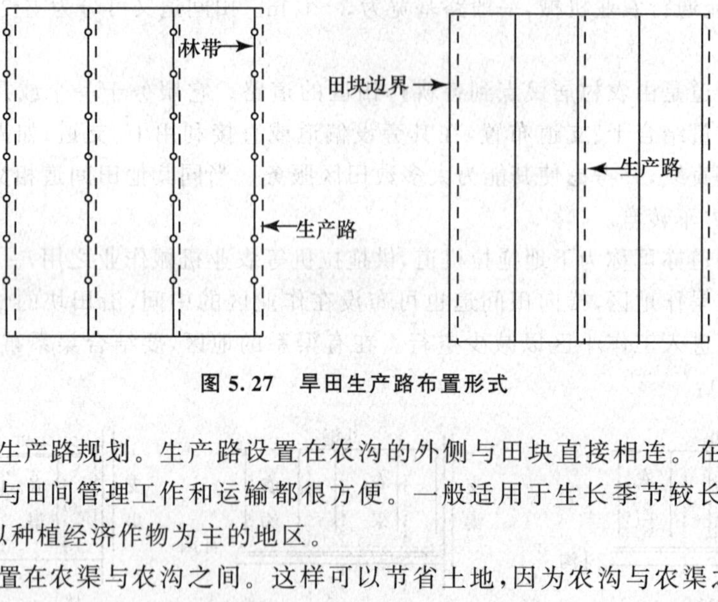

图 5.27　旱田生产路布置形式

②灌溉区生产路规划。生产路设置在农沟的外侧与田块直接相连。在这种情况下，农民下地生产与田间管理工作和运输都很方便。一般适用于生长季节较长、田间管理工作较多，尤其以种植经济作物为主的地区。

生产路设置在农渠与农沟之间。这样可以节省土地，因为农沟与农渠之间有一定间距。田块与农沟直接相连有利于排除地下水与地表径流，同时可以实现两面管理，各管理田块的一半，缩短运输活动距离。一般适用于生产季节短、一年只有一季作物且以经营谷类为主的地区。

(3)梯田区田间道和生产路

梯田的田间道与生产路布局应按照具体地形，采取通梁联峁、沿沟走边的方法布设。田间道多设置在沟边、沟底或山峁的脊梁上，宽 2 m，转弯半径不小于 8 m。为防止流水汇集冲毁田坎，沟边的路应修成里低外高的路面，并每隔一段筑一小土埂，将流水引入梯田。生产路也应考虑到通行小型农机具的要求，如山底坡缓，路呈斜线形；如山高坡陡，路可成

"S"形、"之"字形或者螺旋形迂回上山(图 5.28)。

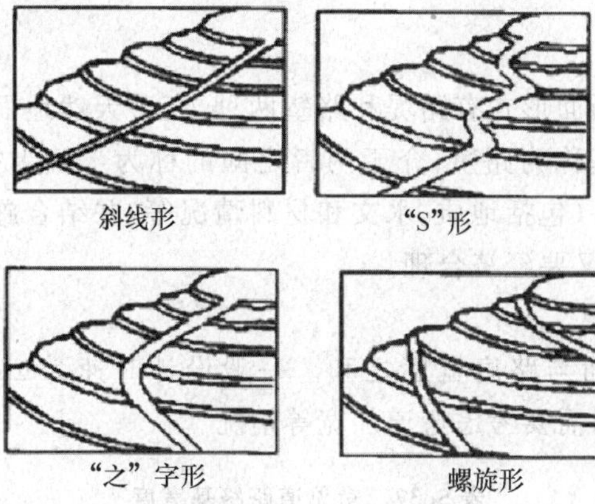

图 5.28　梯田区田间道路布置图

5.4.2　纵断面设计

纵断面设计中纵坡设计是主要方面，设计要结合布线的意图进行综合分析、比较，确定合理的纵坡及坡长。主要技术指标有最大纵坡、最小纵坡、最小坡长及最大坡长等。一般规定干支道的纵坡在平原地区一般应小于 6%，在丘陵山区应小于 8%，个别大纵坡地段以不超过 11%为宜；田间道和生产路最大纵坡宜取 6%～8%，最小纵坡以满足雨雪水排除要求为准，一般宜取 0.3%～0.4%，多雨地区宜取 0.4%～0.5%。

道路纵断面示意图反映了道路中线原地面的起伏情况以及路线设计的纵坡情况。纵断面示意图上主要反映两条线，一是地面线，是根据道路中线上各桩的高程点绘成的一条不规则折线，反映了原地面的起伏变化情况；另一是路面线，是经过技术研究后确定出来的一条具有规则形状的几何线形，反映了道路路线的起伏变化情况(图 5.29)。

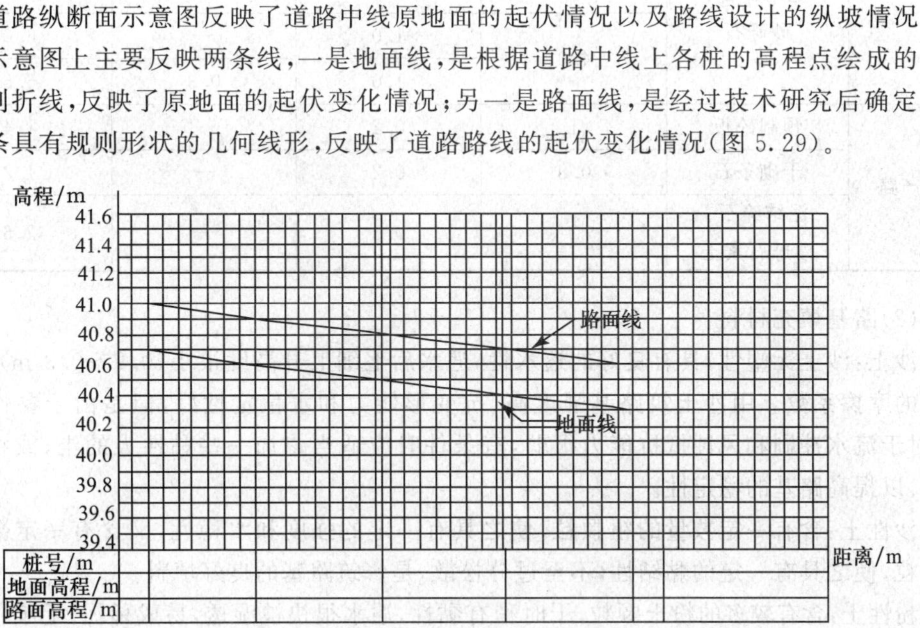

图 5.29　道路纵断面示意图

5.4.3 路基设计

一般常见的路基横断面形式有路堤和路堑两种：高于天然地面的填方路基称为路堤；低于天然地面的挖方路基称为路堑；介于两者之间的称为半填半挖路基。路基应根据其使用要求和当地自然条件(包括地质、水文和材料情况等)并结合施工方法进行设计，既要有足够的强度和稳定性，又要经济合理。

(1)路基宽度与高度

路基宽度为行车路面与路肩宽度之和。一般设计时速为 20 km/h 时，路基宽度如表 5.37 所示。在弯道处，需要考虑弯道加宽等情况。

表 5.37 常见道路路基宽度 m

道路类型	路面类型	路面宽	土路肩	砌石路肩	路基宽
田间道	混凝土 沥青	6.0	1.0	—	8.0
			1.0	0.3	8.6
		3.5	1.0	—	5.5
			1.0	0.3	6.1
		8.0	1.0	—	10.0
			1.0	0.3	10.6
	泥结碎石、 砂砾石	6.0	1.0	—	8.0
			1.0	0.3	8.6
		4.0	1.0	—	6.0
			1.0	0.3	6.6
生产路	预制砼板	1	0.2	—	1.4
	干砌条石	0.8	0.2	—	1.2
	泥结碎石、 沙砾石素土	2	0.3	—	2.6

(2)路基填充材料

沙土：沙土无塑性，具有良好的透水性，遇水后毛细上升高度很小(0.2～0.3 m)，具有较大的摩擦系数。用沙土筑路基强度高、抗变形能力和水稳定性好，但是由于黏性小易散，对于流水冲刷和风蚀抵抗能力很弱，有条件时应适当掺加一些黏性大的土，或将表面加固，以提高路基的稳定性。

沙性土：含有一定数量的粗颗粒，使之具有一定的强度和水稳性，又含有一定数量的细颗粒，使之具有一定的黏结性，不至过分松散，是修筑路基的良好填料。

粉性土：含有较多的粉土颗粒，干时稍有黏性，遇水很快被湿透，易成稀泥，毛细作用强烈，在季节性冰冻期，水分集聚现象严重，春融期间极易翻浆和冻胀，是最差的筑路材料。

黏性土：黏性土的黏聚力大，透水性大，干燥时坚硬，浸润后不易干燥，强度急剧下降。

具有较大的可塑性、黏结性和膨胀性，毛细现象也很显著，干湿循环所引起的体积变化很大。黏性土不是理想的路基材料，当给予充分压实处理并结合良好排水设施时，可作为路基材料。

碎石质土：颗粒较粗，含细粒成分不多时，具有足够的强度、抗变形能力和水稳定性，是修筑路基的良好材料。使用时要注意填方的密实度，以防止由于空隙过大而造成路基积水、不均匀沉降或表面松散。

碎石：透水性很强，水稳定性好，强度高，施工季节不受影响，是最好的路基填筑材料。

5.4.4 路面设计

(1)路面设计标准轴载与路面等级

道路路面设计以双轮组单轴 100 kN 为标准轴载。一般情况路面等级为中级或低级，经济发达地区路面等级可适当提高为次高级。

(2)路面结构

路面结构通常是分层铺筑，按各个层次功能的不同，分为面层、基层和垫层。

①面层：是直接承受车辆载荷及自然因素影响的表面层。所用材料主要为水泥混凝土、沥青混凝土、沥青碎石混合料、碎(砾)石掺土和不掺土的混合料和块石料。面层在必要时可分为两层或三层铺筑。

②基层：主要承受由面层传来的车辆荷载垂直力，并将其扩散到下面的垫层和土基中去。实际上，基层是路面结构中的主要承重层。基层所用的材料主要是由各种结合料(如石灰、水泥或沥青等)或碎(砾)石或工业废渣(主要是粉煤灰)组成的混合料。

③垫层：介于土基与基层之间，它的功能是改善土基的湿度和温度状况，以保证面层和基层的强度、刚度和稳定性不受土基水文状况变化所造成的不良影响。同时还能起到扩散应力，减小土基产生的应力和变形，以及阻止路基土挤入基层的作用。垫层一般有两种类型，分别为由砂、砾石、炉渣等组成的透水性垫层和水泥、石灰稳定土组成的稳定类垫层。

路面结构层次，有时一种层次可起到两个层次的作用，但面层和基层是必不可少的。一般公路的基层宽度要比面层每边至少宽出 25 cm，垫层宽度也应比基层每边至少宽出 25 cm 或与路基同宽，以便排水。根据路面材料和结构性质的不同，各种路面结构层最小厚度，均不应小于最小稳定厚度(表 5.38)。

表 5.38 路面结构层最小厚度

结构层材料名称	最小厚度/cm	备注
沥青混凝土	3～5	粗粒用高值
冷铺细沥青混凝土	1.5	
厂拌黑色碎石和黑色碎石混合料	2～5	
沥青及渣油表面处理	1～2.5	单层 1.0 cm，双层 1.5 cm，三层 2.5 cm
沥青贯入碎石	4	

续表 5.38

结构层材料名称	最小厚度/cm	备注
路拌沥青级配砾石	5	
碎石、砂砾石	5～8	根据材料颗粒大小决定
在砂垫层上的碎石、沙砾石层	10～12	碎石用低值，砾石用高值
石灰土、石灰炉渣土	6～10	老路 6～8 cm，新路 8～10 cm
砂垫层(大块石下的)	8～12	细砂用最小值
块石基层	12～14	
块石路面	10～12	

(3)路面类型

常见的铺筑路面方式有粒料加固土路面、级配路面、泥结碎石路面，要根据就地取材的原则选用。

①粒料加固土路面。用当地的砾石、砂、风化碎石、礓石、炉渣、碎砖瓦及贝壳等粒料与当地的黏性土壤掺和以后铺成的路面。用作改善土路的砾石最大尺寸不宜超过 4 cm，砂的颗粒越粗越好。风化碎石太软的不能使用。炉渣以块状为最佳，炉渣中的炉灰应刷除。碎砖瓦的尺寸不宜太小。小贝壳可直接使用，太粗的需打碎。泥料加固土路面小雨一般能通车，但当大雨后路面变软应禁止通车。

②级配路面。用颗粒大小不一的砾石、砂材料逐级填充空隙，并借用黏土的黏结作用，经过压实得到的一定密度的路面。其密度大，透水性小，不易松散。应选用粗砂或中砂，如用细砂必须同时采用黏性较大的土，以保证混合料具有规定的塑性指数。

③泥结碎石路面。以碎石或轧碎的卵石为骨料，以泥浆为黏结料，经碾压后，以碎石相互嵌固而稳定成型的路面。石料颗粒应多为棱角块体，不得含有其他杂质，其最大粒径不宜超过 35～40 mm。黏土不得含有腐殖质或其他杂物，用量不宜超过 20%(黏土干重与石料干重之比)，以灌满为止，土与水的比例一般按 1∶(1～0.8)为宜。为了防止雨天泥泞及晴天尘土飞扬，并抵抗行车切向力的作用，当要求较高时，一般应加铺磨耗层。磨耗层可采用砾(碎)石混合料，厚度以 2～3 cm 为宜；或采用沙土混合料，厚度以 1～1.5 cm 为宜。

5.5 农田防护工程设计

5.5.1 农田防护林工程设计

(1)林带设置与方向

农田防护林宜与农田基本建设同时规划，也可以根据实际情况进行补栽。平原区的田块多为长方形或正方形，道路则和灌排渠沟与农田相结合而设置。据此，林带宜栽植在呈网状分布的渠边、路边和田边的空隙地上，构成纵横连亘的农田林网，降低或防御害风。

农田防护林的方向一般根据项目区的主要风害方向和地形条件来决定。一般要求主林带的方向垂直于主害风方向并沿田块的长边布置，而副林带沿田块短边布置。在地形较为复杂的地区，当主林带无法与主害风方向垂直时，可与主害风方向呈30°夹角布置，最大夹角不超过45°，否则严重削弱防护效果。

(2)树种选择

树种的选择对于防护林的建设是至关重要的，根据地区防护要求和防护林的结构类型合理地选择适生物种是防护林规划设计的前提。根据我国各农田防护林分区的自然特点和各地长期的经验，主要造林树种如表5.39所示。

表5.39　农田防护林类型主要造林树种一览表

分区	主要树种	
	乔木	灌木
东北及内蒙古东部	小叶杨、小青杨、北京杨、白榆、旱柳、文冠果、兴安叶松、樟子松、油松	小叶锦鸡儿、胡枝子、沙棘、沙柳
华北北部	小黑杨、青杨、群众杨、新疆杨、旱柳、樟子松、华北落叶松、沙枣、山杏、山榆	小叶锦鸡儿、沙棘、沙柳、花棒、胡枝子
华北中部	北京杨、沙兰杨、毛白杨、大官杨、小黑杨、合作杨、银杏、白榆、泡桐、旱柳、合欢、枫杨、栾树、核桃、油松、白皮松	杞柳、紫穗槐、胡枝子
西北	新疆杨、胡杨、银白杨、旱柳、白榆、沙枣、小叶白蜡、桑树、小叶杨	梭梭、小叶锦鸡儿、沙棘、沙柳、花棒
长江中下游	枫杨、楸杨、水杉、喜树、香椿、樟树、垂柳、银杏、柳杉、旱柳、木麻黄、杜仲、毛竹	杞柳、紫穗槐
东南沿海	水杉、樟树、旱柳、桑树、大叶桉、马尾松、湿地松、杉木	沙棘、沙柳
西藏拉萨河谷	银白杨、藏青杨、旱柳、白榆、垂柳、小叶杨、青海云杉	沙棘、沙柳

(3)种植规格

各树种有不同的种植规格要求，且种植规格直接影响到防护的效果。现将主要造林树种的植树规格列于表5.40，供设计时参考。

表5.40　常用造林树种植树规格

树种	植树规格		树种	植树规格	
	株行距/m	每亩株数		株行距/m	每亩株数
马尾松	1.6×1.6,1.3×1.3	240～375	杉木	2.0×1.6,1.3×1.6	200～240
金钱松	1.6×2.0	150～200	黑松	1.6×1.6,1.3×1.3	240～375
水杉	2.0～2.6	200左右	木麻黄	1.0×1.0	667

续表 5.40

树种	植树规格		树种	植树规格	
	株行距/m	每亩株数		株行距/m	每亩株数
柏树	1.6～2.0	200～240	樟树	2.0×2.0,2.0×1.6	167～200
楠树	1.6×1.6,1.6×2.0	200～240	香椿	2.0～2.3	160～200
桉树	2.0×2.0,2.0×1.6	167～200	紫穗槐	1.0×1.0,1.0×1.3	500～667
泡桐	2.6×3.0	90	白榆	1.6～2.0	150～200
杞柳	每穴4～5株	600穴	油桐	2.6～3.3	80左右
刺槐	1.5×1.5	240～300	板栗	5.0～6.6	50左右
油茶	2.6×3.3,2.3×2.6	80～120	枫杨	2.0～2.6	200左右
榆树	2.0×2.0	200～240	梧桐	2.0～2.6	200左右

5.5.2 梯田工程设计

梯田是山区、丘陵区常见的一种农田形式，它是由地块顺坡按等高线排列呈阶梯状而得名。梯田具有保水、保土、保肥作用，能有效减洪减沙，对于改变地形、改良土壤、增加产量以及改善生态环境都有很大的作用。

按断面的形式可分为阶台式梯田和波浪式梯田两类：阶台式梯田是在坡地上沿等高线修筑成逐级升高的阶台形的田地，阶台式梯田又分为水平梯田、坡式梯田、反坡梯田、隔坡梯田四种；波浪式梯田是在缓坡上修筑的断面呈波浪状的梯田，又名宽埂梯田，一般是在小于7°的缓坡平地上，每隔一定距离沿等高线方向修软埝和截水沟，两埝之间保持原来坡面。

梯田断面设计首先要确定最优断面的概念，即断面要同时达到三点要求：①要适应机耕和灌溉要求；②要保证安全与稳定；③要最大限度地省工。最优断面的确定是梯田断面设计的主要任务。梯田断面要素包括田面宽、田坎高、地面坡度和田坎侧坡、田坎占地宽及田坎占地百分数之间的关系，如图5.30所示。

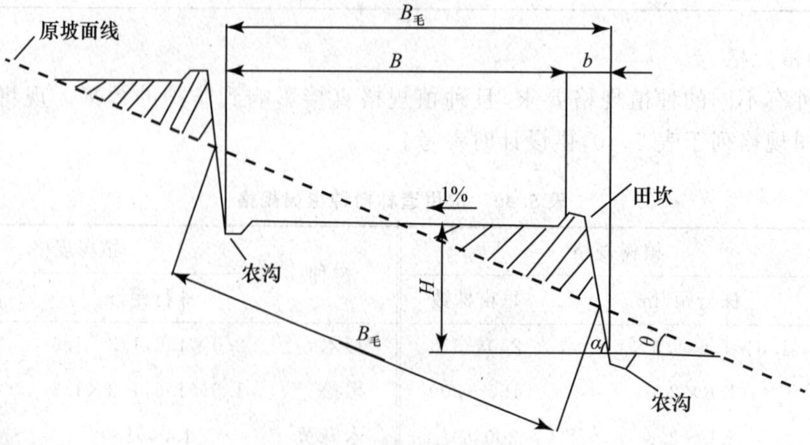

图5.30 梯田断面图

梯田断面各要素之间的关系如下：

$$\begin{cases} H=B_{斜}\sin\theta \\ B_{斜}=H\cos\theta \\ b=H\cot\alpha \\ B_{毛}=H\cot\theta \\ B=B_{毛}-b=H(\cot\theta-\cot\alpha) \end{cases} \quad 5.131$$

式中：$B_{斜}$——原坡面斜宽，m；

$B_{毛}$——田面毛宽，m；

b——田埂占地宽，m；

B——田面净宽，m；

H——田坎高度，m；

α——梯田田坎坡度，(°)；

θ——原地面坡度，(°)。

梯田土方量计算一般按填方和挖方平衡的原则，其断面面积是：

$$S=\frac{1}{2}\times\frac{B}{2}\times\frac{H}{2}=\frac{HB}{8}(m^2) \quad 5.132$$

每亩梯田埂坎长：$L=666.7/B(m)$　5.133

每亩梯田土方量：$V=\frac{HB}{8}\times\frac{666.7}{B}=88.3H(m^3)$　5.134

根据上式可算出不同田坎高的每亩土方量，见表5.41。

表5.41　不同田坎高与土方量的关系

田坎高/m	0.5	1.0	1.5	2.0	2.5	3.0	3.5	4.0
每亩田土方量/m^3	42	83	125	167	208	250	292	333

梯田最优断面的关键是最优的田面宽度，就是在保证适应机耕和灌溉的条件下，田面宽度为最小。根据不同的地形和坡度条件，在不同的地区分别采用不同的田面宽度。

田面宽度的设计，既要有原则性，又要有灵活性。在残原、缓坡地区，农耕地一般坡度在5°以下。考虑机耕的最优作业效率和灌溉要求，一般以300 m左右为宜，当然特殊情况要具体对待。丘陵陡坡地区，一般坡度在10°～30°，目前很少实现机耕耕作，但可采用小型农机进行耕作，因此要求其田面宽度不应小于8 m。

埂坎外坡除要求保证稳定性外，还要尽可能地少占地、少用工。在一定的土质和坎高条件下，埂坎外坡越缓则稳定性越好，但是它的占地和每亩修筑的用工量也就越大。反之，如埂坎外坡较陡，则占地和每亩修筑用工量也较小，但是稳定性也就较差。黄土地区不同埂坎高度条件下，采用的埂坎外坡坡度可参考表5.42。

表5.42　埂坎外坡坡度

埂坎高度/m	<2	2～4	4～6	6～8
埂坎外坡坡度/(°)	75～80	70～75	65～70	60～65

5.5.3 山坡截流沟工程设计

截流沟是水土保持坡面治理中常用的一种工程措施，是为拦截径流而在斜坡上每隔一定距离横坡修筑的具有一定坡度的沟道。坡度在40%以下的坡地均可修筑截流沟。截流沟与纵向布置的排水沟相连，把径流排走，截流沟在坡面上均匀布置，间距随坡度的增大而减小。山坡截流沟对保护其下部的农田、草地，防止沟头前进，防治滑坡，保护村庄和公路、铁路有重要的作用。

(1)设计洪峰流量

截流沟设计洪峰流量可按下式计算：

$$Q=CiA \tag{5.135}$$

式中：Q ——过水流量，m^3/s；

C ——流量系数；

i ——最大暴雨强度，m/s；

A ——集水面积，m^2。

同一截流沟各断面流量不同，距蓄水工程或排水沟越近，流量越大。

(2)沟道横断面

按谢才公式计算水流速：

$$v=C\sqrt{Ri} \tag{5.136}$$

式中：v ——流速，m/s；

C——流量系数；

R——水力半径，m；

i ——纵坡比。

横断面计算可参考前一节灌排工程设计。截流沟各段的断面尺寸不同，应分段计算，但若集水面积不大、沟道不长，可设计一个断面。

(3)沟道纵坡

为使水流达到不冲不淤的流速，沟底应保持一定的坡度，当设计流量为0.03～0.10 m^3/s时，可取1/300～1/1 000；当设计流量为0.10～0.30 m^3/s时，可取1/800～1/1 500。

在工程设计中，截流沟断面和间距的确定要取决于坡面的坡度和设计暴雨，一般可以参照表5.43进行取值。

表5.43 截流沟坡度和间距

坡度		沟间距/m	坡度		沟间距/m
%	(°)		%	(°)	
3	1.7	30	9～10	5.1～5.7	16.5
4	2.3	25	11～13	6.3～7.4	15
5	2.9	22	14～16	8.0～9.05	14

续表 5.43

坡　　度		沟间距/m	坡　　度		沟间距/m
%	(°)		%	(°)	
6	3.4	20	17～23	9.38～12.57	13
7	4	19	24～37	13.39～20	12
8	4.6	18	38～40	21～21.8	11.5

【本章复习思考题】

1. 土地利用工程项目设计内容有哪些？
2. 低压管道灌溉与明渠灌溉的优缺点有哪些？
3. 田间道路的路面结构由哪几个部分组成？

【本章课后实验内容】

实验六　土地平整土方计算；
实验七　农用井工程设计；
实验八　田间道路工程设计；
实验九　灌溉排水渠系设计。

Chapter 6

第6章 土地利用工程项目管理

【本章学习任务】

1. 掌握土地利用工程项目管理的内容；
2. 熟悉土地利用工程项目申报、实施、验收管理的内容。

6.1 土地利用工程项目管理概述

6.1.1 项目管理对象的分类

(1)按土地整理的对象划分

依据对象的不同，土地利用工程包括土地开发、土地复垦和土地整理三种类型。

(2)按项目的投资途径划分

按照项目的投资途径划分，包括：国家级项目(国家投资土地整治项目和国家农业综合开发项目)、省级项目(省投资土地整治项目)、市级项目(市投资土地整治项目)、耕地占补平衡项目(一般项目和异地补充耕地重点项目)等。

(3)按照建设规模的大小划分

按照建设规模的大小又可以分为大型土地利用工程项目、中型土地利用工程项目和小型土地利用工程项目。

(4)按工作开展重点划分

根据国家土地整治工作的管理实际可分为农田整理项目、土地复垦项目、土地开发项目、农村土地综合整治项目和重大工程项目等五类。

6.1.2　项目管理的环节与内容

(1)项目环节

一般来说，土地利用工程项目的整个过程包括以下九个环节：

①编制可行性研究报告；

②项目可行性研究评估；

③开展项目规划设计与预算编制；

④项目实施准备；

⑤项目实施；

⑥中期检查；

⑦竣工验收；

⑧土地权属调整与土地登记；

⑨项目评价与后期管护。

(2)项目管理内容

与项目环节相对应，土地利用工程项目管理内容可分为五个方面。

①项目立项管理：规定不同类别土地利用工程项目申报的时间、程序；明确项目申报的必要条件，如基础条件、建设规模、新增耕地比例、资金筹集等；规范项目申报的具体要求，包括建设期、投资额、资金使用规定等；规范项目的申报材料；对上述各项要求进行立项审查，通过审批项目纳入项目库。

②项目规划设计管理：制定项目规划设计有关标准，包括土地平整工程标准、灌溉与排水工程标准、田间道路工程标准和农田防护与生态环境工程标准；制定项目规划设计审查标准，包括基本指标核查、规划设计内容审查、工程总体平面布局审查、图件审查和主要工程量审查等相应标准。

③项目实施管理：指对项目实施的指导、监督与管理。项目实施全过程全方位的管理，包括项目实施准备管理、质量管理、进度管理、技术管理、成本控制和资金管理等方面。土地利用工程项目应严格按照批准的规划设计组织实施，凡涉及建设位置、建设规模、新增耕地面积、规划设计主要工程建设内容等调整的，必须经原批准立项单位同意，并办理规划变更手续；凡经批准实施的项目未按规定要求实行招投标，擅自改变规划建设的，项目竣工后一律不予验收。

④项目验收管理：规定项目验收的依据、标准、程度，建立规范的项目验收报告制度。项目工程质量验收是项目验收的重要内容，也是验收中的重点与难点。其主要目的是考核工程的建设标准是否达到规划、设计要求。对新增耕地面积严格把关，必须经过有资质的测绘单位实测，并经项目所在村和乡镇确认。

⑤项目后期管理：项目后期管理是项目工程完工后，项目承担单位以委托等方式确定管护组织或个人，管护组织或个人按照业主单位的有关规定，对项目土地、农田水利设施、道路、林网等设施进行管理、养护等行为。

6.1.3　项目管理机构

项目管理机构包括自然资源部及其国土整治中心，各省(自治区、直辖市)级自然资源行政管理部门及其承担土地开发整理职能的相关部门，县(市、区)级国土资源行政管理部门及其相应职能部门三个级别。

(1)国土资源部土地整理中心

国土资源部土地整理中心是国土资源部负责土地开发整理工作的直属事业单位，它的主要任务是：

①编制全国土地整治规划项目计划，指导地方组织实施，对地方编制土地整治项目计划进行技术指导，在全国范围内选择和运作土地整治示范项目；

②参与拟定有关政策法规、技术规程、管理办法，开展土地整治调研；

③承办对国家土地整治项目的验收工作和对地方土地整治项目的复核；

④管理、使用有关土地整治专项资金；

⑤开展土地整治资源调查，参与编制全国土地整治专项规划；

⑥开展土地整治和农地转用项目的咨询服务及评价；

⑦建立土地整治信息系统，提供信息服务，编辑、出版土地整治的文献资料；

⑧开展土地整治技术研究，开展土地整治宣传、经验推广、技术培训、指导的工作；

⑨开展土地整治的引资、国际交流与合作。

(2)省(自治区、直辖市)土地整治职能部门

省(自治区、直辖市)土地整治职能部门是省(自治区、直辖市)国土资源行政管理部门的下属事业单位，主要负责：

①认真贯彻执行国家、省、市有关法令、法规和文件，坚持依法办事；

②承担省(自治区、直辖市)国土资源行政管理部门交办的全省(自治区、直辖市)行政区耕地占补平衡项目管理工作中事务性、服务性工作；

③审核各县(市、区)申报的立项材料，组织对项目内外业核查，确定年度全市耕地占补平衡项目库，并报上级省厅备案；

④负责检查、监督耕地占补平衡项目库的具体实施，并提供具体指导、业务咨询；

⑤接受各县(市、区)验收申请，分批次组织进行内外业验收，并将验收最终认定成果上报省厅备案；

⑥建立完善耕地占补平衡项目库资料档案。

(3)县(市、区)级国土资源行政管理部门

县(市、区)级国土资源行政管理部门是基层项目管理单位，有些地方在其下设立了直属事业单位县(市、区)土地整理中心，它们的主要职责如下：

①认真贯彻和实施土地整治政策法规、技术规程、管理办法，积极参与土地整治项目的调研；

②负责项目的选址、申报立项、实施方案的编制；

③组织项目的实施；

④承办土地整治项目资金概(预)算初步审查，参与土地整治项目的财务监督、检查；

⑤对实施项目的质量、进度等进行监督，先由县(市、区)局分别组织验收，验收合格后再申请市级验收，市国土资源局将验收情况汇总后，报省国土资源厅备案，并接受省级抽查。

6.1.4 项目资金的管理模式

我国1999年正式开展第一批国家投资土地整理项目,同时开始了规范的土地整理管理工作。至今,资金管理政策的发展可分为两个阶段:2000—2006年,以国土资源部出台的《国家投资土地整理资金管理暂行办法》为准。2006年后,国土资源部将资金使用权责下放至各省(自治区、直辖市)土地行政管理部门。各省(自治区、直辖市)以部暂行办法为基础,结合自身特点,纷纷制定了不同的资金管理政策。综合各省(自治区、直辖市)的管理特点,认为可以分为三类:以湖北、天津为代表的"传统型"资金管理政策;以福建、重庆为代表的"简约型"资金管理政策;以浙江为代表的"混合型"资金管理政策。

(1)2006年以前国土资源部土地整理资金管理政策要点

①以项目为依托。专款用于中央确定的耕地开发整理重点项目、经中央批准的耕地开发整理示范项目和对地方耕地开发整理项目进行补助的投资。

②由县(市、区)土地局负责编制项目可行性报告、规划设计与预算,由省(自治区、直辖市)土地行政主管部门统一上报国土资源部。

③国土资源部对上报的项目规划设计、年度项目计划和预算进行审查,符合部有关规定的,纳入部土地整治项目库(初审库),编制国家年度项目计划与预算。

④国土资源部将国家年度项目预算报送财政部,经同意后,由财政部和国土资源部共同下达年度项目计划与预算。下达执行的国家年度项目计划与预算中的项目纳入部土地整治项目库(预算库)并予以公告。

⑤国土资源部根据土地有偿使用费年度收入预算的执行情况、下达的项目预算和项目工作进度办理项目资金的拨付。在项目竣工验收前,拨付的项目资金不超过支出预算的80%,其余20%待项目竣工验收合格后拨付。

(2)2006年以后各省(自治区、直辖市)土地整理资金管理政策要点

2006年以后,国土资源部改变了以项目为依托的土地整理资金预算与拨付方式,而是按照相关规定仅确定各省(自治区、直辖市)土地整治年度投资总额,由财政部将相应资金直接拨付至省(自治区、直辖市)级财政。各省(自治区、直辖市)级土地管理部门根据实际条件,建立了不同的资金使用模式。

①"传统型"资金管理政策要点。以湖北和天津为代表的传统型土地整治资金管理政策,基本上延续了国土资源部的原有管理方式。即以项目为依托,由区(县)土地局负责编制项目可行性报告,通过立项申请后纳入项目库,省(自治区、直辖市)国土资源管理部门,编制年度项目预算,列入财政预算。省(自治区、直辖市)国土资源管理部门或区县土地局组织开展规划设计与预算,省(自治区、直辖市)国土资源管理部门并会同省(自治区、直辖市)财政部门组织有关部门及有关专家对项目的规划设计方案和预算草案进行评审。评审通过后,将项目支出预算联合下达到项目所在区(县)财政局和国土资源局。

②"简约型"资金管理政策要点。以福建和重庆为代表的简约型土地整治资金管理政策,效仿国土资源部2006年以后的管理方式,直接将由省(自治区、直辖市)使用管理的专项资金依据一定比例,进一步直接拨付至各县(市、区)土地管理部门。县(市、区)土地管

理部门与财政部门负责编制项目可行性报告、规划设计与预算，以及项目的审核、入库和预算下达等所有工作。省(自治区、直辖市)土地管理部门委托专业技术单位进行项目抽查、监督等工作。

③"混合型"资金管理政策要点。以浙江为代表的混合型土地整理资金管理政策，兼具传统型与简约型资金管理政策的特点，将省投资项目分为省直接承担项目与县(市、区)承担项目两个大类。省承担项目的资金预算建议，由省土地整理中心负责组织编制，厅计财处会同耕地保护处组织审核；县(市、区)承担项目的资金预算建议由项目承担单位编制，县(市、区)自然资源局财务部门会同相关业务部门组织审核。

6.2 项目立项管理

6.2.1 项目申报的原则和条件

(1)项目申报原则

组织申报和实施土地利用工程项目，必须遵守以下原则。

①保护和改善生态环境，促进资源可持续利用。

②增加有效耕地面积，促进实现耕地总量动态平衡与农业可持续发展。

③依据土地利用总体规划和土地整治规划，符合土地利用年度计划。

(2)项目申报的条件

项目申报的条件必须具有充足的土地后备资源及符合本市制定的土地整治规划及土地利用年度计划、新增建设用地土地有偿使用费收入预算等。同时，国土资源部门按符合上述条件初步拟定项目上报组织实施后，要充分征求拟定的项目区范围内当地乡镇、村领导及基层群众代表的意见，得到他们的认可，才能确定项目的上报。一般来说应当具备下列条件。

①项目选址必须符合土地利用总体规划和土地整治规划。

②项目必须在项目库中。

③项目所在区位具有项目实施所必需的路、水、电等基础设施或已制定相关的道路、水利、电力工程和村庄改造等建设方案。

④当地政府及干部群众有较高的土地整治积极性。

⑤项目规模须达到一定面积。项目规模与土地开发项目、土地整理项目及土地复垦项目等不同类型有关，并呈现出较大的区域差异。如某地区规定土地开发项目规模须达到 20～200 hm^2，单片面积不少于 2 hm^2，片数不超过 10 片；土地利用工程项目规模须达到 200～2 000 hm^2，项目区集中连片，单片面积不少于 60 hm^2，片数不超过 10 片；土地复垦项目规模须达到 200～1 000 hm^2，项目区集中连片，单片面积不少于 60 hm^2，片数不超过 10 片。

6.2.2 项目申报的材料

项目承担单位向具有项目立项审批权的自然资源管理及相关部门申报立项，项目申报材料包括：

①立项申请；

②项目可行性研究报告(附电子文档)；

③县(市、区)自然资源局组织项目可行性论证的文件和区、县有关部门的审查意见；

④县(市、区)自然资源局出具的符合县(市、区)、乡(镇)两级土地利用总体规划的意见；

⑤项目区标准分幅土地利用现状图、项目总体规划图；

⑥征求土地权属单位意见的说明和县(市、区)自然资源局出具的土地权属情况证明；

⑦现场踏勘报告及影像资料；

⑧其他有关资料。

6.2.3 项目审批程序

审批的责任单位为省(自治区、直辖市)自然资源厅或县(市、区)自然资源局。审批单位可委托相关技术单位或事业单位组织项目立项的审查。项目立项的审查人包括审查人员和评审专家。审查人员由耕保、规划、财务、土地整理中心等相关工作人员组成。评审专家则由有关部门、大专院校及相关单位中产生。

(1)审查程序

①受理。

②审查。审查单位收到立项申报材料后，组织审查人员进行审查。主要是对项目的合法性、合规性、必要性、可行性及项目报件的规范性、完整性、数据一致性等进行审查；审查人员进行项目立项审查现场踏勘，并填写项目立项审查现场踏勘表；由审查单位根据审查人员的审查意见，提出综合意见。

③评审。审查单位对通过审查的项目组织评审专家进行评审，主要是对项目可行性研究报告进行技术审查；评审专家对每个评审项目提出评审意见。

④修改。项目申报单位根据审查和评审意见，对项目可行性研究报告进行修改完善。

⑤会审。审批单位组织相关单位负责人参加的会审会，研究确定土地利用工程项目是否立项入库。

⑥批复。审批单位决定土地整治项目，下达立项批复。国家投资项目报自然资源部备案。

(2)审查内容

①项目立项审查现场踏勘。项目立项审查的现场踏勘，主要考察项目区的各项条件与可行性研究报告是否相符，公众参与是否得到了真正落实，所提出的各项规划技术指标

能否实现。

②审查人员的审查内容。审查内容包括:项目的合法性审查;项目合规性审查;报件完备性审查;可行性研究报告完整性审查;可行性研究报告一致性审查;可行性研究报告与现场踏勘报告内容的一致性审查;可行性研究报告有效性审查。报告中涉及的有关文件,要有相关单位的公章;项目现状图、规划图要有图签和编制人员签名,并加盖绘制单位公章;专家评审意见要有专家本人签名;可行性研究报告按规范性审查。

③评审专家的审查内容。评审专家的审查内容包括:可行性研究报告控制指标的合法性审查,具体包括项目建设规模、新增耕地率、建设工期、片数及单片规模等指标是否符合国家有关规定;立项必需的基础设施审查;土地适宜性评价及土地利用限制因素分析审查;水资源供需平衡分析审查;土地权属调整方案审查;技术方案审查,具体包括工程建设内容审查、工程布局方案审查、工程建设标准审查、工程建设进度安排合理性审查、灌溉用水方案与水资源供需平衡分析结果相符性审查,以及方案选择优化审查等;图件审查。

6.3 项目规划设计管理

6.3.1 项目规划设计标准

(1)土地平整工程

耕作田块布置标准,包括耕作田块类型、布局、土地权属、田块设计、高程设计等;平整度标准,分为水田与旱地;田面坡度标准,分为平原与梯田。

(2)灌溉与排水工程

工程级别标准,包括水源工程等级、输(排)水工程等级、渠系建筑物工程等级以及泵站工程等级;灌溉标准,包括灌溉设计保护率、灌水延续时间、灌溉用水定额以及泡田定额等;排水标准,包括排渍标准和排涝标准;建筑物防洪标准;水质标准;灌溉水利用系数标准。

(3)田间道路工程

田间道路分级标准;田间道路等级标准;路网密度标准;田间道路布置标准。

(4)农田防护工程

农田林网工程标准,包括农田防护林类型及适应地区、网格大小、林带走向、林带间距和林带宽度、林带断面形状、林带结构、树种选择等;岸坡防护工程标准;沟道治理工程标准;坡面防护工程标准。

6.3.2 项目规划设计审查标准

(1)基本指标核查

核查项目区土地利用现状地类划分是否正确,文、图、表是否一致。对规划施工设计报告中项目所涉及行政乡(镇)村、建设规模、新增耕地面积(新增耕地率)以及项目区地貌类型等基本指标进行前后对照,核查基本指标是否前后一致,文、图、表是否相符。通过核查道路、沟渠等线形工程用地和各类土地面积,核查新增耕地面积计算是否准确。

(2)规划设计内容审查

主要审查规划设计报告的规范性、内容的齐全性、基础分析的有效性。项目选址审查。主要审查项目选址是否全面考虑了灌溉、排水、交通和行政区划等关系项目的完整性、可实施性和经济性等问题。设计内容齐全性审查。主要根据相关标准和有关文件,审查设计报告规定的内容是否齐全。设计报告中必须有分类工程量。

(3)基础分析审查

必要的设计依据资料是否充分、有效。项目区基本情况介绍是否全面、清楚。项目基础分析与采取的规划方案是否紧密相关。基本方案选择是否合理。如平原湖区的土地整理工程是否考虑地下水位的影响,并在设计中采取了应对措施;山地丘陵地区是否采取了水土保持措施;原有工程设施是否充分合理利用。如未利用,应充分说明理由。

(4)工程总体平面布局方案审查

各项工程之间是否协调统一(如路渠协调布局、交叉建筑物的布置等)。一般情况下,道路和沟渠布置间距要符合标准要求。布置田间水利工程是否考虑到灌溉水源与排水承泄区的位置以及项目区地形情况等,以保证排水和灌溉渠道获得最大自流排水和灌溉面积。特别注意灌溉工程与水源的连接和排水工程与承泄区的连接是否描述清楚,干旱地区是否规划排水沟应充分说明理由。项目区道路布置是否通达合理、方便生产生活。主要道路与居民点是否连接,与整理区外的主要道路是否相通。各类建筑物布置是否必要、合理。工程布置是否做到尽量减少工程量,保证工程安全,少占耕地,提高土地利用效率和工程效益。

(5)主要单项工程设计审查

①田块设计:田块方向。平原区:田块长边尽量沿南北方向布置;丘陵区:梯田是否沿等高线布置。田块规模设计应因地制宜。

②灌溉排水工程设计:审查各项水利工程的计算公式、步骤、指标选取及计算结果的合理性。

③田间道路工程设计:审查是否有道路工程内容不符合规范要求。

④农田防护林工程设计:审查农田防护林的布置是否合理。设计的防护林树种是否适地适树,设计株、行距是否合理。

⑤图件审查:包括土地整治项目现状图、规划图和单体工程设计图审查。

现状图:有图名、图例、制图单位和制图日期;项目现状图比例尺,能满足工程规划和设计要求;土地利用变更日期、各类(三级)用地面积统计表、项目建设区边界、项目区最新土地利用现状分布情况、土地权属界线、所涉及乡镇和村庄的名称;项目所在区位水源及现有的主要道路、排灌沟渠、机井、蓄水池、堤坝、建筑物、电力等基础设施。

规划图:图名与申报项目名称应一致(关键要确认是否为同一块地);项目规划图应以项目现状图为基础进行编制,项目建设区边界必须完全一致,原有基础设施和等高线应做淡化处理并能清楚显示;规划的不同类型和规格的工程应清晰易读,改、新建工程标识明显，需要平整的田块应标注平整范围和设计高程；沟、路、林、渠、建（构）筑物、机井、输电线路、田块布置等各项工程总体布局要明确，主要单项工程要有编号，工程类型和数量要与报告中描述的相符；灌排沟渠（管）布局应合理，不同级别渠系之间应能合理连接，沟渠应标注水流方向，不同级别的灌溉渠道的灌溉面积是否与设计基本相符；各级排灌沟渠和道路的相互关系与配置要合理；应附规划前后各种地类面积变化情况对比表，并与图上地类变化情况基本相符；图例应符合《土地整治项目规划施工设计规范》要求，并与规划工程所用图式符号一致；应有图签栏并签署完备，同时加盖设计单位公章。

单体工程设计图：项目建设区所有新、改建工程应有典型设计图，所有设计图应清晰标注设计尺寸和比例尺等；不同类型和规格的线形工程如道路、沟渠必须有典型横、纵断面设计图；不同类型的建筑物应有平、立、剖断面设计图，需要配筋的，应有配筋图，并列表统计工程量；工程设计形式、结构、材料应与设计报告内容一致；单体设计图签栏应签注完备，并加盖设计单位公章。

⑥主要工程量审查：设计报告应附主要工程量的计算方法、过程和结果。审查在原有设施基础上新建、修复、加固、改造等工程量的计算是否正确。

a. 规划线形工程建设长度和建筑物数量复核。道路、沟渠等线形工程，根据规划图分类逐条统计其长度并汇总，是否与设计报告和预算书对应一致；规划灌溉管道根据规划图分类逐条统计其长度并汇总，是否与设计报告对应一致；规划不同类型建筑物应清晰标注在规划图上，并根据规划图分类统计其数量，是否与设计报告对应一致。

b. 道路、沟渠、管道等线形工程土方挖填等工程量的复核。根据设计报告或设计图确定的施工工艺，审查工程量计算方法是否合理，如方法合理，根据原方法计算工程量是否对应一致；注意挖填土方是否重复计算。

c. 建筑物工程量复核。重点复核同类工程数量多，或投资量大的工程类型；根据一般的工程量计算方法，计算单座建筑物工程量，然后汇总比较，是否与设计报告对应一致。

d. 土地平整土方工程量复核。

平原地区。要进行平整的区域应在规划图上清晰标注平整范围、原地面高程和设计高程；土地平整必须采取分平整单元逐块计算，平整单元为农渠和生产道控制的田块内部格田；审查土方工程量计算方法是否合理；如计算方法合理，根据原方法计算土地平整工程量是否与设计报告对应一致，注意土方挖填是否重复计算。

丘陵地区。

第一类：地形复杂，坡度变化不均匀。应划分不同坡度区，统计不同坡度区需要平整的土地面积；审查不同坡度区典型田块设计图是否符合规定要求，如典型田块面积不小于该坡度类型土地面积的 5%，田坎设计尺寸是否符合稳定性和生产方便等要求，土方平整工程量计算方法是否合理；如方法合理，根据原方法和设计尺寸计算土方工程量是否与设计报告和预算书一致。

第二类：地形均匀变化地区，可以采用典型推算方法。审查不同坡度区典型田块设计图是否符合规定要求，如典型田块面积不小于该坡度类型土地面积的 5%，田坎设计尺寸是否符合稳定性和生产方便等要求，土方平整工程量计算方法是否合理；如方法合理，根据原方法和设计尺寸计算土方工程量是否与设计报告和预算书一致。

⑦其他工程量复核：防护林工程量复核，林木株数复核。根据规划图防护林布局长度、株距、行距，计算总株数是否对应一致。坟墓迁移复核。应在现状图或规划图上清晰标注迁移坟墓的位置，根据规划图直接清点核对。居民点搬迁应在现状图或规划图上清晰标注搬迁村庄的范围，并附有有效的拆迁统计表。根据图表直接统计核对。当主要工程量计算方法不合理时，应根据合理的方法重新进行计算，然后比较工程量的误差。

6.4 项目实施管理

6.4.1 准备工作

项目实施准备包括项目承担单位的工作准备和项目工程承包单位的工作准备两个方面。

(1)项目承担单位的工作准备

建立管理组织、招聘人员。如建立项目建设领导小组、土地权属调解组、拆迁组、技术组，招聘管理人员、技术人员等。

进行项目实施方案公布。将项目建设方案、主要工程内容、投资总额、项目建设起止日期、初步拟定的土地权属调整方案等在项目区进行公告。同时，要进行宣传发动，吸纳百姓意见。

开展项目工程招投标。择优落实项目各项工程的施工单位、监理单位、财务资金、审计单位等，签订有关合同、协议。

制定项目管理制度。如资金管理制度、质量管理制度、工程监理制度、审计制度、工程进度控制制度等。提出项目开工报告。

(2)工程承包单位的工作准备

组建项目经理部。项目工程承包单位在签订工程合同后，首先应确定项目经理。项目经理在接受工程施工企业法人代表的委托后，组建项目经理部，并与企业法人签订“项目管理目标责任书”。项目经理部负责编制“项目管理实施规划”，制定相关的制度。

图纸会审。图纸会审是指在业主单位的主持下，由监理单位组织设计单位、施工单位、质量监督部门、物资供应部门等有关人员参加，就施工图纸的设计意图、工程技术与质量要求等，向施工单位作明确的说明。

施工组织准备。施工组织准备是就施工方案、施工进度安排，对施工平面图进行审查，确定施工机械、施工顺序、施工技术措施等。

施工现场准备。施工现场准备包括施工现场的补充勘探及测量放线，对施工道路及管线的铺设、施工临时设施的建设和施工安全的保障情况等进行检查和监督。

施工材料准备。施工材料准备主要是就材料的规格、数量、品种和材料的存储、运输等情况，以及施工机械的安排、配置情况进行检查，以保证施工的顺利进行。

6.4.2 质量管理

施工阶段的质量控制是一个由对投入的资源和条件的质量控制(事前控制)进而对生产过程及环节质量进行控制(事中控制),直到对所完成的工程产出品的质量检验与控制(事后控制)为止的全过程的系统控制过程。

(1)施工阶段质量控制的依据

施工阶段进行质量控制的依据,根据其使用的范围及性质,主要分为以下两类:共同性的依据和有关质量检验与控制的专门技术法规性依据。

①质量管理与控制的共同性依据。

工程承包合同文件;

设计文件;

国家及政府有关部门颁布的有关质量管理方面的法律、法规性文件。

②有关质量检验与控制的专门技术法规性依据。

工程质量检验评定标准;

有关工程材料、半成品和配构件质量控制方面的专门技术法规性依据;

控制施工工序质量等方面的技术法规性依据。

③施工阶段质量控制的程序。

开工(下达开工令);

工序质量(质量验收单);

分项分部工程完成(中间交工证书、中间支付证明);

单位工程竣工验收(工程移交)。

④施工阶段质量控制的方法与种类。

质量控制的方法主要有审核有关技术文件、报告或报表及现场进行监督;

质量检验的种类分为全数检验、抽样检验、免检三种。

(2)工程质量检查与验收

建筑工程质量验收应划分为单位(子单位)工程、分部(子分部)工程、分项工程和检验批。

①检验批质量验收;

②分部工程质量验收;

③分部(子分部)工程质量验收;

④单位(子单位)工程质量验收;

⑤工程验收及工程竣工验收管理。

6.4.3 进度管理

项目工程施工进度一般指从施工合同确定的开工日期到项目竣工验收之日的工程进展。一般而言,工程建设的进度控制是指对工程项目建设阶段的工作内容、工作程序、持续时间和衔接关系编制计划，将该计划付诸实施，在实施的工程中经常严查实际进度是否按照计划的要求进行，对出现的偏差分析原因，采取补救措施或调整、修改原计划，直至工程交付使用。进度控制的最终目标是确保项目进度目标的实现，建设项目进度控制的总目标是建设工期。

工程项目的施工进度控制从审核承包单位提交的施工进度计划开始，直至工程项目保修期满为止，其主要工作内容有：

①编制施工阶段进度控制工作细则；

②编制或审核施工进度计划，为保证工程项目的施工任务按期完成，监理工程师必须审核承包单位提交的施工进度计划；

③按年、季、月编制工程综合计划，工程实施的总体考虑，承包方、材料供应、业务各方的配合协调关系；

④下达工程开工令，工程开工令的发布，要尽可能及时，如果开工令发布拖延，就等于推迟了竣工时间；

⑤监督施工进度计划的实施；

⑥协助承包单位实施进度计划；

⑦组织现场协调会；

⑧签发工程进度款支付凭证；

⑨审批工程延期；

⑩向业主提供进度报告；

⑪督促承包单位整理技术资料；

⑫审批竣工申请报告，协助组织竣工验收；

⑬处理争议和索赔；

⑭整理工程进度资料；

⑮工程移交。

6.4.4　技术管理

(1)土地平整工程

土地平整工程的基本单元是标准田块，即由田间排灌渠系、道路、林带等固定工程设施所围成的地块，是进行田间耕作、管理与建设的最基本的单位。土地平整工程也是整个项目施工中最重要的环节，对表土施工应特别重视，保护表土就是保护耕地。其施工方法如下。

①复核田面高程。施工单位的测量人员预先在田块附近设置控制测量的标桩，对田块的高程进行复核，看是否符合设计原地面的高程。如果存在较大的误差时，应邀请监理单位进行复核。确实存在较大误差应与建设单位及设计单位进行协商，研究解决方案。如果需要较大的设计变更，应按有关的变更规定进行变更。

②底层检查。高程复核完成以后，对田块底层基础进行检查，看田块耕作层底下是否为淤泥，如果是，应该及早进行协商，保证施工机械及人员的安全和耕作层防渗能力。

③施工放样。在施工前应按图纸设计进行放样，控制好每个田块的边界及高程。

④表土剥离。将田块积水排干以后，进行表土剥离，剥离表土应全面，不得浪费；控制好剥离厚度，剥离表土应集中堆放，特别是雨季施工时应避免表土被雨水冲刷而流失，造成耕作层受损而影响耕作。

⑤田块平整。表土剥离后，应及时填写相应的隐蔽工程验收报告，经验收签证合格后，才可以进行田块平整，平整时应采取就近原则，挖去高于设计田面标高的土方回填至附近地域。涉及田面标高的田块，开挖及回填时应保证表土恢复前田块有足够的保水层，防止表土层底部为漏水层，在施工时应注意田面高程的控制。

⑥表土回填控制。把原来收集的表土摊铺在田块上，完成后报监理单位进行复核。

⑦田埂施工。表土恢复验收合格后，按设计要求进行田埂施工；田埂夯筑要顺直，防止漏水，在田埂内侧用黏性土涂抹夯实，防水试蓄。田埂外侧应选择黏性较强的土壤，逐层修坡，拍打结实。

⑧田坎施工。对于超过 1 m 以上的田坎应种植草皮；当田坎高度较大时，下部应设置干砌护坡或干砌挡石墙，上部以草皮护坡。

⑨河卵石地块施工。对河卵石地块平整时，应在河卵石表面铺上小卵石反滤层，再铺上 20～30 cm 黏土保水层，最后铺上表土层。

⑩施工评定。在土地平整过程中，施工单位应按单元划分地段进行自检与自评，并填写相应的评定报表与建设单位、建立单位进行审核和复评。

(2)灌溉排水工程

①土方开挖及回填工程。

a.土方开挖的顺序。对于零星的项目，在施工过程中可根据项目的进展情况穿插进行。

b.施工测量控制。

施工测量放线：施工测量放线的任务是把设计图上的布置尺寸放到地面上，即根据工程图示的坐标和标高用测量仪器确定其在实地的平面位置和所处的高程。

测放临时水准点：工程施工之前，根据图纸指定水准系统的已知水准点，引导至施工范围内，设置临时水准点，当施工牵涉到的水准系统不是一个标准时，应统一换算为工程的施工水准系统，据此设立临时水准点。临时水准点设置后，要注意编号，其精度要求闭合差不能超过规范要求，并标在图纸上。根据需要和设置的牢固程度应定期进行复测。

平面放线：根据工程的起点、终点和转折点的设计坐标，计算出这些点与附近控制点或建筑物之间的关系，然后根据这些关系把各放线点用标桩固定在地面上。在工程的起点、终点和所有转折点均已打桩核定后，再进行中心线和转角测量。

纵断面水准测量：纵断面水准测量之前，先沿工程的施工线每隔 100 m 的距离设置临时水准点，临时水准点的精度要求闭合差在平坦地区不超过 1 mm。以此水准点测出中心各桩位地面的高程，以检验设计图上地面高程和实际地面高程是否相同，并以此决定沟槽开挖的深度或管道架空的高度。

c.土方开挖。

土方开挖前，先进行场地清理，清除开挖区域内的全部杂草、垃圾、不可利用的表土及其他障碍物，运至指定的地方堆放。无实用价值的可燃物，运至指定地点烧毁；无法燃尽的残渣，运至指定地点掩埋，覆盖层不小于60 cm。对于可用表土进行收集、堆放、恢复，以免表土流失。

开挖测量放线必须准确，误差在允许的范围内。开挖之前应对测量控制点及放线位置进行校核。开挖边线应有足够数量的标志桩，并注意防止损毁和移位。

在开挖过程中，采取适当措施，防止已建成的地下构筑物被破坏。

开挖边坡施工坡度一般不小于1∶1，边坡较高的部位均设置警示牌和护栏，防止人员和车辆靠近。

d. 土方回填施工。土方回填用料应到建设单位指定地点选取，土方回填应分层夯实，每层厚度控制在40 cm左右，密实度不应小于90%。

②砌石工程。

施工放样：主要对排水沟灌溉渠的轴线即高程进行控制。放样应保证沟、渠轴线符合设计要求，而且能对沟、渠的开挖高程进行控制。

基槽开挖：根据土方开挖要求进行施工，此部分需做隐蔽工程记录与签证。

垫层施工：有反滤要求及底部需进行浆砌的沟、渠需进行垫层施工。

砌石体施工：基本要求。砌石体施工基本要求可以按以下八个字来概括：平整、稳定、密实、错缝。砌石体的材料。土地整理常用的石料分为块石、毛石、粗料石及卵石。砌石体的石料应采自施工图纸规定或监理人批准的料场，石料的开采方法应经监理人批准。

③U形槽工程

a. 施工测量控制：在施工测量控制中轴线与高程控制是最重要的部分。

轴线控制：U形槽铺设线路布置应与设计图纸吻合，在满足设计要求的情况下，其轴线应尽可能取直。

高程控制：U形槽进水口与出水口高程应符合设计高程，整体放坡也应满足设计要求，在放样过程中应避免出现下游高程高于上游高程的现象。

b. 土方开挖与回填土方开挖时，槽底高程、坡度要符合设计图纸要求；机械开挖时，在设计标高上方应保留一定厚度的原状土，进行人工清理，禁止扰动设计标高以下的原状土。

c. 渠墙或干砌石渠墙施工以渠墙或干砌石渠墙为墙体的U形槽，其墙体尺寸应符合设计尺寸的要求，墙体应符合施工规范要求。

d. 垫层铺设项目中垫层所采用的材料一般为沙料，铺设厚度为10 cm，应符合工程设计的要求。

e. U形槽铺设：U形槽一般从下游开始，使接头面向上游，每节U形槽应紧贴于垫层上，使槽体受力均匀；U形槽应按正确的轴线和坡度铺设。当坡度较大时可采取跌坎、消力井过渡。

④涵管工程施工。

a. 基槽开挖：基槽开挖应符合图纸要求及有关规范规定；开挖后，应紧接着进行垫层铺设、涵管安装施工及基槽回填等作业。

b.垫层:沙砾垫层应为压实的连续材料层,其密实度应在95%以上;石灰土作垫层时,混合料的配合比设计应在施工前报监理人批准;管涵基础应按图纸所示,结合图纸及路基填土高度设置预留拱度。

c.钢筋混凝土圆管涵成品质量:管涵成品需有出厂合格证及质量证明资料;管节端面应平整并与轴线垂直;关闭内、外侧表面应平直圆滑;管节混凝土强度应符合土质要求,混凝土配比、拌和均应符合规范有关规定;管节各部尺寸,不能超过有关规定。

d.铺设管节安装从下游开始,使接头面向上游;每节涵管应紧贴与垫层或基座上,上涵管受力均匀;所有管节应按正确的轴线和图纸所示坡度铺设。

e.接缝涵管接缝宽度不应大于10 mm;在管节接缝填塞好后,应在其外部设置C20混凝土箍圈。

f.进出水口:出水口应采用混凝土或圬工结构填筑;进出水口的沟床应整理顺直,使上下游水流稳定畅通。

g.回填经检验证实圆管涵安装及接缝符合要求,并且其砌体砂浆或混凝土强度达到设计强度的75%,方可进行回填作业,回填土按规范的规定进行。

⑤拦河坝。拦河坝主要采用浆砌石,按施工顺序,各个部位可分为基础、主体结构、消能结构。

a.基础工程:基础埋置深度应按设计要求,如地质情况与设计不符,应及时反馈并要变更设计,一般黏性土等基础及岩层基础防渗效果较好,但应注意其稳定性;砂卵石基础一般采用土工膜等进行防渗漏处理。

b.主体结构:坝体轴线、放样、变现和建筑材料应严格按设计及施工规范进行施工,并注意控制好坝顶高程。

c.消能结构:消能建筑应考虑冲刷引起的负面作用,消能结构外形储蓄应满足抗冲稳定要求,且应严格按设计及施工规范施工。

(3)道路工程

根据田间道路服务面积与功能不同,项目道路工程的主要形式有:田间道、生产路、下坡道等,道路应按设计要求施工。

①田间道。

a.施工放样:主要对道路的轴线、边线及高程进行控制。放样应保证道路的轴线、边线符合设计要求,而且能对开挖高程进行控制。

b.基础开挖及回填:根据放样进行基础开挖及回填,开挖时尽量不扰动基面以下部位,回填时不适用橡皮土,需进行分层碾压,分层厚度一般不应超过30 cm,密实度应满足设计及施工范围要求。施工完成后其表面高程及边线和放坡应符合设计要求。

c.路肩施工:田间路路肩砌石应按设计要求施工。砌石施工应符合设计、施工规范要求。

d.垫层施工:垫层的材料应根据设计要求进行选料,铺设厚度应满足设计要求,需要碾压的应按要求进行碾压;对于片石灌沙垫层应进行片石摆设,片石要留有足够的缝隙以便灌沙,灌沙时应用水来保证密实,灌满后还应进行碾压。

e.路面施工:路面施工的材料主要有石料和黏土。石料可采用轧制碎石或天然碎石。

碎石的扁平细长颗粒不宜超过 20%，并不得有其他杂质。黏土主要起黏结和填充的作用，黏土内不能含有腐殖质或其他杂质，用量不宜超过石料干重的 20%。路面施工方法与程序：施工方法常用灌浆法和拌和法，其中灌浆法效果更好。

灌浆法：灌浆法主要分为准备工作、摊铺石料、初步碾压、灌浆及碾压 5 个步骤。

拌和法：拌和法施工与灌浆法施工不同之处在于土不制成泥浆，而是将土直接铺撒在摊铺平整的碎石层上，用平地机、多齿耙均匀拌和，然后用振动压路机进行碾压，碾压的方法同灌浆法。在碾压过程中，需要时应补充洒水，碾压 4～6 遍，撒铺嵌缝料，然后继续碾压，直至碾压到无明显轮迹及在碾轮下材料完全稳定为止。

②生产路。

a. 施工放样（同田间路）。

b. 基础开挖及回填（同田间路）。

c. 路面施工：沙包土材料应符合规范要求，铺设厚度应满足设计要求，且应进行碾压。

③下田坡道。下田坡道的宽度应满足耕作机械下田的行走宽度和转弯半径。坡度不能大于耕作机械的最大爬坡度。路面强度和施工方法与连接的道路相同。

④农田防护林工程。农田防护林是布置在农田四周，以减低风速、阻挡风沙、涵养水源以及改善农田生态小气候等为目的的林网或者林带。农田防护林一般有林带结构、林带方向、林带间距、林带宽度的确定以及树种的选择与搭配、造林方法等几方面的要求。

a. 林带结构。林带结构是指田间防护林的类型、宽度、密度、层次和断面形状等的综合，一般采用林带的透风系数作为划分林带结构类型的标准。林带透风系数是指林带背风面林缘 1 m 带高范围内平均风速与旷野的相应高度范围内平均风速之比。根据林带透风系数可以将林带结构划分为三种类型：紧密型（透风系数≤0.35）、疏透型（0.35＜透风系数≤0.6）和透风型（透风系数＞0.6）。

b. 林带方向。农田防护林的方向一般根据项目区的主要风害（5 级以上大风、风速不低于 8 m/s）方向和地形条件来决定。一般要求主林带的方向垂直于主害风方向并沿田块的长边布置，而副林带沿田块短边布置。在地形较为复杂的地区，当主林带无法与主害风方向垂直时，可与主害风方向呈 30°夹角布置，最大夹角不应超过 45°，否则将严重削弱防风效果。

c. 林带间距。林带间距的确定主要取决于林带的有效防风距离，而林带的有效防风距离与树高呈正比例关系，同时与林带结构密切相关。一般林带的防风距离为树高的 20～25 倍，最多不超过 30 倍。因此，林带间距通常以当地树种的成林高度为主要依据，结合林带结构综合确定。

d. 林带宽度。林带宽度一般应在节约用地的基础上，根据当地的环境条件和防风要求加以综合分析确定。林带的防风效果最终以综合防风效能值来表示，即以有效防风距离与平均防风效率的乘积来表示。综合效能值越大，林带宽度越合理，防风效果也越好，反之则差。

e. 树种的选择与搭配。树种的选择应该按照“适地适种”的原则，选择最适宜当地土壤、气候和地形条件及成林速度快、枝叶繁茂、不窜根、干形端直、不宜使农作物感染病虫害的树种。树种搭配上要注意，统一林带只能选择单一的乔木树种，而不宜采用多种乔木树种进行行间和株间混交搭配，否则容易出现因某些树种生长较慢而导致参差不齐的断面形状，从而降低防风效果。

f. 造林方法。田防护林一般采用植苗造林的方法，主要有以下几种方式。

挖穴栽植：穴的大小和深度应略大于苗木根系。苗干要竖直，根系要舒展，深浅要适当，填土一半后提苗踩实，最后覆上虚土。

开缝栽植：松柏类小苗造林，在整好的造林地上用锄或者锹开缝，放入苗木，深浅适当。

开沟栽植：地势较平坦的造林地，用机械或人工开沟，苗木植于沟内，填土踏实。

⑤成本控制。项目成本是指项目全过程所耗用的各种费用的总和。项目成本控制则是指在项目成本的形成过程中，对生产经营所消耗的人力资源、物质资源和费用开支，进行指导、监督、调节和限制，及时纠正即将发生和已经发生的偏差，把各项生产费用控制在项目预算的范围之内，以保证按时按质、经济高效地完成施工项目。

a. 项目的组成。项目成本包括项目工程施工费、设备购置费、其他费用和不可预见费。成本控制的基本方法包括：

以施工图预算控制成本支出，按施工图预算，实行"以收定支"，或者叫"量入为出"；

以施工预算控制人力资源和物质资源的消耗；

建立资源消耗台账，实行资源消耗的中间控制；

应用成本与进度同步跟踪的方法控制分部分项工程成本；

建立项目月度财务收支计划制度，以用款计划控制成本费用支出；

建立项目成本审核签证制度，控制成本费用支出；

加强质量管理，控制质量成本；

坚持现场管理标准化，堵塞浪费漏洞；

定期开展"三同步"检查，防止项目成本盈亏异常；

应用成本控制的财务方法。

b. 同造价过程控制。

项目决策阶段的合同造价控制：建设工程项目的决策阶段包括建设项目建议书、可行性研究报告的确定，并提出建设项目投资控制数。一经批准就作为合同造价的最高限额，不得任意突破。

设计阶段的合同造价控制：包括设计概算控制、招标标底控制、技术与经济相结合控制合同造价、推行限额设计控制合同造价，还可采用工程设计招标投标、方案竞赛来选择优秀设计和优秀方案。勘察设计单位不仅应对设计人员技术落实，而且还应经济落实，使设计人员随时都具有控制工程造价的意识。

施工阶段的合同造价控制：这一阶段的合同造价控制主要体现在施工图预算控制、承包合同价的控制、施工预算额的控制、资金使用的控制，还体现在施工组织设计、施工方案的选择、施工企业的资质、施工人员的作业水平等方面，这对于提高工程质量、缩短工期、杜绝不正当费用支出等都是必要的，而且是控制工程造价的目标实现的基础。

竣工结(决)算的合同造价控制：竣工结(决)算的控制应注意按合同条款执行，若需要进行合同价款的调整，必须有充足的理由和根据。竣工结(决)算额，可以与施工图预算和设计概算对比，检查工程造价控制的目标和投资效果是否达到。

其他方面控制工程造价：如工程变更的控制造价，建设单位工程索赔控制合同造价，承建方工程索赔控制工程造价。

⑥资金管理。土地利用工程项目费用主要有：工程施工费、设备购置费、其他费用和不可预见费。

a.资金拨付：根据有关规定，项目拨款于工程开工前预先拨付30%，其余按工程进度分期拨付，剩余工程总价的20%待项目竣工验收合格后进行拨付。

b.资金管理的基本要求：项目承担单位的项目资金的管理，应符合以下基本要求。

财务机构设置的要求。项目承担单位必须单独设立财务机构和一定数量的会计人员，在本单位负责人领导下，具体负责项目资金日常管理工作。具体组织形式可以根据本单位事务机构直接承担项目资金管理和其他事业经费管理。项目承担单位无论采用哪一种管理组织形式，必须按照项目资金管理要求，设置管理岗位，明确各岗位的职责和权限，单位负责人为项目资金管理的第一责任人。

建账制度的要求。项目建设单位应按照规定要求，建立健全有关项目资金管理的各项制度，包括货币资金管理、实物资产管理、工程合同管理、债权债务管理、项目成本管理、费用开支标准及审批程序等方面的具体规定。

项目预算和资金计划的要求。报经批准的项目预算和年度资金计划，原则上不得随意变更，如因特殊原因确需调整的，应按照规定程序报经批准；对于不涉及项目建设总规模的局部工程设计变更，或因自然灾害等不可预见因素影响所发生的费用支出，应按规定向上级主管部门备案，所增加的支出和发生的损失，可使用不可预见费列支；超过不可预见费预算额度的，应按规定程序报经批准。

项目资金使用的要求。项目建设单位必须遵守“专款专用”原则，按照规定的用途和开支标准，安排使用项目资金，任何部门、单位和个人不得以任何理由挪用、侵占和转移项目资金，不得擅自改变资金用途和扩大使用范围及提高开支标准，项目资金不得用于购建项目配套设备以外的固定资产，不得用于对外投资，不得用于支付滞纳金、罚款、违约金，不得用于赞助和捐赠支出。

项目资金结余或超出处理的要求。竣工项目结余资金按原拨款渠道退回，发生的超预算支出，一律不予补助。因不可抗力原因而终止的实施项目，应进行清算，清算后的剩余资金，按原拨款渠道上缴。

会计核算的要求。项目承担单位应对项目资金进行单独核算。会计核算的组织形式，可以根据本单位实际情况和管理需要自行选择。采用集中核算形式的，应单独设置账户，单独反映项目资金收支情况和项目成本构成情况。采用二级核算形式的，应按照单独核算要求，完整地设置账簿，反映项目资金运行的全过程；要严格划清项目资金与单位留存基金的界限；对项目实行全成本核算；要按规定及时上报会计报表和项目竣工决算，保证会计信息质量。

遵守财经纪律的要求。项目承担单位应严格遵守财经纪律，认真贯彻执行国家有关法律、法规和政策，依法管理和使用项目资金，严禁弄虚作假、虚报冒领，对于一切违法违纪的行为和责任人要严肃处理。

监督检查的要求。项目承担单位要强化内部监督机制，充分发挥内部监督机构对项目资金管理的监督作用；要自觉地接受上级主管部门、财政部门、审计机构的监督检查；对监督检查中发现的问题，要及时处理。

6.5 项目验收与后期管护

6.5.1 项目验收依据

项目验收是项目由建设转入使用和运营阶段的标志，是全面考核和检验项目建设工作是否符合规划设计要求和生产要求的重要环节，是项目业主、项目工程建设承包人向投资者汇报建设成果和交付固定资产的过程。

验收依据主要可以概括为以下五个方面。

①有关批复文件。国家、省、市自然资源部门、财政部门下达的项目投资计划和预算等。

②相关政策。《新增建设用地土地有偿使用费财务管理暂行办法》《土地开发整理项目预算编制暂行办法》《关于进一步明确国家投资土地开发整理项目管理有关问题的通知》《国家投资土地开发整理项目管理暂行办法》《新增建设用地土地有偿使用费收缴使用管理办法》等土地整治法规、规定。

③项目规划设计技术文件。经批准的土地开发整理项目规划设计、项目预算书、变更设计文件及图纸、招标文件及合同文本、核定的项目实施方案、制定的各项项目管理制度、有关施工记录、所用材料、构件和设备的质量合格文件、年度验收意见。

④技术标准与规范。《土地整治项目规划设计规范》(TD/T 1012—2016),《土地整治项目验收规程》(TD/T 1013—2013),《土地整治工程质量检验与评定规程》(TD/T 1041—2013)以及农业、林业、牧业、水利、环保、交通、城镇(村镇)建设等相关行业技术规范与标准。

⑤其他。土地权属调整方案、土地权属和利用现状报告、工程质量检验资料及有关质检部门意见等。

6.5.2 项目验收内容

(1)验收申请与受理过程

项目竣工报告的编制情况；自验、自查、初验、终验工作概况；验收申请提交和受理时间。

(2)验收工作的组织情况

验收组人员配置及专业、职称和职务；验收工作要求和时间安排；验收通知下发；验收工作起止时间等。

(3)项目概况

项目类型、性质;项目区自然、经济、社会状况和整理前土地利用状况;主要权属单位;基础设施状况;主要工程内容;整理新增耕地情况;项目预算投资情况。

(4)各类土地面积、质量

土地面积、质量测定工具与方法;整理前后土地利用类型与土地面积的对比;新增耕地比率;土地的质量评估方法及结果。

(5)项目工程质量、数量和配置

工程类型、数量、质量测定工具、依据、标准和测定组织状况;符合经批准的规划设计标准和质量标准的各工程的数量统计结果;工程质量等级评估方法及结果;各项工程在时间和等级上的配置、协调状况;与项目区内外居民点和工矿用地、灌溉水源、主要交通、电力线的配置协调关系。

(6)土地权属情况

土地分配方案与方法;整治前后权属单位土地利用类型及其面积对比;土地登记发证情况;相关农户、集体经济组织对土地权属调整的意见。

(7)资金使用与管理

资金的性质(国家投资、贷款、自筹等)和规模以及相关手续和协议的情况;各类资金实际到位情况(有无拖置、滞留、挪用等情况)、资金“三专”(专人、专户、专账)管理情况;各项工程施工费、前期工作费、业主管理费、竣工验收费、不可预见费的规模和比例;不符合《土地开发整理项目资金管理暂行办法》规定的资金支出款项和比例;还贷款计划与责任主体的落实情况;与预算的对比;资金的结余与亏空状况。

(8)档案管理

档案的分类、分级管理情况;档案的使用效率。主要包括以下档案。

基础档案:如项目建议书、省(自治区、直辖市)申报材料、可行性研究报告、项目批复文件、土地利用总体规划(文本、说明和图件)和土地利用专项规划(文本、说明和图件)等;项目规划设计档案:如项目规划(文本、说明、附件)、项目设计(工程设计图和工程设计说明)、施工过程对项目规划设计的调整情况以及同意调整的批复文件等;

资金档案:如项目预算和决算数、资金接受和使用情况、资金设计情况、以工折资情况和财务分析等;

合同档案:如项目施工招投标情况,合作协议,施工合同,监理合同书,承包、租赁、拍卖协议和合同,权属调整协议书,土地登记发证情况和项目设施管护协议等;

验收档案:如监理报告、自验报告、终验报告,项目验收组提出的项目区存在问题和整改意见,工程质量检验材料和有关质检部门意见,工程、土地清查和统计情况等。

(9)项目工程管护

项目区内建筑物、沟渠、电力、道路、林木和其他工程与基础设施的管护主体、管护资金、管护措施的落实情况。

(10)项目管理机构设置与人员配备

机构设置、专业人员配备、部门协作与制度建设情况及其与土地整治工作的协调情况。

此外,还有主要经验与问题,验收结论与建议,对项目是否能够通过验收做出明确的结论;不能通过的,提出限期整改的建议;附件(包括附图)等。

6.5.3 工程质量验收

项目工程质量验收是项目验收的重要内容,也是验收中的重点与难点。其主要目的是考核工程的建设标准是否达到规划、设计要求,有无偷工减料、弄虚作假行为。对于大量的新建工程主要采取代表性工程的抽查与测试。各类工程质量的测定,应根据批准的项目规划设计以及建筑部门和质检部门的工程质量检验资料和质检意见,重点抽查和核对相关检验资料的真实准确性,并对整改意见提出整改措施。

(1)必须遵守规程操作

需测定的面积、座(个)数、部位以及取样的数量等,都应分别按照该项工程的相关规定执行,不得任意减少;对项目工程质量的测定方法,应该按照该工程质量测定的方法执行,不应任意改变。对各项工程质量的测定结果,应该及时准确地记载,并同时注明测定的方法。在特殊情况下需要改变测定方法时,应该论证其改用方法的可靠性,并在记录测定结果时,注明改用的方法及其理由。

(2)质量测定采用的仪器和工具应该符合标准

测定质量以前,应该对使用的仪器和工具进行检查,符合标准才能使用。仪器有某种误差影响质量测定结果时,应在计算中消除误差,求得准确的结果,然后记载,并注明消除误差的情况。

(3)质量检测应该贯穿到施工与验收的全过程

各种工程所要求的质量都应该及时进行测定,不合乎要求的及时改正;前一道工序质量不符合要求的,不能进行后一道工序,以保证质量,避免返工或造成隐患;园地、林地和草地在完成施工后的1～3年内,应该测定其成活率与保存率。各类工程措施在竣工以后3年之内,应该测定其经暴雨、洪水考验的质量。

在工程质量测定的总体要求下,需要具体测定下列主要工程的质量:土地平整和土壤改良;灌溉排水工程;田间道路工程;农田防护工程和其他工程。

在各项工程质量合格的情况下,才能统计工程数量,否则不予统计。以竣工报告的工程数量为参考,重点进行实地核实,确保没有虚报、瞒报等弄虚作假行为。

6.5.4 项目后期管护

后期管护是土地利用工程项目工程完工后,项目承担单位以委托等方式确定管护组织或个人,管护组织或个人按照业主单位的有关规定,对项目土地、农田水利设施、道路、林网等设施进行管理、养护等的行为。工程后期管护具有责任大、难度高、原则性强、受益主体分散、管护对象不可分割等特点。

(1)管护内容

①对灌溉排水工程建筑物进行管护。确保排灌站、井房、沟渠、桥、涵、闸、配电设施的

完好，能够正常使用。

②对田间道路、农田林网等进行管护。确保道路系统的完整，保障通行的畅通，保证农田林网、水土保持等系统的完好，满足项目区的生产生活需要。

(2)组织模式

①公司管护模式。项目承担单位或其他组织可将新增耕地的经营权、泵站等设施的使用权进行拍卖，允许拍卖所得者在一定时间内享有对拍卖所得的收益。

②村集体组织管护模式。可以确立以乡镇人民政府、行政村为单位的分级管理体系，单个行政村受益的设施，由村级管理；超出单个行政村受益的设施，由乡镇人民政府管理。

③农民协会管护模式。项目所在地的群众可以成立农民用水协会等组织，自行对农田水利设施或田间道路系统等进行管护。

④项目责任人管护模式。可由当地自然资源管理部门或地方行政部门成立专门的对工程设施进行后期管护的机构或团体，并明确管理机构的资金来源。

(3)权利责任

管护组织或个人享有以下权利：有权制止各种破坏工程的行为；按照保修合同，要求项目建设单位对工程进行维护和保养；享有工程后期管护合同里签订的其他权利。

管护组织或个人负有以下责任：保证各种工程设施能够正常运行和使用；定期向项目实施单位、土地所有者、使用者提供工程设施运行情况的书面汇报；对工程运行、使用情况进行记录，做好档案资料的保管工作；在管护期届满后，按合同规定的要求，交付工程设施及有关资料于当地有关单位；接受有关部门的监督和检查。

6.5.5　工程项目保修

项目竣工验收后，虽然通过了竣工前的各种检查，但仍可能存在质量问题或隐患，直到使用过程中才逐步暴露出来。例如，输变电线路的老化、机井和地埋管道的破损、道路的塌陷等均需要在使用过程中检查和观测。实行项目保修制度，是施工承包单位保证项目正常发挥其功能的具体体现。项目承担单位应督促施工承包单位，做好项目的保修工作。

(1)保修期限

工程保修期从工程实际竣工之日算起，以单项工程或单位工程来分别计算质量保修期。保修期可由工程施工单位与后期管护单位根据当地实际情况，结合其他行业规定，协商后确定。

(2)保修范围

在项目竣工验收前，施工承包单位向项目承担单位发送“工程质量保修证书”。保修证书的主要内容包括：工程简况；工程使用管理要求；保修范围和内容；保修时间；保修说明；保修责任；保修情况记录等。此外，保修证书还应附有保修单位的名称、详细地址、电话、联系接待部门和联系人，以便业主单位联系。

(3)维修验收

在发生问题的部位或工程维修完毕后，要在质量保修书的“保修记录”栏内做好记录，并经项目后期管护单位验收签字，以表示维修工作完结。

【本章复习思考题】

1. 项目申报应该准备哪些材料？
2. 质量控制的主要内容与方法有哪些？
3. 项目验收主要审查的内容有哪些？
4. 项目后期管护的工作内容有哪些？

Chapter 7

第7章 土地利用工程项目设计变更

【本章学习任务】

1. 熟悉土地利用工程项目变更的原因与原则；
2. 掌握土地利用工程项目变更申报程序和材料准备。

7.1 土地利用工程项目设计变更概述

在土地利用工程项目建设过程中，各种因素不断干扰着项目的进行，项目总是处在一个变化的环境之中。管理得再好，采用的管理方法再科学，项目也避免不了会发生变化。根据项目管理的哲学思想，这种变化是绝对的。对于项目管理者来说，关键的问题是能够有效地预测可能发生的变化，以便采取预防措施，以实现项目的目标。但实际上很难做到这一点，更为实际的方法则是通过不断的监控，有效的沟通、协调，认真的分析研究，妥善处理各种变化。

土地利用工程项目规划设计变更是导致项目变化的重要原因之一。如何处理解决好规划设计变更问题，有些地方项目单位还不甚了解和把握。根据近几年的工作实践经验和政策理解，对土地利用工程项目规划设计变更涉及的有关方面加以介绍，为相关单位处理规划设计变更提供参考。

7.1.1 设计变更内涵

土地利用工程项目规划设计变更是指在规划设计单位向施工单位进行规划设计交底会审中决定对原规划设计图纸进行较大的修改，或在施工前及施工过程中发现原规划设计有差错或与实际情况不符，以及由于施工条件变化、工程使用意图变化、用料变化等原因不能按原图纸施工时对规划设计文件的修改。规划设计变更一般由项目承担单位提出，规划设计单位同意后再修改原规划设计。监理单位和规划设计单位也可根据现场情况对原规划设计不合理之处提出规划设计变更，经项目承担单位同意后再执行规划设计修改。施工单位也可根据现场条件提出合理化建议，请求项目承担单位进行规划设计变更。规划设计变更是规划设计文件的组成部分，应存入技术档案，作为施工、验收及工程结算的依据。

7.1.2 设计变更原因

在项目建设过程中，引起规划设计变更的主要原因有以下两个方面。

(1)规划设计深度不够

规划设计的深度往往不能完全满足实际招投标的需要，更不能完全满足项目施工的需要。因此，在项目建设的过程中，常常对原项目规划设计进行修改和细化，从而发生规划设计变更。

(2)施工条件的变化

施工条件的变化有多方面：①地质勘探深度不足，开挖后暴露的地质条件与规划设计提供的情况不符，或者实际现场条件与规划设计提供的资料不符；②遭遇特大洪水、地震、灾害性的地质滑动等人们无法预测和抗拒的自然力作用；③社会环境、经济环境的变化；④国家政策、法令、法律和地方政府的政策、规定的变化。这些施工条件的变化，都会引起土地利用工程项目规划设计变更。

在现实的项目设计和实施过程中，一般规划设计变更的原因可以总结以下几个方面：

①城市区划调整占用项目部分地块不能实施建设。此类情况主要集中在土地利用工程项目位置位于城市近郊区范围内。

②国家和地方重点建设项目征用土地。如铁路、公路等线型工程穿越项目区占用项目部分地块。

③其他不可抗力因素影响。如沿河项目区发生水灾、泥石流等自然灾害，致使项目区地形地貌条件发生改变。

④其他不可预见因素影响，包括项目区地质水文勘查资料不够详尽导致地下管线工程、打井工程等工程施工的不确定性。

⑤受市场因素影响，当地原材料价格上涨造成工程成本提高等。

⑥客观因素(或外部因素)影响。如项目区受农业结构调整影响农用地规划布局发生改变；项目申报、审批期较长，期间项目区现状发生改变；农民承包地或集体土地权益纠纷等。

⑦主观因素(或内部因素)影响。如项目规划设计不符合实地现状，出现特殊情况。单体工程实地位置不准确，规划设计参数、规格不合理等。另外，有些项目区施工阶段农电设备管护困难、偷盗丢失严重，因此提出项目规划设计变更。

7.1.3 设计变更原则

任何变更都会影响项目建设的正常进行，影响项目建设进度和费用支出。因此，实施土地利用工程项目过程中必须十分重视项目规划设计变更的控制，并坚持以下原则。

(1)严格控制规划设计变更

科学、严谨的项目规划设计是减少规划设计变更的基础。此外，在项目正式开工前，各有关单位应就项目目标、约束条件、内外部环境、风险的分担和应对措施等问题，进行充分的磋商和确认，对规划设计中的疑点、模糊不清、不落实之处以及在执行中存在困难的解决办法等，向对方作具体的分析说明和必要的承诺。在施工过程中，各有关单位应尽力协调和沟通，及时注意可能引起变更的因素，尽量通过计划、施工力量和施工方案的调整等应变措施，最大限度地减少和控制规划设计变更。

(2)形成对变更的一致意见

对于必须发生的规划设计变更，在调查研究的基础上，各有关单位应本着互谅互让、顾全大局、求同存异的精神，对变更的必要性、内容、方式等，进行充分协商，尽可能取得一致意见，以谋求各方都能接受的规划设计变更方案。

(3)做好充分准备

应加强对规划设计变更的预测工作，提前做好规划设计变更和其他必要的工作，提前向有关各方沟通信息，及时做出规划设计变更决策，尽可能把变更控制在变更工程的案前工作完成之前，避免在变更工程的后续工作上马后再实施变更。

(4)及时变更，保证变更质量

规划设计变更后应确保项目区建设规模、新增耕地面积尽量不减少；规划设计变更后应保证项目投资目标和效益、原有工程建设标准不降低；规划设计变更后项目各项建设工程指标应能够按期竣工，不存在安全隐患；规划设计变更后需要增加项目投资的，原则不再追加，由地方自行解决；规划设计变更后资金剩余的，剩余部分要原渠道返回。

7.2　设计变更材料的内容与申报

土地利用工程项目规划设计变更材料应根据原规划设计批准机关的有关要求进行编制。本节以省级投资土地利用工程项目规划设计变更为例，为市级投资等其他土地利用工程项目规划设计变更提供参考。

7.2.1　设计变更材料的内容

(1)规划设计变更申请

规划设计变更申请包括项目承担单位向项目区所在县(市、区)自然资源管理部门的规划设计变更申请；县(市、区)自然资源管理部门向市自然资源管理部门的规划设计变更申请；市自然资源管理部门向省自然资源厅的规划设计变更申请。

(2)规划设计变更说明

规划设计变更内容按土地平整、农田水利、田间道路和其他工程分项列出，说明规划设计变更原因、依据、内容及范围；规划设计变更引起的工程量和资金变化情况；规划设计变更引起的施工工期变化等。

(3)规划设计变更情况申请表

将具体申请变更内容列表。

(4)相关证明

包括规划设计变更申请文件;专家技术经济审查论证书面意见;规划设计变更涉及征求当地农林水电等相关部门和当地乡镇、村意见的,需要项目所在地县级相关部门和当地乡镇、村以书面形式提供变更的理由和具体变更意见并且加盖公章;有关区划、规划变更的批准文件等。

(5)规划设计变更技术报告(方案)

规划设计变更技术报告(方案)由以下几项组成。

①规划设计变更报告。指项目规划设计变更部分的工程布局及单项工程具体设计、计算资料等。

②规划设计变更图件。指变更前后的规划图及有关单项工程施工图等,比例尺不小于原比例,涉及变更项目区地块位置或范围的,需要提供标出位置或范围并经有关地籍部门审核的变更地块的土地利用现状分幅图和变更地块的地类面积统计表。

③规划设计变更预算。指规划设计变更部分的原预算和变更后该部分工程预算书,变更后预算应该采用原预算定额编制(或按国家"土地开发整理项目预算定额标准"编制)。

④规划设计变更部分前后工程量及预算对比表。

⑤如项目规划设计变更造成土地利用布局发生变化的,应该填写规划设计变更前后土地利用结构对比表。

⑥如项目变更造成土地权属重新调整的,应该对原土地权属调整方案进行补充说明,并附县级土地主管部门书面认定意见。

7.2.2 规划设计变更申报

项目实施如果出现规划设计变更,项目承担单位必须履行相应的报批程序。

①项目承担单位向项目所在县(市、区)自然资源管理部门提出调整规划设计变更申请。

②县(市、区)自然资源管理部门审核后认为需要调整的,报市自然资源管理部门审定。

③市自然资源管理部门同意规划设计变更方案后以文件形式报省厅;如项目规划设计变更属于"四不变"项目(即项目区位置不变、总规模不减少、新增耕地面积不减少、投资不增加),市自然资源管理部门可对项目规划设计变更进行批复。

④省自然资源厅管理部门会同有关单位对项目区进行现场踏勘核实。

⑤经省厅研究同意后,下达批准文件。

7.2.3 其他注意事项

①规划设计变更申请应该提前报批,经过审批后方可施工,存在先施工后报批的审批

部门原则不予受理。

②项目规划设计变更申请不许化整为零或肢解来规避审批。

③经过审批的项目规划设计变更原则上不得再次进行变更。

④项目承担单位应该建立项目规划设计变更管理档案。

【本章复习思考题】

1.项目规划设计变更的主要原因有哪些?

2.项目规划设计变更的申报材料内容有哪些?

参 考 文 献

[1] 刘光盛,王红梅,胡月明,等. 中国土地利用工程标准体系框架构建[J]. 农业工程学报,2015,31(13):257-264.
[2] 吴次芳,叶艳妹,岳文泽. 试论土地利用工程的学科属性、体系和发展方向[J]. 中国土地科学,2007,21(3):26-31.
[3] 严金明,夏方舟,李强. 中国土地综合整治战略顶层设计[J]. 农业工程学报,2012,28(14):1-9.
[4] 许燮谟. 论土地利用工程[J]. 农业工程学报,1986,2(2):58-68.
[5] 左大康. 现代地理学辞典[M]. 北京:商务印书馆,1990.
[6] 马克伟. 土地大辞典[M]. 长春:长春出版社,1991.
[7] 胡振琪,曾晖,付梅臣,等. 土地利用工程学[M]. 北京:中国农业出版社,2010.
[8] 卢新海,谷晓坤,李睿璞. 土地整理[M]. 上海:复旦大学出版社,2011.
[9] 邹连敏. 土地开发整理项目规划设计实用技术[M]. 北京:中国水利水电出版社,2011.
[10] 郝建新,邓娇娇. 土地整理项目管理[M]. 天津:天津大学出版社,2011.
[11] 李宗尧,于纪玉. 农田灌溉与排水[M]. 北京:中国水利水电出版社,2002.
[12] 张海峰. 测绘技术在土地整理中的应用[J]. 青海师范大学学报:自然科学版,2013,3:69-72.
[13] 王津红,倪伟桥,王朔. BIM 建筑设计实例[M]. 北京:中国建筑工业出版社,2013.
[14] 邵光华. BIM 技术在建筑设计中的应用研究. 青岛理工大学学位论文,2014.
[15] 刘明依. BIM 技术在旧建筑改造设计中的应用研究. 中国矿业大学学位论文,2015.
[16] 柏基,黄小清. 直接操作三维空间的建筑设计方法[M]. 武汉:华中科技大学出版社,2011.
[17] GB/T 19231—2003. 土地基本术语[S].
[18] TD/T 1013—2013. 土地整治项目验收规程.
[19] TD/T 1037—2013. 土地整治重大项目可行性研究报告编制规程.
[20] TD/T 1038—2013. 土地整治项目设计报告编制规程.
[21] TD/T 1039—2013. 土地整治项目工程量计算规则.
[22] TD/T 1040—2013. 土地整治项目制图规范.
[23] TD/T 1041—2013. 土地整治工程质量检验与评定规程.
[24] TD/T 1042—2013. 土地整治工程施工监理规范.
[25] TD/T 1012—2016. 土地整治项目规划设计规范.
[26] 国土资源部土地整治中心. 土地整治蓝皮书:中国土地整治发展研究报告 No. 1[M]. 北京:社会科学文献出版社,2014.
[27] 国土资源部土地整治中心. 土地整治蓝皮书:中国土地整治发展研究报告 No. 2[M]. 北京:社会科学文献出版社,2015.

[28] 国土资源部土地整治中心. 土地整治蓝皮书:中国土地整治发展研究报告 No.3[M]. 北京:社会科学文献出版社,2016.
[29] 国土资源部土地整治中心. 土地整治蓝皮书:中国土地整治发展研究报告 No.4[M]. 北京:社会科学文献出版社,2017.